普通高等教育"十四五"规划教材·财经案例分析系列教材

财务管理案例分析

马 杰 王玲玲 编著

图书在版编目(CIP)数据

财务管理案例分析 / 马杰，王玲玲编著. --上海：立信会计出版社，2025.5. -- ISBN 978-7-5429-7769-4

Ⅰ. F275

中国国家版本馆 CIP 数据核字第 20244P3D92 号

策划编辑　　王斯龙　汤　晏
责任编辑　　汤　晏
美术编辑　　吴博闻

财务管理案例分析
CAIWU GUANLI ANLI FENXI

出版发行	立信会计出版社			
地　　址	上海市中山西路 2230 号	邮政编码	200235	
电　　话	(021)64411389	传　　真	(021)64411325	
网　　址	www.lixinaph.com	电子邮箱	lixinaph2019@126.com	
网上书店	http://lixin.jd.com		http://lxkjcbs.tmall.com	
经　　销	各地新华书店			
印　　刷	浙江天地海印刷有限公司			
开　　本	787 毫米 ×1092 毫米	1/16		
印　　张	18.5			
字　　数	362 千字			
版　　次	2025 年 5 月第 1 版			
印　　次	2025 年 5 月第 1 次			
书　　号	ISBN 978-7-5429-7769-4/F			
定　　价	56.00 元			

如有印订差错，请与本社联系调换

前　言

财务管理是研究如何对企业财务活动进行规划和控制的一门应用性较强的学科。财务管理的内容来自生产实际，表现出较强的实践性。因此，在"财务管理"课程教学中，案例教学法的运用显得尤为重要。与传统的教学法相比，案例教学法是以具体案例为基础，以培养学生分析和解决问题的能力为目的的教学方法。案例教学法使学生成为教学活动的主体，学生能够开展自主学习、合作学习、研究性学习和探索性学习，形成开放式的学习氛围，从而达到提高教学质量的目的。

2018年，为了适应当时的经济形势，满足财务管理专业和MPAcc专业发展、教学的需要，也为了方便广大财务管理人员学习其他企业财务管理经验，我们编撰了《基于价值创造的会计应用经典案例研究》。这些案例来源于真实的企业，具有非常鲜明的实践意义和参考价值，因此广受读者欢迎，产生了良好的社会影响。近年来，全球经济形势发生了深刻变化，为了及时总结财务管理经验，我们编写了这本《财务管理案例分析》。这些案例更具代表性，也更具参考价值，有助于辅助"财务管理"等课程的教学。

本教材基于大量的实地调研和归纳总结，提供了很多全新的、真实的财务管理资料。例如，"财园信贷通"如何破解企业融资难题；继峰在并购格拉默时进行了怎样的融资抉择……这些案例给学生带来许多有益的启发，对解决企业财务管理中存在的问题有着显著的借鉴价值和参考作用；同时，也为我国高校的财务管理教学与研究提供实战案例。

本教材的特色主要体现在以下方面：一是案例时效性强。本教材根据近年来的企业真实业务进行编写，案例时效性强。二是注重实用。这些案例来源于现实，使学生能够"身临其境"，且案例的使用说明提供了教学目的、用途和分析思路等，方便教师开展案例教学。三是思政结合。每个案例都将"思政元素"与财务知识点相融合,坚持以立德树人作为中心环节,实现财务课堂思政育人的目标。

　　本教材由东华理工大学经济与管理学院马杰、王玲玲编著。在本教材的写作过程中,黄丝兰、常雅宁、孙山山、杨双竹、邓芯怡、赵奥佳、郭菲尔、虞影等同学参与了相关案例的调研和信息采集工作,在此表示感谢。

　　我们致力于提供一本高质量的财务管理案例教材。本教材可能存在疏漏之处,恳请广大读者批评指正。

马　杰

目 录

案例一 "财园信贷通"破解矿业企业融资难题——众一矿业的筹资之路 ………… 001
    第一部分   案例介绍 ………………………………………………… 003
    第二部分   案例使用说明 …………………………………………… 012

案例二 拿什么"娶"你回家——继峰并购格拉默的融资抉择 ……………………… 033
    第一部分   案例介绍 ………………………………………………… 035
    第二部分   案例使用说明 …………………………………………… 051

案例三 何去何从——投资大中矿业行不行 ……………………………………… 063
    第一部分   案例介绍 ………………………………………………… 065
    第二部分   案例使用说明 …………………………………………… 076

案例四 踌躇后的蓬勃：紫金矿业 5 年造就"金企霸主" ………………………… 087
    第一部分   案例介绍 ………………………………………………… 089
    第二部分   案例使用说明 …………………………………………… 104

案例五 点石成金——江西铜业一石二鸟的并购之路 …………………………… 119
    第一部分   案例介绍 ………………………………………………… 121
    第二部分   案例使用说明 …………………………………………… 135

案例六 赣锋锂业——全产业链锂生态系统独领风骚 …………………………… 153
    第一部分   案例介绍 ………………………………………………… 155
    第二部分   案例使用说明 …………………………………………… 167

案例七　"贵人"遇"难"：为疯狂扩张买单的ST贵人还能再次起飞吗 …………… 181
第一部分　案例介绍 ………………………………………………………… 183
第二部分　案例使用说明 …………………………………………………… 196

案例八　得PPP者得天下吗——玉禾田，扫街也"疯狂" ……………………… 213
第一部分　案例介绍 ………………………………………………………… 215
第二部分　案例使用说明 …………………………………………………… 227

案例九　扬汤止沸不如釜底抽薪——KL公司应收账款管理之路 …………… 243
第一部分　案例介绍 ………………………………………………………… 245
第二部分　案例使用说明 …………………………………………………… 255

案例十　504亿元的大手笔分红——中国神华是投资者的"神"吗 …………… 265
第一部分　案例介绍 ………………………………………………………… 267
第二部分　案例使用说明 …………………………………………………… 278

参考文献 ………………………………………………………………………… 286

案例一

"财园信贷通"破解矿业企业融资难题

——众一矿业的筹资之路

　　本案例描述了江西众一矿业有限公司(以下简称众一矿业)因疫情影响资金紧张,去银行贷款却以失败告终,最后通过"财园信贷通"模式成功融资的历程,揭示了矿业企业融资难的现状以及政府介入信贷市场的作用。本案例旨在引导学生分析矿业企业融资难的成因,回顾企业可采用的融资方式,掌握政策性融资、政府性融资担保的作用,进一步思考特殊背景下矿业企业融资难如何破题。

第一部分　案例介绍

引　言

2020年，受全球疫情影响，许多中小微企业被迫按下了"暂停键"，面临现金流断裂、资金周转困难的严峻考验。为帮扶企业"战疫情""渡难关"，江西省政府直接介入中小微企业信贷市场，创新推出"财园信贷通"企业复工复产贷政策，并将其纳入政府性融资担保体系，帮助中小微企业获得无抵押、无担保、低利率的贷款，避免了江西出现中小微企业"倒闭潮"。众一矿业的事例正是江西省众多中小微企业的一个缩影。

提起"财园信贷通"，众一矿业的负责人许娜深有感触："2020年，疫情暴发，我们外向型企业出口订单骤减、国际物流不畅、供应链受阻、经营成本上升等问题接踵而至，资金流紧张成了最急迫的问题。公司没有足够的土地、厂房作为抵押申请贷款，眼看着工人未来两三个月的工资都发不出！就在这最困难的时刻，我们获得500万元的'财园信贷通'贷款支持，这笔资金就是'及时雨''雪中炭'，有了这笔资金，企业就能正常生产经营！"

一、疫情之下的危机——资金紧张

（一）公司介绍

众一矿业坐落于江西省南昌市高新开发区昌东大道众一富东广场。众一矿业成立于2005年，其前身始创于1994年，是一家以矿产资源勘查和开发为主，集地产开发、资本运营于一体的综合民营集团公司。众一矿业始终秉持"众人创造，成果分享"的经营理念，弘扬"高远、务实、担当"的企业精神，践行"让生命更健康、让生活更温暖"的初心使命。历经数十年的稳健运营，如今的众一矿业已成长为开发综合实力强、涉及矿产范围广的优秀企业之一，荣登"江西省民营100强"企业，先后荣获江西省"五一劳动奖"和全国"五一劳动奖"。

众一矿业为响应国家对煤炭、钢铁去产能的号召，将旗下的七家煤矿产业全部关闭,同时加大优质矿产资源的有偿获取力度,积极融入国家提出的"双循环"新发展格局,以"开新局、谱新篇"的开拓精神,继续保持公司矿业板块稳定发展。众一矿业与江西银行、江西联合股权交易中心、赣江新区四板小额贷款有限公司、江西省商联股权交易中心、江西慧联置业有限责任公司、中核华创稀有材料有限公司等合作伙伴共谋发展。

作为一家外向型企业,2023年众一矿业基本情况为:员工360余人,固定资产830万元,矿类资源年产值达900万美元,是一般纳税人,企业所得税税率为25%。2017—2019年,众一矿业处于稳步发展态势,2017年营业收入619.7万美元,2018年营业收入761.2万美元,2019年营业收入919.8万美元,每年稳步增长,连续3年为江西省青山湖区外贸稳增长作出了突出贡献,如图1-1所示。2020年,众一矿业营业收入有望突破1000万美元。然而,2020年一场突如其来的疫情,将正在高速发展的众一矿业置于危险的处境。

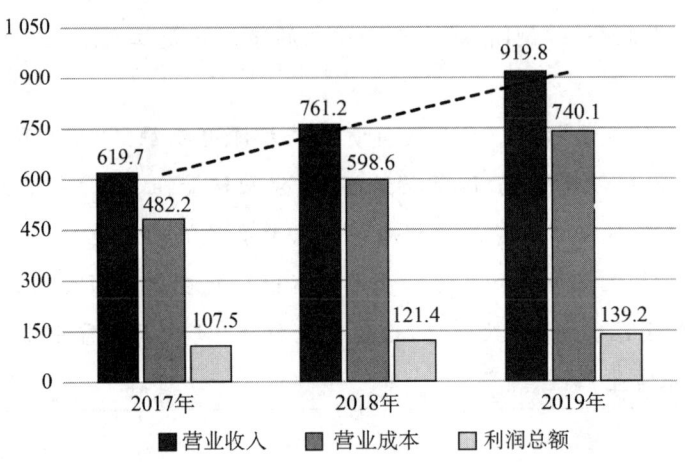

图1-1　2017—2019年众一矿业营业收入情况(单位:万美元)

(二)疫情带来的种种挑战

2020年新年伊始,疫情开始在全球蔓延。为应对病毒的快速传播,各地都制定了严密的防疫措施,严格规定居家办公,并对车辆和人员的流动进行了严格管理。疫情暴发初期,几乎只有运载防疫物资的车辆可以正常通行,众一矿业被迫停工停产。2020年3月下旬,疫情有所缓解,交通限制逐步放宽,企业也开始复工复产。但是公司董事长许娜深知,对于以国外市场为主要销售场所的众一矿业而言,要想正常经营仍然存在困难。在复工复产会议上,各部门经理你一言我一语地抱怨:

"疫情暴发前,员工早已返乡,由于各地的疫情严重程度和交通管制规定不同,部分员工无法及时返岗。原材料也不能及时运送至公司。人员和材料不齐,导致我们的生产活动严重受阻,部分疫情暴发前签下的订单无法按时完成,公司不得不把部分订单延期或取消,而且可能要赔付高额违约金!"

"虽然我国疫情得到了很好的控制,但是其他国家的疫情持续升温,客运和物流遭到严格控制。部分港口的货轮及机场的货运航班停运,导致国际物流受阻,不但使运输成本上升了约50%,而且部分成品因运送不出去滞留在仓库,造成库存积压!"

"美国、英国、加拿大等欧美国家疫情形势均较为严峻,国际市场需求严重萎缩。我们的客户九成以上在境外,原本预定要出口的订单也被海外买家以不可抗力为由取消了,新订单签约异常困难!"

"受疫情影响,境外消费者对矿产的需求急剧下降,导致境外客户的付款能力和意愿下降,应收账款期限延长,收汇风险增大,资金回笼节奏放缓,现金流日益紧张。此外,由于部分订单延期或取消,以及产品运不出去,存货挤占了大量资金,进一步加剧了公司资金紧张的状况!"

面对疫情带来的种种困难和挑战,许娜深知不能坐以待毙,必须想方设法自救,而资金流紧张成了首要解决的问题。许娜相信:如果有足够的资金能够帮助企业渡过眼下的难关,众一矿业的未来发展还是很明朗的。事不宜迟,她立马叫来了财务经理,将筹资任务安排了下去。

二、深陷融资瓶颈——借贷无门

(一)筹资方案的制定

在现金流如此紧张的情况下,财务经理也不敢有丝毫怠慢,计划连夜制定几个可供选择的筹资方案。她不禁回忆起曾经所学的各种筹资方式,如银行贷款、商圈融资、供应链融资、股权筹资等。尽管筹资方式有很多种,但哪种方式更合适呢?正在沉思的她,突然间被一阵敲门声惊醒。

"经理,这是购买口罩、消毒液等疫情防控物资的清单,请您审核一下。"

财务经理接过单据,看到上面列示的金额加起来竟高达9万多元,她皱着眉头签完字后,再次陷入沉思:疫情当下,不仅租金、工资、水电等刚性支出不减,还增加了疫情防控成本。如果国外疫情得不到好转,公司的资金缺口只会越来越大!我们必须本着能省则省的原则,优先选择筹资速度快且资本成本低的筹资方式,以便尽快解决公司的燃眉之急。

抱着这样的想法,财务经理锁定了债务筹资方式。考虑到银行贷款最熟悉也最常见,于是她将其作为首选方案。至于其他筹资方式,她也有一定了解:商圈融资主要适用于商贸公司,供应链融资需要依托供应链上的核心企业。虽然公司的上游供应商非常多,但都是一些小公司,几乎没有大型优质企业。相反,下游客户虽然有优质企业,但客户都在海外。因此,财务经理并没有将商圈融资和供应链融资纳入筹资方案。

次日,天刚蒙蒙亮,董事长许娜就来到了公司。财务经理拿着方案向其汇报:"根据公司目前的财务状况,我们至少要筹集500万元的资金。可供选择的筹资方案有以下几个:方案一是银行贷款,但是我们可能需要抵押公司的智能吊挂设备和生产线。方案二是政策性融资。当前疫情肆虐,不仅是我们公司,众多中小微企业都面临资金难题,我猜测国家可能会出台一些帮扶政策。但由于时间紧迫,我还没来得及联系主管部门,后期我会尽快联系。方案三是鼓励原股东增资或吸引新股东投资,像我们这种中小微企业还可以通过互联网形式进行股权众筹融资。方案四是民间借贷,这是迫不得已的办法,其利率可能高达24%~30%。"

听到方案三的时候,许娜皱了下眉头:众一矿业是自己一手创办的公司,不希望将公司拱手让人,更不希望因股权结构改变影响公司治理。所以,经过再三思量,许娜同意了财务经理的方案一,并通知其联系附近几家银行申请抵押贷款,以期从中挑选一家利率较低的银行。

(二)银行贷款的坎坷历程

缺乏贷款经验的许娜和财务经理不了解银行贷款对企业资质的要求。在银行看来,众一矿业这类中小微企业就是"小麻雀,肉少还容易飞"。银行的回复给她们上了一课:"一方面,我们银行对你们公司不了解,很难评价公司的信用、前景以及资金使用效率等;另一方面,你们的生产线具有专用性、专业性的特点,和常用于抵押的厂房、土地使用权相比有其特殊性,这些设备不符合我们对银行贷款抵押物的要求。所以,很抱歉,你们提交的贷款申请可能不被通过。但是,如果你们可以提供房产、地产作抵押,或找实力强的机构做担保,那么我们可以进一步详谈。"

然而,众一矿业的厂房是租赁的,根本不能作为抵押物。并且,财务经理也深知社会第三方担保机构鱼目混珠,这些机构往往是变相的高利贷放贷场所,要求支付的担保费用很高,多数要被担保人提供抵押物甚至反担保措施,难以起到真正的担保作用。在辗转向多家银行的贷款申请遭拒之后,众一矿业陷入了漫长的等待之中。这段时间,虽然车间的生产仍在继续,但是工人的薪酬已经撑不了两个月了!

大半个月之后,董事长许娜再也坐不住了,决定启用第二个方案——政策性融资,并向园区管委会求助:受疫情影响,我们中小微企业经营困难,不知道主管部门有没有政策可以向我们提供帮扶。

三、政府助企纾困出实招——财园信贷通

拨通园区管委会的电话后,许娜开门见山地表达了公司当前面临的融资难题。园区管委会领导对许娜公司的情况表示理解,并第一时间通知"财园信贷通"协调领导小组(以下简称领导小组)进行融资对接。作为领导小组的牵头单位的园区财政局委派小万同志上门,向许娜推介了"财园信贷通"融资模式。

(一)深入了解"财园信贷通"融资模式

小万一边向许娜和财务经理分发"财园信贷通"宣传册,一边介绍道:"你们可以申请'财园信贷通'贷款呀!'财园信贷通'是我们省政府探索为服务中小微企业发展以及稳定经济的一种融资新模式。在这种模式下,园区内的中小微企业可以申请享受1 000万元以内的贷款支持。为应对疫情,今年省政府还创新推出了'财园信贷通'企业复工复产贷政策,引导银行扩大信贷规模,力争全年为中小微企业放贷500亿元,贷款利率为一年期LPR上浮不超过25%。如果你们公司符合相关条件,就可以申请享受'财园信贷通'支持。""财园信贷通"合作银行贷款利率表如表1-1所示。

表1-1 "财园信贷通"合作银行贷款利率表

序号	银行	年利率	序号	银行	年利率
1	中国银行	平均3.7%	8	江西银行	平均4.2%
2	农业银行	3.65%~4.56%	9	农商银行	不超过4.56%
3	工商银行	3.65%~4.56%	10	赣州银行	不超过4.56%
4	建设银行	3.65%~4.56%	11	邮储银行	不超过4.56%
5	招商银行	3.65%~4.56%	12	兴业银行	不超过4.56%
6	交通银行	3.65%~4.56%	13	北京银行	不超过4.56%
7	九江银行	3.65%~4.56%	14	光大银行	不超过4.56%

许娜接过宣传册,关注到"申请财园信贷通贷款企业需符合的基本条件"一栏,上面显示:①符合国家中小微企业规模类型划分标准;②技术有优势,产品有市场,发展潜力较大,企业、法定代表人及实际控制人无不良信用记录;③已具备正常经营条件;④上年度已缴纳税金达5万元以上(按国家政策享受免税或税收优惠的除外)。

小万接着说:"是的,满足这些条件就可以申请。'财园信贷通'不仅是一项财政金融政策,更是一种普惠性金融。'财园信贷通'具体是指江西省级财政和工业园区按1∶1的比例筹集保证金,银行按保证金的8倍给园区内的中小微企业提供无抵押、无担保、低利率的贷款。截至2019年年底,"财园信贷通"已累计向全省6万多户中小微企业发放了2 326亿元的贷款。"

"无抵押、无担保、低利率?居然有那么好的融资方式!我们如何申请呢?"许娜激动地说道。

小万翻开宣传册第3页,指着申请贷款的流程(以下简称申贷流程)说道:"如果你们有意愿申请'财园信贷通'贷款,可以先与银行对接,同时向我们办公室提出书面申请,并对照《"财园信贷通"贷款企业材料清单》准备好相关材料交予我们,我们的地址就在园区管委会大楼五楼。如果你们找不到合作银行,我们也会向银行推荐你们。""财园信贷通"申贷流程如表1-2所示。

表1-2 "财园信贷通"申贷流程

申贷流程	说明
1. 与银行对接	企业与银行进行双向选择,确定"财园信贷通"业务的合作双方,合作银行对申贷企业进行贷前调查,办理人员为各银行业务人员
2. 书面申请	有意愿申请"财园信贷通"贷款的企业,携带企业申请表、营业执照、纳税证明等《财园信贷通贷款企业材料清单》所要求的资料,向领导小组办公室提出书面申请
3. 贷前调查	各成员单位(区财政局、区税务局、区市场局、区人社局等)根据自身职责对申贷企业进行调查,根据调查结果初步确定一年期拟贷款企业名单和信贷规模
4. 会议推荐	由"财园信贷通"协调领导小组召开"财园信贷通"融资项目评审会,对提出申请的企业进行审核,将会议审核通过的符合支持条件的企业名单公示3天
5. 平台申请	对于公示无异议的拟贷款企业可在智慧财园信贷通综合服务平台发起申请(网址:http://www.cyxdt.com/home)
6. 出具推荐函	平台审批完毕后,领导小组将在3个工作日内向合作银行出具财园信贷通贷款推荐函,企业可在3个月内申请"财园信贷通"政策支持
7. 银行报批	合作银行根据领导小组推荐函及企业提供的相关贷款材料,3个工作日内完成信贷审核工作
8. 缴存保证金	江西省财政厅、园区管委会按照1:1的比例向合作银行存入"财园信贷通"贷款风险代偿保证金,合作银行按不低于保证金的8倍安排贷款额度

"银行会不会仍然按照原有的信用评级标准,要求我们提供土地、厂房等不动产做抵押或找担保人呢?你们也知道,不仅仅是我们公司,园区大部分企业的厂房都是租赁得来的,而且之前银行已经明确表示拒绝我们用生产设备做抵押。"许娜提到银行就泄气了。

"您别灰心!'财园信贷通'和普通银行贷款并不相同。首先,这是一种无抵押、无担保的政策性融资,政策明确规定银行不能增设门槛。其次,虽然名义上是无担保,但实际上我们政府充当了担保人的角色。'财园信贷通'贷款已经纳入政府性融资担保体系,当贷款出现风险后,政府承担80%的风险,而银行只承担20%。最后,为充分调动银行积极性,省政府还制定了银行参与'财园信贷通'的激励机制。对银行而言,业务不仅有收益和奖励,而且风险低。因此,申请享受'财园信贷通'支持是比较容易的。"

为了能够全面了解这种融资模式,许娜上网查阅了相关资料,了解到"财园信贷通"工作是省委、省政府重要工作部署之一。申请贷款的企业(以下简称申贷企业)需要在智慧财园信贷通综合服务平台,按时报送财务报表,建立健全财务管理制度,否则就不能获得贷款支持。此外,"财园信贷通"要求企业必须透明信息,建立信用制度。倘若申贷企业不按约定偿还本息,政府部门将会把企业及其所有股东纳入社会诚信"黑名单"。

贷后管理过程中,园区管委会定期组织召开领导小组会议,召集区财政局、合作银行、区工信委、区税务局、区人力资源和社会保障局等部门提供企业在相应领域的信息情况。通过了解企业缴税、用水用电、社保缴纳以及经济纠纷等情况,合作银行可以实时掌握贷款企业的生产经营状况,综合各方动态对企业财务状况进行分析,政府也可以加强对企业的生产指导。当贷款出现风险后,各级政府安排风险补偿金,通过政府性融资担保体系进行逐级分担风险,国家融资担保基金、省融资担保公司、市级担保公司、地方风险补偿金所有权公司、合作银行各按20%的比例分担风险。

(二)通过"财园信贷通"成功融资

对"财园信贷通"全面了解后,许娜和财务经理一致认为这种融资方式非常适合公司,决定马上办理相关手续。尽管许娜找回了信心,但是心里仍然害怕"财园信贷通"会"落空"。鉴于省农商银行所提供的信贷规模已达到全省财园信贷总量中的"半壁江山",是"财园信贷通"合作银行的"中坚力量",许娜决定向农商银行提出申请。同时,许娜也按照"财园信贷通"申贷流程,向领导小组提交了书面申请。

"企业是园区发展的基石,没有你们就没有园区的发展。更何况你们公司为出口创汇作出了巨大的贡献,理应获得'财园信贷通'的支持,我们政府也会向农商银行推荐你们。"园区财政局局长的一番话让许娜吃了颗"定心丸"。

一周后,农商银行的客户经理来到众一矿业进行实地考察,开门见山地表达了此次前来的目的:一是想了解众一矿业的主营业务、销售收入、经营稳定性、财务状况、行业和市场前景等情况;二是想看看公司的实际生产经营情况。在客户经理的印象中,传统的生产车间,原料都是随意摆放,给人乱糟糟的感觉。但是,走进众一矿业,智能吊挂、智能分拣等生产线正在有条不紊地运行着,各类机器人运输车、自动化生产线一派繁忙。众一矿业给农商银行客户经理留下了良好的第一印象,为双方后期合作的顺利开展奠定了基础。

"近年来,我们公司规模逐年扩大,盈利能力不断提升,在行业中具有强大的竞争优势。但是,没想到今年疫情突发,物流受阻、客户回款变慢,房租、水电、人工等固定支出不减,应收账款、存货等挤占了大量资金,导致公司现金流紧张。如果能申请到'财园信贷通'贷款,我相信我们公司一定能渡过难关,未来发展态势会更好!"许娜发言的同时,财务经理递上了财务报表和纳税证明等资料。

"经过本次实地走访,我看到了你们公司有许多先进的生产线,能感觉到你们公司生产情况较好。查阅你们公司近年的财务资料,也看到了公司营业收入、利润逐年上升,水费、电费、人员工资基本稳定。所以,申请'财园信贷通'贷款是很有希望的。待我回去向上级汇报,后期再给你们一个确切的答复。"

令人激动的是一周后,许娜接到了农商银行的电话,对方表示愿意给公司办理"财园信贷通"业务。与此同时,许娜向领导小组提交的书面申请也审核通过了,并收到了一份"沉甸甸"的"财园信贷通"贷款推荐函。江西省财政与园区财政按照1∶1的比例,各向农商银行存入31.25万元的"财园信贷通"贷款风险补偿金,如图1-2所示。在领导小组的推荐下,许娜在农商银行成功融资了500万元,利率仅为4.2%,远低于市场上6%的实际利率,众一矿业得以解燃眉之急。

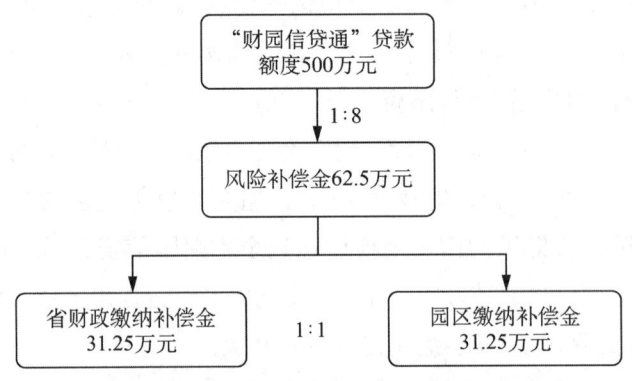

图1-2 "财园信贷通"贷款风险补偿金

2021—2022年,我国疫情得到了较好的控制,许多东南亚生产的订单都转移到了国内,众一矿业的订单不断增加,近3年产值实现翻番,取得了长足进步。"财园信贷通"对经营正常的企业提供"无还本续贷"服务,发展态势越来越好的众一矿业自然顺利通过了续贷申请,省去了还贷再申贷的审批时间,也省去了1%的筹资费,实现了新旧贷款的无缝衔接,为公司做大做强创造了有利条件。

尾 声

"财园信贷通"通过政府"搭台子"、银行"唱主角"、企业"得实惠"的合作方式,开创了中小微企业融资新模式,有效缓解了中小微企业融资难题,众一矿业的案例就是江西省众多中小微企业的缩影。自2013年开始推行"财园信贷通"政策,截至2021年年底,"财园信贷通"8年来已累计发放贷款3 408亿元,平均每年超过400亿元,惠及中小微企业达10.7万户次。"财园信贷通"为银行赢得了大批客户,为稳就业、稳民生、稳经济发挥了财政力量,实现了政银企三方共赢,得到了社会各界的广泛认可,成为江西一张靓丽的普惠金融"名片"。

启发思考题

（1）请探讨疫情对众一矿业的现金流产生了哪些影响。

（2）请根据中小微企业的融资环境（内外环境）和众一矿业的自身条件，分析许娜为什么会选择通过银行借款来筹资。

（3）众一矿业为何会陷入借贷无门的境地？由个案延伸至整体，探讨中小微企业融资难的原因以及"财园信贷通"是如何破解这一难题的。

（4）请你从政银企三个角度，进一步思考特殊背景下矿业企业融资难应该如何破题？

第二部分　案例使用说明

一、教学目的与用途

1. 适用课程

本案例适用于"公司理财""财务管理"课程中"筹资管理"章节的教学。

2. 适用对象

本案例适用于 MBA、MPAcc 学生，也适用于工商管理、财务管理、会计学专业的研究生、本科生，还可用于具有一定工作经验的财务人员。

3. 案例教学目的

本案例阐述了众一矿业受疫情影响资金流紧张，去银行贷款却以失败告终，通过"财园信贷通"模式成功融资的坎坷历程，揭示了中小微企业融资难的现状以及政府性融资担保的作用。本案例旨在引导学生分析疫情对中小微企业的影响，回顾中小微企业的融资方式，分析中小微企业融资难的原因以及"财园信贷通"这类政策性融资的作用等，进一步思考如何破解中小微企业融资难题，试图让学生掌握以下知识点：

（1）疫情对中小微企业现金流的影响。

（2）中小微企业融资难、融资贵的原因。

（3）中小微企业采用的筹资方法以及优缺点。

（4）政策性融资和政府性融资担保的运作模式和作用。

（5）政府介入中小微企业信贷市场可能会产生的影响。

（6）优序融资理论、信息不对称和信贷配给理论等。

二、分析思路

本案例描述了众一矿业的筹资历程。首先，讲述了众一矿业作为一家外向型企业受疫情影响更为直接，供应链不畅、存货周转率下降、应收账款期限延长、收汇风险增大等一系列问题，导致公司资金紧张，使学生认识到疫情对中小微企业的影响。其次，为解决资金周转困难的问题，公司负责人许娜决定申请银行贷款，但是因为公司缺少抵押物和信息不对称，辗转多家银行都以失败告终，公司深陷融资难的困境，从中学生能够了解中小微企业融资难的现状和原因。再次,许娜觉得不能坐以待毙,于是向园区管委会求助,由此了解到了"财园信贷通"政策性融资模式,以此使学生掌握政策性融资的运作模式和作用。最后,在政府性融资担保的作用下,公司通过"财园信贷通"成功融资500万元,得以解燃眉之急。"财园信贷通"成为江西一张靓丽的普惠金融"名片"。本案例旨在引导学生掌握政府性融资担保的运作模式和作用,进一步思考中小微企业融资难该如何破题。

教师可以根据自己的教学目标(目的)来灵活使用本案例。分析思路的重点在于启发学生融入理论知识对问题进行分析。本案例的分析思路如图1-3所示,仅供参考。

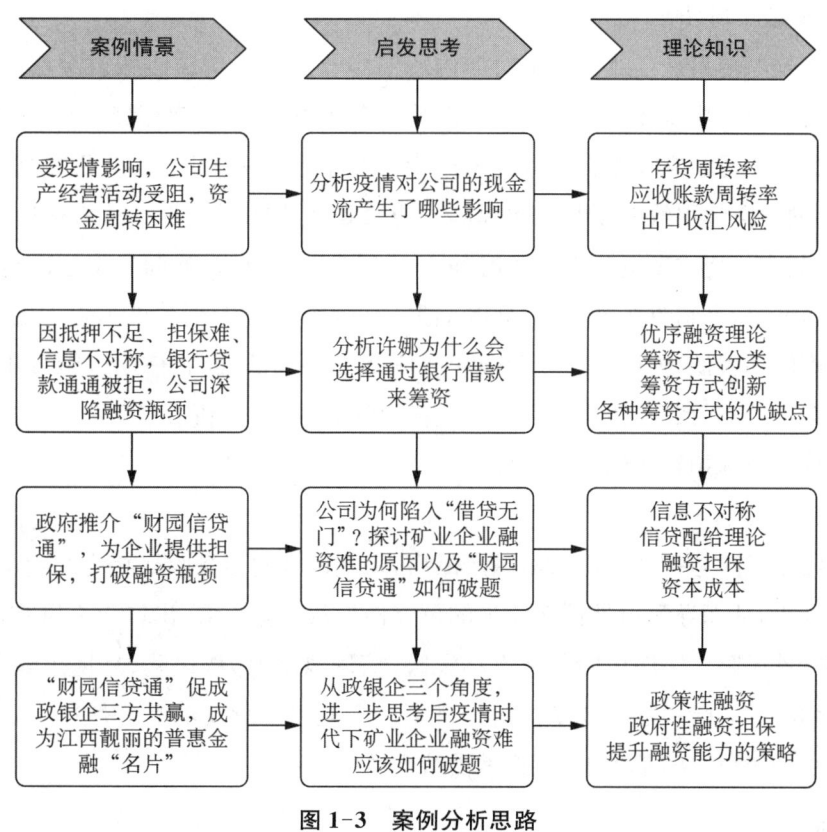

图1-3 案例分析思路

三、启发思考题理论依据及分析

思考题1:请探讨疫情对众一矿业的现金流产生了哪些影响。

【理论依据】

1. 存货周转率

存货周转率是企业在一定时期内营业成本与平均存货余额的比率,反映存货的流动性及存货的资金占用量,促使企业在保证生产经营连续性的同时,提高资金的使用效率,增强企业的短期偿债能力。存货周转率越高,表明企业存货资产变现能力越强,存货及占用在存货上的资金周转速度越快,存货转换为现金或应收账款的速度越快;存货周转率越低,表明企业存货资产变现能力越弱,存货及占用在存货上的资金周转速度越慢,存货转换为现金或应收账款的速度越慢。因此,提高存货周转率可以提高企业的变现能力。在正常情况下,如果企业经营顺利,存货周转率越高,说明企业存货周转得越快,企业的销售能力越强,存货占用营运资金的金额也会越少。

2. 应收账款周转率

应收账款周转率是企业在一定时期内赊销净收入与平均应收账款余额之比,反映一定期间公司应收账款转为现金的平均次数。它是衡量企业应收账款周转速度及管理效率的指标。公司的应收账款在流动资产中具有举足轻重的地位,应收账款如能及时收回,公司的资金使用效率便能大幅提高。应收账款周转天数是指从获得应收账款的权利到收回款项、变成现金所需要的时间。一般来说,应收账款周转率越高越好,表明公司收账速度快,平均收账周期短,坏账损失少,资产流动快,偿债能力强。如果企业的应收账款周转率很低,则说明企业回收应收账款的效率低,或者信用政策过于宽松,这样的情况会导致应收账款占用资金数量过多,影响企业资金利用率和资金的正常运转,也可能会使企业承担较大的坏账的风险。

3. 出口收汇风险

出口收汇风险是指一国出口本国产品后,未能按合同金额收取相应的货币,其中包括本币和外币,从而导致对外债权流失的可能性。从总体上看,出口收汇风险可分为一般风险和特殊风险。一般风险包括市场风险、信用风险、操作风险、环境风险和政策性风险等。而特殊风险一般主要是指出口逃汇。企业主要承受的是一般风险,而国家则是在承受了一般风险的基础上,还将承受特殊风险。

【案例分析】

一直以来,中小微企业对促进我国经济发展发挥了重要作用。据中华人民共和国工业和信息化部(以下简称工信部)统计,截至 2021 年年末,全国中小微企业数量达 4800 万户,占全部规模企业法人单位的 99.8%,吸纳就业占全部企业就业人数的 79.4%。中小微企业既提供了大量物质产品和服务,又成为吸纳和调节就业的"蓄水池"。然而,2020 年,受疫情影响,餐饮、娱乐、旅游、航空运输、商场、批发零售等领域"停摆",许多企业尤其是中小微企业举步维艰,几乎都面临复工复产困难、资金链紧张、订单履行艰难等问题。作为一家外向型企业,众一矿业面临的问题更是如此,其受到的影响主要体现在以下四个方面。

1. 生产活动受阻

在众一矿业复工复产会议上,第一个发言的人指出疫情对生产活动的影响。一方面,疫情暴发前,员工已经返乡,各省市的疫情严重程度不一,交通管制规定不一,使得部分员工难以返岗;另一方面,疫情防控下,各个道路关卡的放行条件仍然十分严格,申报流程烦琐,原材料难以在有效时间内运送至企业。这导致众一矿业人员、材料不齐,使得生产活动难以正常开展,也就难以完成疫情暴发前所签下的订单,只能将部分订单延期或取消,不仅使营业收入下降,还需要赔付高额的违约金,进而影响企业现金流。

2. 经营成本上升

第二个发言的人指出疫情对经营活动的影响。虽然当前我国疫情得到了较好的控制,但是其他国家的疫情不断升级。作为一家外向型企业,众一矿业受疫情影响更为直接。港口的货轮、机场的航班等多种国际货运的物流都受到严重限制,物流成本增加了近50%,水电、房租、人工等刚性支出不减。为应对疫情防控,企业需要增加防疫成本,经营成本上升,增加企业的资金需求量。

3. 营业收入下降

第三个发言的人指出疫情对销售的影响。一方面,众一矿业的客户九成以上在境外,由于境外消费者对公司产品的需求急剧下降,国际市场需求萎缩,新订单签约异常困难;另一方面,受疫情影响,供应链受阻,部分订单因原材料短缺或人手不足难以生产,已签订单难以完成,营业收入下降,现金流量减少。

4. 存货、应收账款挤占大量资金

第四个发言的人指出疫情对财务的影响。一方面,众一矿业部分成品因运输不出去滞留在仓库,加上部分订单取消或延期,原先购入的面辅料、半成品等积压,存货流动性变差、周转效率下降,存货挤占了大量资金。另一方面,应收账款期限延长,资金回笼节奏放缓,出口收汇风险加大。由于境外消费者对产品的需求急剧下降,境外客户流动性压力上升,客户的付款能力及意愿下降,部分应收账款可能难以及时收回,应收账款期限延长、周转率下降。原本预订要出口的订单也可能会被海外买家以可抗力为由,拒收货物、拒绝付款,或者货物到港时已经无法与买方取得有效联系,进一步加大了坏账风险和出口收汇风险,应收账款挤占的资金也将增加。

总体来说,疫情无论是对公司生产经营活动,还是经营成本、营业收入、存货、应收账款等产生的影响,最终都会对公司现金流造成冲击。当企业没有足够的现金流进行日常运营及再生产时,随之而来的便是对融资活动的影响。

❓思考题 2：请根据中小微企业的融资环境（内外环境）和众一矿业的自身条件，分析许娜为什么会选择通过银行借款来筹集资金。

【理论依据】

1. 优序融资理论

1984年，美国金融学家迈尔斯与智利学者迈勒夫提出优序融资理论（也称"啄食顺序理论"），它以信息不对称理论为基础，并考虑交易成本的存在。该理论认为，公司为新项目融资时，将优先考虑使用内部的盈余，其次采用债券融资，最后才考虑股权融资。即遵循内部融资、外部债权融资、外部股权融资的顺序。在MM理论的信息对称与不存在破产成本的前提假设条件下，该理论认为，当存在企业外部投资者与内部经理人之间的信息不对称时，由于投资者不了解企业的实际类型和经营前景，只能按照对公司价值的期望来支付公司价值，如果企业采用外部融资方式，会引起企业价值的下降，所以企业增发股票是一个坏消息。如果企业具有内部盈余，企业应当首先选择内部融资的方式。当企业必须依靠外部资金时，如果可以发行与非对称信息无关的债券，则企业的价值不会降低，因此债券融资比股权融资优先。

2. 筹资方式

企业筹资是指企业为了满足经营活动、投资活动、资本结构管理和其他需要，运用一定的筹资方式，通过一定的筹资渠道，筹措和获取所需资金的一种财务行为。企业采用不同方式所筹集的资金，按照不同的分类标准，可分为不同的筹资类别，如表1-3所示。按企业所取得资金的权益特性不同，企业筹资分为股权筹资、债务筹资及混合筹资三类。股权资本是股东投入的、企业依法长期拥有、能够自主调配运用的资本，主要有吸收直接投资、发行股票、内部积累等。股权资本由于一般不用偿还本金，形成了企业的永久性资本，因而财务风险小，但付出的资本成本相对较高，其具体优缺点如表1-4所示。债务筹资是企业通过借款或发行债券等方式来筹集资金的一种财务活动。混合筹资，兼具股权与债权筹资性质。我国上市公司目前最常见的混合筹资方式是发行可转换债券和增发股票。

表1-3 筹资分类及举例

分类标准	类型	举例
按资金的权益特性不同	股权筹资	吸收直接投资、发行股票、利用留存收益
	债务筹资	银行借款、发行公司债券、融资租赁
	混合筹资	可转换债券、认股权证
按是否借助于金融机构为媒介	直接筹资	发行股票、发行债券、吸收直接投资
	间接筹资	银行借款、融资租赁

（续表）

分类标准	类型	举例
按资金的来源范围不同	内部筹资	留存收益
	外部筹资	吸收直接投资、发行股票、发行债券、银行借款、融资租赁、商业信用
按资金的使用期限不同	长期筹资	吸收直接投资、发行股票、发行债券、长期借款、融资租赁
	短期筹资	商业信用、短期借款、保理业务

表1-4 股权筹资的优缺点

	特点	说明
优点	股权筹资是企业稳定的资本基础	股权资本没有固定的到期日，无须偿还，是企业的永久性资本，除非企业清算时才有可能予以偿还。这对于保障企业对资本的最低需求、促进企业长期持续稳定经营具有重要意义
	股权筹资是企业良好的信誉基础	股权资本作为企业最基本的资本，代表了公司的资本实力，是企业与其他单位组织开展经营业务，进行业务活动的信誉基础。同时，股权资本也是其他方式筹资的基础，尤其可为债务筹资，包括银行借款、发行公司债券等提供信用保障
	企业财务风险较小	股权资本不用在企业正常运营期内偿还，不存在还本付息的财务风险。相对于债务资本而言，股权资本筹资限制少，资本使用上也无特别限制。另外，企业可以根据其经营状况和业绩的好坏，决定向投资者支付报酬的多少，资本成本负担比较灵活
缺点	资本成本负担较重	由于投资者投资于股权特别是投资于股票的风险较高，投资者或股东相应要求得到较高的报酬率。从企业成本开支的角度来看，股利、红利从税后利润中支付，而使用债务资本的资本成本允许税前扣除。此外，普通股的发行、上市等方面的费用也十分庞大
	容易分散企业的控制权	由于企业利用股权筹资引进了新的投资者或出售了新的股票，使得企业控制权结构发生改变，分散了企业的控制权。控制权的频繁迭变，势必要影响企业管理层的人事变动和决策效率，影响企业的正常经营
	信息沟通与披露成本较大	投资者拥有了解企业经营业务、财务状况、经营成果等的权利。企业需要通过各种渠道和方式加强与投资者的关系管理，保障投资者的权益。特别是上市企业，其股东众多而分散，只能通过企业的公开信息披露了解企业状况，这就需要企业花更多的精力，有些还需要设置专门的部门，用于企业的信息披露和投资者关系管理

按是否借助于金融机构为媒介来获取社会资金，企业筹资分为直接筹资和间接筹资两种类型。直接筹资不需要通过金融机构来筹措资金，主要有发行股票、发行债券、吸收直接投资等。直接筹资方式既可以筹集股权资金，也可以筹集债务资金。相对来说，直接筹资的筹资手续比较复杂，筹资费用较高，但筹资领域广阔，能够直接利

用社会资金,有利于提高企业的知名度和资信度。间接筹资是企业借助于银行和非银行金融机构而筹集资金。在间接筹资方式下,银行等金融机构发挥中介作用,预先集聚资金,然后提供给企业。间接筹资的基本方式是银行借款,其优缺点如表1-5所示。

表1-5 银行借款的优缺点

	特点	说明
优点	筹资速度快	发行各种证券筹集资金所需时间一般较长,如印制证券、申请批准、证券发行等都需要一定时间。而银行借款与发行证券相比,一般所需时间较短,可以迅速获得资金
	筹资成本低	利用银行借款所支付的利息比发行债券所支付的利息要低;另外,也无须支付大量的发行费用
	借款弹性大	企业与银行可以直接接触,通过当面商谈,确定借款的时间、数额和利率。在借款期间,如果企业情况发生变化,也可以与银行进行协商,修改借款的数量和条件。借款到期后,如有正当理由,还可延期归还
缺点	财务风险较大	企业举借银行借款,必须定期还本付息,在经营不力的情况下,可能产生不能偿付的风险,甚至导致破产
	限制条件较多	企业与银行签订的借款合同中,一般都有一些限制条款,如不准改变借款用途、限制企业借入其他长期资金等,这些条款可能会妨碍企业的筹资、投资活动
	筹资数额有限	银行一般不愿借出巨额的长期借款,因此该方式不如股票、债券那样可以一次性筹集到大笔资金

3. 筹资方式创新

企业筹资方式和筹资渠道的变化与国家金融业的发展密切相关。随着经济的发展和金融政策的完善,我国企业筹资方式和筹资渠道逐步呈现多元化趋势。当前,创新性筹资方式有供应链融资、商圈融资、股权众筹融资、政策性融资等,如表1-6所示。

表1-6 筹资方式创新

筹资方式	内容介绍
供应链融资	供应链融资是指把供应链上的核心企业及其相关的上下游配套企业作为一个整体,根据供应链中企业的交易关系和行业特点制定基于货权及现金流控制的整体金融解决方案的一种融资模式。供应链融资解决了上下游企业融资难、担保难的问题,而且通过打通上下游融资瓶颈,还可以降低供应链融资成本,提高核心企业及配套企业的竞争力
商圈融资	商圈融资是指银行针对商圈中的相关商贸服务业功能聚集区,依托与管理方及核心企业的合作,从信贷业务入手,为商圈内各企业客户所提供的一系列融资、结算、理财的全方位金融服务,其核心在于充分利用商圈的商贸产业集群优势,实现以银行为主导的多参与方的合作

(续表)

筹资方式	内容介绍
股权众筹融资	股权众筹是指公司出让一定比例的股份,面向普通投资者,投资者通过出资入股公司,获得未来收益的一种基于互联网渠道进行融资的模式。股权众筹从是否担保来看,可分为两类:无担保股权众筹和有担保股权众筹
政策性融资	政策性融资是指根据国家的政策,以政府信用为担保,政策性银行或其他银行对一定的项目提供金融支持。其主要以低利率甚至无息贷款的形式,针对性强,发挥金融作用强。政策性融资适用于具有行业或产业优势,技术含量高,有自主知识产权或符合国家产业政策的项目,通常要求企业运行良好,且达到一定的规模、企业基础管理完善等。政策性融资成本低、风险小,但适用面窄,金额小,时间较长,环节众多,手续繁杂,有一定的规模限制

【案例分析】

许娜之所以选择银行借款筹资,主要是因为中小微企业可以采用的筹资方式有限,银行贷款是最常见的方式。这种方式资本成本较低、筹资速度快、不会削弱许娜对公司的控制权,比较适合众一矿业的当前状况,具体分析如下:

(1)从外部融资环境来看,中小微企业的筹资方式和渠道狭窄。虽然中小微企业的筹资方式有银行贷款、供应链融资、商圈融资、民间借贷、股权众筹等,但实际上每种方式都有它的局限性。例如,供应链金融需要企业在供应链中寻找出一个大的核心企业,以核心企业为出发点,为供应链提供金融支持。但是案例正文中已提到众一矿业的上游公司是一些小公司,不满足核心企业的特点。下游虽然有优质企业,但客户都在海外,要想通过海外客户进行供应链融资可能程序烦琐,难度较高。再叠加疫情影响,海外客户可能也未必愿意与上下游配套企业作为一个整体。因此,疫情之下,供应链融资方式并不适合众一矿业。又如,商圈融资主要适用于商贸公司,而众一矿业是一家典型的纺织制造业公司,不满足商圈融资的条件。

(2)从企业内部环境来看,银行贷款不会削弱许娜对众一矿业的控制权。案例正文明确表达了众一矿业是许娜亲手创办的,她不愿将公司拱手让人,也不希望因股权结构改变影响公司治理,表明许娜希望从始至终掌握公司的控制权。与债务筹资相比,股权筹资的一个主要缺点就是容易分散公司的控制权。如果公司采用股权筹资,将会引进新的投资者或将许娜持有的股权转让给其他股东,必然会导致公司控制权结构的改变,也会削弱许娜对公司的控制权。控制权频繁迭变势必会影响公司管理层的人事变动和决策效率,进而影响企业的正常经营,不利于公司治理。许娜对亲手创办的公司有着深厚的感情,自然是希望公司能够蓬勃发展,也就不愿看到因控制权改变而影响公司正常经营的情况发生。在股权筹资方式下,通常只有优先股基本不会稀释原普通股股东的权益,能保障原股东的利益。但是众一矿业并非一家上市公司,不能发行优先股,那么只有债务筹资不会影响公司控制权。因此,许娜会选择通过银行借款筹资。

(3) 从筹资方式本身来看,银行借款的筹资速度快、筹资弹性大、资本成本低。如果选择股权融资,就需要在工商管理部门申报股权变更登记手续,内部管理层要进行人事变动等,烦琐的程序可能造成股权筹资速度比银行借款慢。更何况,银行借款的筹资弹性大。在借款前,许娜可以根据公司当前的资金需求,与银行直接商定贷款的时间、数量和条件。在借款期间,倘若疫情结束了或国家放宽疫情限制措施,或者是公司经营情况或财务状况发生了变化,许娜可以随时与银行再协商,灵活地变更债务条件,控制筹资数量,安排取得资金的时间,或提前偿还借款本息。相反,股权资本不能退还,股权筹资在未来将永久性地给企业带来资本成本的负担,筹资弹性小。另外,银行借款的资本成本较低。受疫情影响,众一矿业的物流成本较往年增加了近50%,应收账款、存货等挤占了大量的资金,公司资金缺口大。在这种资金紧张的情况下,公司不得不坚持能省则省的原则,选择资本成本更低的筹资方案。相比股权筹资,债务筹资的一大优点就是能够起到抵税效应。银行借款的利息费用、手续费发生时计入财务费用,减少公司的利润总额,从而使公司少缴企业所得税。众一矿业为一般纳税人,企业所得税税率为25%。根据银行借款资本成本率(K_b)的公式,K_b=[借款额×年利率×(1-企业所得税税率)]/[借款额×(1-手续费率)],在没有筹资费用的情况下,众一矿业采用银行借款的方式,资本成本仅是银行借款利率的3/4,抵税效应较显著。因此,许娜会选择银行贷款筹资。

思考题3:众一矿业为何会陷入"借贷无门"的境地?由个案延伸至整体,探讨中小微企业融资难的成因。"财园信贷通"从哪几个方面解决了中小微企业融资难题?

【理论依据】

1. 信息不对称和信贷配给理论

中小微企业与银行间的信息不对称是中小微企业融资难问题的根本原因。根据斯蒂格利茨和韦斯(1981)的信贷配给理论:只要信息不对称存在,那么信贷市场作为不完全信息市场,就会长期存在着信贷配给的现象。这是由于普遍意义的银行利益来自贷款利率和存款利率的价差,银行为了追逐利益最大化,本能地愿意提高贷款利率。可银行期望报酬还受借款人还款风险的影响,而由于信息不对称的存在,银行无法了解借款人(即企业)的全部信息,其中既包括硬性的财务操作、行业信息等,又包括软性的企业主风险偏好、信用意识。这样,借款人的还款概率就有一定程度的不确定性。如果银行设定高利率,就会导致"逆向选择",即过高的利率把违约风险低的借款人拒之门外,只有那些违约风险很高的借款人才会不惜提高借款成本得到资金。这使得借贷者的平均风险程度升高,银行预期报酬降低。因此,银行为了降低借款人平均风险程度,宁愿降低贷款利率,在低利率水平上拒绝一部分贷款要求,这就是信贷配给。信贷配给理论从根本上解释了中小微企业融资难的现象,不只是中小微企业,其他企业也会或多或少地面临资金需求得不到满足的状况。

2. 融资担保

融资担保是担保业务中最主要的品种之一,是随着商业信用、金融信用的发展需要和担保对象的融资需求而产生的一种信用中介行为。融资担保具有金融性、多样性、履约责任刚性、责任比例分担的特征。信用担保机构通过介入包括银行在内的金融机构、企业或个人这些资金出借方与主要为企业和个人的资金需求方之间,作为第三方保证人为债务方向债权方提供信用担保——担保债务方履行合同或其他类资金约定的责任和义务。在其业务性质上,融资担保具有金融性和中介性双重属性,属于一种特殊的金融中介服务。它通过利用自身的第三方信用为资金供给和资金需求方双方提供融资担保服务,以此促进双方交易的完成。在开展融资担保业务过程中,信用担保机构要完成两方面的工作:一是对资金需求方的信用评估;二是向资金供给方提供自身资信证明,取得其对自身信用保证资格和履约能力的认可。

3. 借款的资本成本

借款的资金成本包括筹资费用和资金占用费。其中,筹资费用是指在资金筹措过程中支付的各项费用,主要包括借款的手续费以及各项代理费。资金占用费是指资金使用人因使用或占用资金而支付给资金提供者的报酬,主要包括向债权人支付的利息等。资本成本是指投资资本的机会成本,是将资本用于本项目投资所放弃的其他投资机会的收益。

借款资本成本率(K_b)=[借款额×年利率×(1-企业所得税税率)]/[借款额×(1-手续费率)]
=[年利率×(1-企业所得税税率)]/(1-手续费率)

4. 政策性融资

政策性融资是根据国家的政策,以政府信用为担保的政策性银行或其他银行对一定的项目提供的金融支持。政策性融资主要以低利率甚至无息贷款的形式,其针对性强,发挥金融作用强。政策性融资适用于具有行业或产业优势,技术含量高,有自主知识产权或符合国家产业政策的项目,通常要求企业运行良好,且达到一定的规模,企业基础管理完善等。政策性融资的优点:成本低、风险小;缺点:适用面窄、金额小、时间较长、环节众多、手续繁杂,有一定的规模限制。这种政策性贷款不以营利为目的,利率较低,还款期可长可短,比较适合用以弥补经济不发达地区市场投资的不足。政府通过政策性融资,提高财政投资效果;通过回收投资,可以扩大政府的投资能力。为支持中小微企业发展,国家有关部门、各行业主管部门、各地区政府部门先后独立或联合发文,出台了一系列与中小微企业融资有关的政策。

【案例分析】

1. 众一矿业陷入"借贷无门"境地的原因以及中小微企业融资难的原因

受疫情影响,众一矿业的现金流吃紧,需要筹措资金解燃眉之急。公司负责人许娜最先想到的是银行借款,但由于缺少有效抵押物、缺乏分担风险的担保人和信息不对称等因素,公司贷款申请被拒,陷入融资难境地。实际上,中小微企业融资难是一个世界性难题,是所有发展中国家不得不面对的普遍问题。由于缺乏有效抵押物、缺乏分担风险的担保人、信息不对称、信贷交易成本高,传统金融机构难以触达更广泛的中小微企业,使得中小微企业融资成为世界级的"老大难"问题。具体分析如下:

第一,缺乏有效抵押物。当中小微企业出现资金困难时,通常会选择银行借款来解决资金问题,银行借款也是中小微企业贷款的主要形式。本案例中,众一矿业也是打算通过银行借款来筹资。银行贷款可分为信用贷款和抵押贷款,其中抵押贷款是银行贷款的主要形式。在向银行贷款的过程中,银行通常会要求申请贷款企业向银行提供抵押物,银行往往仅认可土地、厂房等不动产,而生产设备、工业制成品、应收账款等流动资产难以获得抵押认可。众一矿业的厂房是通过租赁得来的,公司不拥有所有权,只拥有使用权,因此不能作为抵押物。虽然公司有许多先进的生产设备,但是由于生产设备的特殊性不易于转让,其变现能力比房产来说要差一些,银行也就拒绝了公司将生产设备作为抵押物。在实际情况中,缺少抵押品是中小微企业难以从银行获得贷款的最重要原因。具体来说,对于中小微企业而言,由于企业规模小,利润率普遍不高,没有固定的房产、地产等符合抵押条件的固定资产,而企业生产的货品等又不能作为抵押品,这是中小微企业向银行申请贷款难以成功的原因之一。

第二,缺乏分担风险的担保人。当企业缺乏抵押物时,可以寻找担保企业。表面上看,担保公司的存在使中小微企业的贷款问题得到了一定程度上的解决,但是在这种模式下,中小微企业需要向担保企业支付高昂的手续费,这无形中提高了企业筹资成本,不能从根本上解决中小微企业融资难的问题。目前,社会第三方担保缺乏严格的法律监督和规范,担保机构鱼龙混杂,这些机构往往是变相的高利贷放贷场所,难以起到真正的担保作用。担保企业要求支付的担保费用和融资成本较高,多数要提供抵押物甚至反担保措施,实际操作难度大。在中小微企业取得贷款的成本中不仅要支付银行的利息,还要支付各种抵押登记、办证、评估资产的费用,还有按银行要求参加的财产保险费用以及风险保证金的利息等。对中小微企业来说,融资担保往往是"水中月、镜中花",有时与这些机构合作甚至会债台高筑导致企业倒闭。

第三,信息不对称。由于中小微企业大多是私人性质的企业,很多决策基本由企业负责人一人做出,内部集权十分严重,经理直接掌握企业的控制权,缺乏企业所有者和经理之间的相互约束,可能会导致信息披露不规范、不真实,内部职责不分,财务混乱等现象。这种不健全的治理结构让外部投资者很难掌握企业的真实信息,严重的信息不对称增加了中小微企业的道德风险,成为遭到银行信贷排斥的主要原因,这也是案例中银行拒绝放贷给众一矿业的原因之一。

第四,信贷交易成本高。中小微企业的贷款一般具有频率高、数额小的特点。从商业银行的角度来看,银行信贷具有明显的规模效益。不论贷款数额多少,银行都会按照相似的程序进行审核、调查、评估,这些操作的成本是所差无几的。所以贷款规模越大,单位信贷的交易成本会越低。而银行为了节约成本和自身的盈利,会更愿意将资金"批发"给盈利状况好的大企业,而不愿"零售"给中小微企业。随着大型银行全能性的增强,业务渠道的扩展,范围效益也会得到突出体现,而大企业对金融机构的各种多样化服务,较中小微企业的需求更大,如金融咨询、现金管理和经营类服务等。这就使银行在提供信贷时,尤其是在资金紧张,存在明显的买方市场时,会优先考虑和自身业务往来密切的大企业。因为在其他业务的开展过程中,已经相当程度地获得了这些客户的信息,其他相关信息的获得也更加容易,有利于降低信贷的交易成本。

2. "财园信贷通"破解中小微企业融资难题

在"财园信贷通"融资模式下,首先,通过政府直接介入中小微企业信贷市场,充当中小微企业"担保人"的角色,既解决了中小微企业担保难的问题,又发挥了政府增信的作用。其次,"财园信贷通"贷款纳入了政府融资担保体系,降低了银行的放贷风险,能够激励银行给中小微企业提供贷款的意愿。最后,凭借工业园区管委会掌握园区内中小微企业信息的相对优势,可以有效缓解银行与中小微企业的信息不对称问题,有利于降低逆向选择和道德风险问题。具体分析如下:

第一,解决了中小微企业担保难的痛点。一方面,在"财园信贷通"融资模式下,政府直接介入中小微企业信贷市场,江西省财政厅、工业园区财政需要按照1∶1的比例筹集资金存入合作银行,成立贷款风险代偿保证金,发挥了政府增信的作用,提升了银行中小微企业信贷期望收益,进而增强银行贷款意愿,促进信贷资金的供给,弥补中小微企业融资的"麦克米伦缺口",缓解"融资担保难和信贷配给"问题。另一方面,"财园信贷通"贷款纳入了政府融资担保体系,可以激励银行给中小微企业提供贷款的意愿。对银行而言,在没有政府担保的情形下,中小微企业出现违约后,银行自行进行追偿,而由于没有抵质押担保,银行对中小微企业的追偿非常困难,这将极大降低银行提供贷款的积极性。而在"财园信贷通"融资模式下,当中小微企业违约后,政府可以使用风险代偿保证金向银行代偿,国家担保基金、江西省融资担保企业、市级担保企业、地方风险补偿金所有权公司、合作银行风险各承担20%的风险;若未获得国家融资担保基金20%风险补偿,则省、地方分担比例提高至30%,形成省融资担保企业、市级担保企业、地方风险补偿金所有权公司、合作银行风险按3:2:3:2比例分担。因此,无论"财园信贷通"贷款是否获得了国家融资担保基金,只要其纳入了政府融资担保体系,政府就会承担80%的风险,而银行只需承担20%。

第二,破解了银企之间的信息壁垒。相对银行而言,工业园区管委会对园区中小微企业信息的掌握具有相对优势。企业申请"财园信贷通"贷款前,园区管委会可以通过掌握的企业资产、纳税、环保、产业等方面信息,筛选出符合融资条件的企业,可以有效缓解银行与中小微企业的"信息不对称"问题,有利于降低逆向选择和道德风险问题。贷后管理过程中,园区管委会定期组织召开领导小组会议,召集财政、银行、工信、税务、人保、水电等部门提供企业在相应领域的信息情况。通过了解企业缴税、用水用电、社保缴纳以及经济纠纷等情况,银行可以实时掌握企业生产经营状况,综合各方动态对企业财务状况进行分析,不仅缓解了银企间的信息不对称问题,还有助于政府加强对企业的生产指导,防范风险。此外,"财园信贷通"要求申贷企业必须透明信息,在智慧财园信贷通平台按时报送财务报表,建立健全财务管理制度和信用制度,否则就不能获得贷款支持,有利于规范企业的财务行为,进一步缓解银企信息不对称。

第三,缓解了中小微企业融资"贵"的问题。由于缺乏抵押担保,中小微企业很难从银行得到贷款,迫使很多企业到民间融资,月利率达到2%甚至3%。即使获得银行贷款,贷款利率也要上浮50%以上,而且还要请中介机构对其担保物进行评估,缴纳评估费,融资成本昂贵,手续烦琐。在"财园信贷通"融资模式下,银行不能增设门槛,即不能要求企业提供抵押和担保。只要符合相关条件,银行就应该给企业提供贷款利率在基准利率上浮25%以内的1千万元以下的贷款,解决了中小微企业融资难问题。而且,"财园信贷通"对经营正常的企业执行"无还本续贷"服务,省去了企业还贷再申贷的审批时间,解决了这段时间内企业为了归还贷款而产生的资金成本和再申请贷款的筹资费问题。

众一矿业通过"财园信贷通"模式成功融资500万元的资本成本=[借款额×年利率×(1−企业所得税税率)]/[借款额×(1−手续费率)]=[(500×4.2%)×(1−25%)]/500=3.15%。

假设公司拥有抵押物能够获得银行贷款,即不通过"财园信贷通"融资,贷款利率6%,手续费1%,资本成本=[(500×6%)×(1−25%)]/[500×(1−1%)]=4.55%。

综上,"财园信贷通"融资模式资本成本远低于普通银行贷款,每年至少可为企业节省7万元[500×(4.55%−3.15%)]的成本,不仅破解了众一矿业融资"难"的问题,还缓解了融资"贵"的问题,对企业而言无疑是一项利好政策。

思考题 4：请你从政银企三个角度，进一步思考特殊背景下矿业企业融资难应该如何破题。

【理论依据】

1. 政府性融资担保

2015 年 8 月，政策性融资担保体系建设拉开帷幕。国务院发布《关于促进融资担保行业加快发展的意见》，提出"大力发展政府支持的融资担保机构，以省级、地市级为重点，科学布局，通过新设、控股、参股等方式，发展一批政府出资为主、主业突出、经营规范、实力较强、信誉较好、影响力较大的政府性融资担保机构"。2017 年 8 月，国务院公布《融资担保公司监督管理条例》。该条例包含以下利企措施：国家推动建立政府性融资担保体系，建立政府、银行业金融机构、融资担保企业合作机制，扩大为小微企业提供融资担保业务的规模；各级人民政府财政部门通过资本金投入、建立风险分担机制等方式，对主要为小微企业服务的融资担保公司提供财政支持等。2018 年 9 月，国家融资担保基金正式成立，它是由金融机构共同出资设立，包括中央财政和多家银行等，首期募资 661 亿元，主要开展再担保业务，这标志着多层次、广覆盖的政策性融资担保体系建设全面铺开。2020 年 5 月，财政部印发《政府性融资担保、再担保机构绩效评价指引》，突出政府性融资担保和再担保机构的公共定位，发挥正向激励作用；注重有效防控系统性风险，促进政府性融资担保和再担保机构聚焦支小支农、保本微利运行、发挥增信作用，实现自身健康可持续经营目标。政策性融资担保的发展历程如图 1-4 所示。

2015年8月	2017年8月	2018年9月	2020年5月
① 国务院发布《关于促进融资担保行业加快发展的意见》	① 国务院发布《融资担保公司监督管理条例》	① 国家融资担保基金正式成立	① 财政部印发《政府性融资担保、再担保机构绩效评价指引》
② 政策性融资担保体系建设由此拉开帷幕	② 推动建立政府性融资担保体系，为小微企业融资提供财政支持	② 多层次、广覆盖的政策性融资担保体系建设全面铺开	② 突出政府性融资担保和再担保机构的准公共定位

图 1-4 政府性融资担保的发展历程

政府性担保企业是指由政府出资、不以营利为目的、自负盈亏、具有特定的服务对象（支持"三农"主体和小微企业）、为实现政府政策性目标而设立的担保企业，股东按照政府、财政局（厅）、国资委出资的担保企业归类为政府性融资担保、再担保机构。政府性融资担保机构是由政府支持建立的，是一种基于政府、银行业以及融资担保机构三方合作的一种模式。目前,政府在出资形式上对融资担保机构进行了全额、控股或参股的区分。但在政府扶持和监管方式上对所有融资担保机构是一视同仁,这也让民营融资担保机构在业务发展和监管中与政府性融资担保机构处于平等地位,主要包括中小微企业融资担保企业、出口信用担保企业、中低收入家庭住房置业担保企业、下岗失业人员小额贷款担保企业、农业担保企业等,国家对政府性融资担保机构的业务运作机制有特定的要求,即要按照商业可持续性原则来运营,由政府注入资本,提供政策激励等支持,但绝不是依靠财政补贴来维持运转。

2. 融资能力

融资能力是指在一定的经济金融条件下,企业可能融通资金的规模大小。企业融资能力包括内部融资能力和外部融资能力。现代企业的发展更多依靠对外融资,外部融资又包括股权融资和债权融资。目前我国中小微企业股权融资的方式不断拓宽,如中小微企业板、创业板,但这些融资方式只有企业发展到一定规模和阶段才有可能。而且这些融资的场所也是有容量的,只有少部分中小微企业才能在这个场所中融通资金,大多数的中小微企业依赖的外部融资仍然是银行贷款。

【案例分析】

1. 从政府的角度

第一,政府要加强对中小微企业融资的扶持力度,营造稳定开放的金融服务生态环境。在疫情背景下,中小微企业的产业链、供应链和资本链受到严重破坏,对企业的生存和继续发展造成巨大冲击。众多中小微企业虽然有良好的发展前景和可预测的发展机遇,但由于资金周转困难,面临着破产倒闭的巨大压力。一方面,政府要实施定向降准政策,引导金融机构将降准资金用于支持普惠金融,并通过减税降费、融资担保、优化信用体系建设来降低中小微企业经营成本和负担,帮助它们渡过难关;另一方面,要完善法律法规,加大监督力度,为中小微企业营造一个稳定开放的金融服务生态环境。政府需要长期坚持完善中小微企业的融资环境,加强对民间融资的约束和规范,提高中小微企业融资的安全性。注重支持政策的差别化和统筹性,着力健全中小微企业全生命周期的融资支持政策,构建银行"敢贷、愿贷、能贷、会贷"的长效机制,不断完善中小微企业信用贷款、中长期贷款、抵质押融资的配套机制,缓解中小微企业融资难、融资"贵"的问题。

第二,政府要充分发挥政府性融资担保的作用,构建完善的中小微企业信用担保体系。政府性融资担保制度的核心是构建政府、银行和融资担保公司的风险共担机制,提高中小微企业金融服务的覆盖面、可得性和便利性。国际经验表明,发达国家中小微企业融资约束弱与其相对完善的信用担保体系息息相关。案例中"财园信贷通"的成功实践,也表明了加快融资担保体系建设是解决银行恐贷和缓解小微企业融资难的最好的途径之一。因此,政府必须重视政府融资担保体系建设,加强政府、银行与融资担保公司合作,明确风险分担比例与责任,发挥代偿基金与再担保作用,促进政银合作风险分担机制可持续发展。政府经营的融资担保必须聚焦于中小微企业发展,明确政府融资担保机构和商业融资担保机构各自的业务范围和标准,引导制度性业务向中小微企业倾斜,逐步扩大中小微企业担保业务的规模。

2. 从银行的角度

第一,银行要切实履行社会责任,提升对中小微企业的放贷意愿。一方面,对受疫情影响经营暂时出现困难但有发展前景的企业不抽贷、不断贷、不压贷,不随意调降信用等级和风险分类,稳定银企互信关系。对因受疫情影响暂时出现还本付息困难的企业,合理优化还本付息安排,积极采取展期、无还本续贷、调整还款期限等措施进行纾困帮扶,减轻企业贷款周转和还款压力。另一方面,银行可在银保监会出台的小微授信工作尽职免责指引文件下,结合中央人民银行印发的《关于推动建立金融服务小微企业敢贷愿贷能贷会贷长效机制的通知》,进一步细化尽职免责内部制度,建立明确的工作机制和问责处罚等异议申诉渠道,为基层员工解决后顾之忧,提升银行从业人员服务中小微企业的意愿和能力,提高对中小微企业出现的不良贷款容忍度。

第二,不断创新服务中小微企业的信贷产品,积极做好普惠金融工作。一方面,银行要积极创新信贷产品,推进动产和应收账款质押融资,解决中小微企业因为固定资产占比较少,存货、应收账款占比高而无抵押物融资的问题,更多地创新发展金融产品和信用产品。融资环节尽量减少不动产抵押登记及对相关股东的个人连带责任担保要求,简化信贷流程,转变服务方式,实实在在地做到支持实体经济发展,满足小微企业的融资需求。另一方面,优化贷款发放、展期、续贷等审批流程,完善融资绿色通道,提高为中小微企业服务的效率,提升中小微企业融资的便利度。加大对中小微企业的信贷支持,稳步降低实际贷款利率,减少收费,让中小微企业切身感受到综合融资成本实实在在地下降。

3. 从企业的角度

第一,中小微企业要不断地优化自身的产业结构,增强市场竞争力。虽然"财园信贷通"这类政策性融资能够在一定程度上帮助中小微企业融资,但财政金融政策可能会随着国家的发展变化而变化,政策性融资可能未必具有可持续性。中小微企业不能一味地依赖政策性融资,而应当想方设法提高自身的融资能力。企业要想取得银行的支持,必须解决好自身的发展问题,找准自己的目标市场,加强经营管理,注重产业结构的优化升级,开发科技含量高、市场潜力大的产品,从而提高企业的经济效益和还款能力。此外,中小微企业必须以盘活存量资产为突破口,注重将企业的留存收益转化为投资,提高企业内部长期资金的流动性,减轻企业过于沉重的融资压力。

第二,强化内部财务管理,提高信息透明度,增强信用观念。信息不对称是造成中小微企业融资难的主要原因之一。有些中小微企业规模小,内部管理不规范,财务制度不健全,对外提供的财务信息往往出现"失真"现象,逃债、逾期不还款的现象严重,可用于抵押的资产少,增加了银行授信和贷款管理的难度。因此,中小微企业要想获得金融机构的支持,就必须牢固树立"借债必还"的思想,增强自身的信用观念,建立完整的信用体系,自觉规范内部财务管理,按期提供真实的财务会计信息,树立诚实守信的良好企业形象,并主动与银行保持较好的关系,使之对企业有足够的了解,缓解信息不对称问题,以业绩和信誉赢得金融机构的信赖和支持。

四、背景信息

(一)中小微企业

2018年8月,国务院促进中小微企业发展工作领导小组第一次会议明确指出,中小微企业贡献了我国50%以上的税收、60%以上的GDP、70%以上的技术创新、80%以上的城镇劳动就业、90%以上的企业数量[①],是国民经济和社会发展的主力军,是推动经济实现高质量发展的重要基础,同时还是扩大就业、改善民生的重要支撑。然而在最近几年,受去杠杆、中美贸易摩擦、疫情冲击等多重因素影响,我国中小微企业融资难、融资成本贵和财务脆弱性风险高等问题依然突出。如何消除中小微企业的融资难融资贵、缓解中小微企业的焦虑情绪已成为一个全国性难题。对此,2020年6月,时任总理李克强召开国务院常务会议时指出,做好"六稳"工作,落实"六保"任务,必须在发挥好积极财政政策,特别是纾困和激发市场活力规模性政策作用同时,加大货币金融政策支持实体经济力度,加大力度解决融资难,缓解企业资金压力,帮助中小微企业渡过难关。

(二)政府性融资担保

2019年1月,国务院办公厅印发《关于有效发挥政府性融资担保基金作用切实支持小微企业和"三农"发展的指导意见》,针对当前我国融资担保行业存在的业务聚焦不够、担保能力不强、银担合作不畅、风险分担补偿机制有待健全等问题,明确了相关举措。一是坚持聚焦支小支农融资担保主业。各级政府性融资担保、再担保机构要主动剥离政府债券发行和政府融资平台融资担保业务,不断提高支小支农担保业务规模和占比,重点支持单户担保金额500万元及以下的小微企业和"三农"主体。二是切实降低小微企业和"三农"综合融资成本。政府性融资担保机构坚持准公共定位,不以营利

---

① 数据来源:中国政府网《刘鹤主持召开国务院促进中小微企业发展工作领导小组第一次会议》,http://www.gov.cn/guowuyuan/2018-08/20/content_5315204.htm。

为目的,在可持续经营的前提下,保持较低费率水平。国家融资担保基金再担保业务收费一般不高于省级担保、再担保基金(机构)。三是构建政府性融资担保机构和银行业金融机构共同参与、合理分担风险的银担合作机制。原则上国家融资担保基金和银行业金融机构承担的风险责任比例均不低于20%,省级担保、再担保基金承担的风险责任比例不低于国家融资担保基金承担的比例。四是加强合作和资源共享,优化监管考核机制。国家融资担保基金和省级担保、再担保基金(机构)要推行统一的业务标准和管理要求,市、县融资担保机构要主动对标,提高业务对接效率。金融管理部门要实施差异化监管措施,适当提高对担保代偿损失的监管容忍度。银行业金融机构和融资担保、再担保机构要健全内部考核激励机制,提高支小支农业务考核指标权重。

(三)"财园信贷通"

"财园信贷通"是指由政府安排专项资金和银行进行合作,帮助工业园区企业获得流动资金贷款的一种融资模式。具体为:省财政与工业园区财政按照1∶1的比例,向合作银行存入"财园信贷通"贷款风险补偿金,合作银行承诺按补偿金的8倍安排贷款额度,向园区内企业提供无抵押、无担保、低利率的流动资金贷款(贷款利率按一年期LPR上浮不超过30%执行,为应对疫情,执行上浮不超过25%优惠利率)。"财园信贷通"是江西省为支持中小微企业发展,优化企业融资环境,解决中小微企业融资难、融资贵的一项重要的财政金融惠企业政策。目前,"财园信贷通"已纳入政府性融资担保体系,当贷款出现风险后,各级政府安排风险补偿金,通过政府性融资担保体系进行逐级分担风险。

2020年,江西省财政厅出台了系列"财园信贷通"优惠政策,对稳企业保就业,推动加快恢复正常生产生活秩序提供了有力财政支持。为巩固疫情防控和经济社会发展成果,缓解中小微企业融资难题,2021年继续实施"财园信贷通"相关优惠政策,具体如下:①继续实施"财园信贷通"贷款利率优惠政策,贷款利率按照最近一年期贷款市场报价利率(LPR)上浮不超过25%。②规范实施"财园信贷通企业复工复产贷"政策。对2021年到期的"财园信贷通企业复工复产贷",根据企业意愿,如企业无需"财园信贷通"贷款支持的,可不予以续贷。企业正常生产经营且"财复贷"到期后,企业有意愿续贷的,按照"稳就业""保市场主体"的原则,在风险可控的情况下,确保不出现"抽贷"现象。③对因政策延续导致"财园信贷通"贷款额度超过小微企业500万元贷款限额的,按照"保市场主体"原则,在风险可控的情况下,可不受500万元贷款额度限制,全力支持小微企业发展。

五、关键要点

通过本案例的学习,希望学生掌握筹资管理的相关内容,关键要点如下。

(一) 关键知识点

(1) 中小微企业融资难的原因。

(2) 政策性融资、政府性融资担保的作用。

(3) 信息不对称、信贷配给理论、优序融资理论。

(4) 中小微企业筹资方法以及优缺点、筹资方式创新。

(二) 关键能力点

(1) 分析中小微企业融资难的原因,培养学生主动思考、自主学习的能力。

(2) 从案例中提取关键信息,结合有关知识点对问题进行解答,培养学生将理论运用于实践的能力。

(3) 通过学习"财园信贷通"这种创新型融资模式,以及了解供应链融资、商圈融资等,培养学生的创新能力。

(三) 关键思政元素

(1) 通过了解政策性融资和政府性融资担保的作用,培养学生的爱国情怀。

(2) 从企业、银行、政府多个角度分析"财园信贷通"如何破解中小微企业融资难题,培养学生严谨细致的工作作风。

(3) 通过计算"财园信贷通"的资本成本以及节省的成本,培养学生勤俭节约的传统美德。

六、建议课堂计划

本案例可以作为专门的案例讨论课来进行教学。以下是按照时间进度提供的课堂计划建议,仅供参考。

(1) 课前计划:提前一周通过"学习通""云班课"等网络平台向学生发放案例正文、启发思考题以及背景信息,要求学生仔细阅读和初步思考,并查阅一些与政策性融资、政府性融资担保相关的资料。以自由组合的方式,让学生自动组成5~6人的小组,共同进行案例学习和准备,并以小组为单位为课中小组讨论做好准备性工作。

(2) 课中计划:考虑到本案例涉及的知识点较为集中且连贯,建议教师在课堂中按照启发思考题的分析思路,引导学生进行讨论,在讨论的过程中逐步讲解相应的知识点。整个案例课的课堂时间控制在80分钟左右,如表1-7所示。

表 1-7 课中计划表

阶段	教学活动	教学目标	时间
课堂前言	播放"财园信贷通"宣传片,让学生初步了解什么是"财园信贷通",并简要阐述案例背景	帮助学生初步了解政策性融资,引导学生了解案例背景,明确案例主题	6分钟
教师引导讨论1	教师带领学生走进案例,阅读案例正文引言和第1部分,同时要求学生完成启发思考题一	引导学生分析应收账款期限延长、存货积压、营收下降、成本上升等情况对企业现金流的影响	8分钟
小组发言1	随机抽两个小组汇报讨论结果,在此期间鼓励其他小组对该组的分析进行点评,提出不同意见,同时教师也要进行点评,达到互动交流的效果	引导学生梳理案例内容,在知识理论下形成小组观点,并回答启发思考题	8分钟
教师引导讨论2	教师带领学生回顾企业筹资方式,并讲解筹资管理的相关知识点,同时要求学生阅读案例正文第2部分并完成启发思考题二	引导学生掌握中小微企业的筹资方式以及各种筹资方式的优缺点,了解优序融资理论和筹资方式创新	10分钟
小组发言2	随机抽两个小组汇报讨论结果,在此期间鼓励其他小组对该组的分析进行点评,提出不同意见,同时教师也要进行点评,达到互动交流的效果	引导学生梳理案例内容,在知识理论下形成小组观点,并回答启发思考题	8分钟
教师引导讨论3	教师讲授政策性融资、政府性融资担保的相关知识点,以及"财园信贷通"的运作模式,随后要求学生阅读案例正文第3部分,完成启发思考题三、四	引发学生对中小微企业融资难、融资贵的思考,掌握政策性融资、政府性融资担保的概念、类型、运作模式和作用等	20分钟
小组发言3	随机抽两个小组汇报讨论结果,在此期间鼓励其他小组对该组的分析进行点评,提出不同意见,同时教师也要进行点评,达到互动交流的效果	引导学生梳理案例内容,在知识理论下形成小组观点,并回答启发思考题	15分钟
课后总结	教师对整个案例的讨论进行总结,再次梳理相关知识点	巩固学生对案例相关知识点的学习,建立完整的知识框架体系	5分钟

(3) 课后计划:结合课堂学习的理论知识、分析方法、逻辑思路形成正式的分析报告(具体要求由教师根据教学目标调整,内容可以包括小组成员、分工、解决方案、具体建议等)。

案例二

拿什么"娶"你回家

——继峰并购格拉默的融资抉择

本案例描述了宁波继峰汽车零部件股份有限公司(以下简称继峰)并购格拉默股份公司(以下简称格拉默)的并购及融资过程,观察继峰如何通过组合方式来合理控制融资风险,从而成功完成并购。继峰运用私募股权融资、内保外贷、发行定向可转换债券和盈利能力支付计划等融资方式推进并购,希望能为其他企业提供借鉴和参考。

第一部分　案例介绍

> **引　言**
>
> 　　为培育新的经济增长点,促进新能源汽车消费和绿色低碳发展,2022年9月,国务院常务会议决定延续实施新能源汽车免征车辆购置税政策至2023年年底。市场期待已久的新能源汽车免征购置税延期政策尘埃落定,新能源汽车发展再迎利好!2024年上半年,我国新能源汽车产销同比均增长120%,表现出强劲的增长势头。而受此影响,主营汽车零部件的供应商继峰股价也迎来了连续五次涨停。
>
> 　　早在2020年,继峰就已发布与新能源车企的强强合作,而继峰之所以能搭上新能源这趟快车,实现快速发展,离不开并购格拉默这一重要决策。2019年继峰斥资37.54亿元收购德国汽车内饰巨头格拉默84.23%的股份,实现全球业务布局,产品线拓展至汽车座椅总成、中控系统领域,产品实现多品类拓展、产品均价提升。而格拉默内部推行降本增效,继峰致力开源节流,至2021年年底,格拉默业绩实现扭亏为盈,成长空间逐步打开。
>
> 　　此次的成功并购迎来了业界的一致好评,继峰以发行定向可转债、股份及现金支付等多种方式混合融资步步推进并购,最终成功将格拉默收入囊中。

一、强强"联姻":并购双方基本情况

(一) 行业龙头继峰

继峰成立于1996年,其经过20多年的发展,目前已成为乘用车座椅头枕和商用车座椅龙头企业,公司主营业务是汽车内饰产品,包括头枕、扶手、支杆、功能性塑料件的研发、生产、销售。回首过往,继峰的成长就是中国民营汽配供应商的一个缩影。它们普遍起步寒微,但是非常努力,抓住机会,最终完成了企业发展道路的升华蜕变,成为真正的行业精英。继峰近30年的成长之路可以分为以下三个阶段。

第一阶段:"小作坊"起家。1996年辞掉在岱山水泥厂、岱山县泥峙镇企业办公室工作的王一平、邬碧峰夫妇在浙江舟山成立岱山继峰汽车内饰厂,即继峰的前身。当时的厂房还只是一个不起眼的两层小楼。2001年公司搬迁至宁波北仑科技园区普陀山路45号并更名为宁波继峰汽车内饰件有限公司,厂区占地面积15亩,主做座椅部件配套,下游客户为从事汽车座椅总成生产的一级供应商。2007年公司成功携手奥迪,成为奥迪的供应商。

第二阶段:登上一汽大众的大船,成为一汽大众最大的座椅头枕配套供应商。"如果没有一汽大众,就没有继峰的今天,我们始终对一汽大众抱着感恩之心",继峰商务总监张鹏在一次采访中如是说道。继峰走到今天,和一汽大众有着至关重要的关系。原本,继峰早期业务是提供发泡泡沫,间接供应奥迪100;后来也生产支杆,主要供应捷达(大众的子品牌)。不过当时继峰并非一汽大众的直接供应商,只是将发泡和支杆供应给座椅工厂,再通过整椅供应给一汽大众。后来继峰发现,既然可以生产泡沫,也可以生产支杆,为什么不直接生产头枕呢?不过说来容易,做起来谈何容易。一直到2009年,一汽大众在开发奥迪C6的时候,改变发包策略,将头枕拿出来单独发包,才给继峰提供了一个成为独立头枕供应商的宝贵机会,进入一汽大众的采购体系,完成从间接供应商到直接供应商的升级。继峰如图2-1所示。

图2-1 宁波继峰汽车零部件股份有限公司[①]

继峰原来仅仅是进行来料加工,按图索骥,直到真正进入一汽大众系统,才知道大众的流程标准如此繁复,看似貌不惊人的一个部件,不仅需要考虑各种各样的标准,包

---

① 来源:继峰官网。

括安全、强度、材质、功能等核心功能,更要考虑温度、湿度、延展性、气味,以及种种细节。不过,进入一汽大众体系之后,继峰完成了根本性蜕变,真正从一个小作坊,成长为一个国际一线大厂的重要配套供应商,进入了大众全球分工的协作体系,成为一个真正的"正规军"。继峰跟随一汽大众一起成长,提升了制造能力和管理能力,并建立了属于自己的实验室,具备了研发能力,而这也为继峰走在行业前列并成功上市打下了基础。

第三阶段:上市后快速发展。2015年继峰在上海交易所上市,据其2015年至2018年的年度报告,继峰并购格拉默前后,控股股东始终为继弘投资,实际控制人始终为自然人王义平、邬碧峰和王继民,并且邬碧峰担任继弘投资的法定代表人。截至2018年年底,继峰的股东关系如图2-2所示。

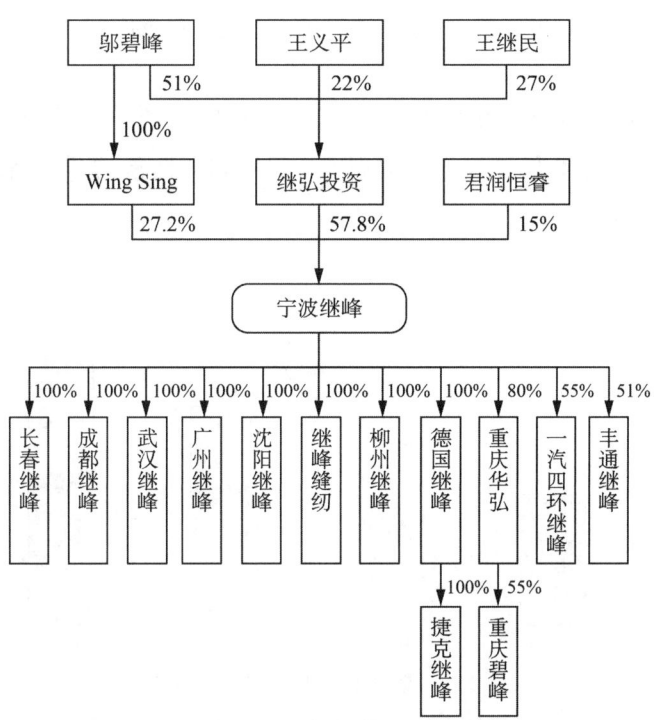

图2-2 继峰的股东关系图①

继峰2015年至2018年的产品销量如图2-3所示,营业收入从10.48亿元增长至21.51亿元,年均复合增长率为27.09%;净利润从1.77亿元增长至3.16亿元,年均复合增长率为21.23%。利润和营收的增速匹配度较高,相差不大。销售毛利率稳定在35%左右,净利率在15%左右,波动幅度很稳定。

---

① 来源:继峰官网。

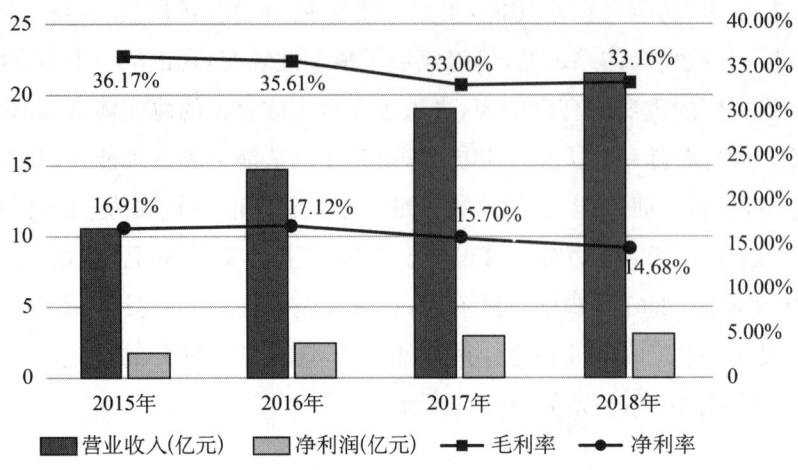

图 2-3　继峰 2015—2018 年收入及利润①

按产品类别不同,继峰业务可划分为头枕、座椅扶手、支杆及其他。其中头枕和座椅扶手对收入的贡献率合计占到 85% 以上,是继峰业务的重要来源。2015 年至 2018 年,各产品收入逐年上升,如图 2-4 所示。

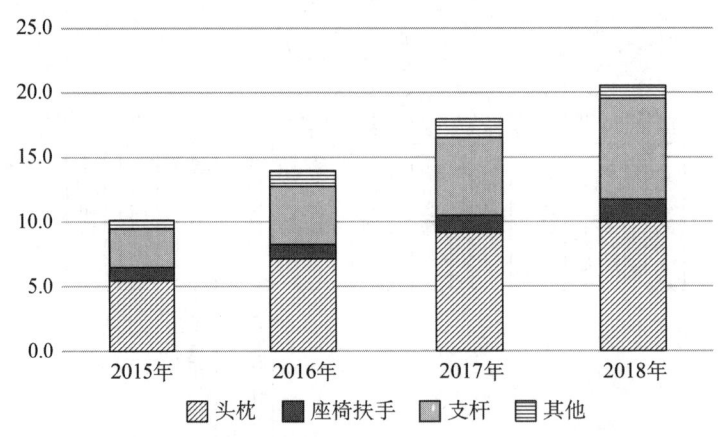

图 2-4　继峰 2015—2018 年收入构成(单位:亿元)②

2015 年至 2018 年,产品销量逐年增加,如图 2-5 所示。继峰 2018 年收入增长包括头枕和支杆销量增加,以及子公司德国继峰座椅扶手收入增加。继峰的财务状况与经营成果持续优化,在国内细分行业处于头部位置,但在欧美地区市场占有率有待提高。为拓展海外业务,继峰开始寻找境外的战略合作或者并购标的。

---

① 来源:继峰官网。
② 来源:继峰官网。

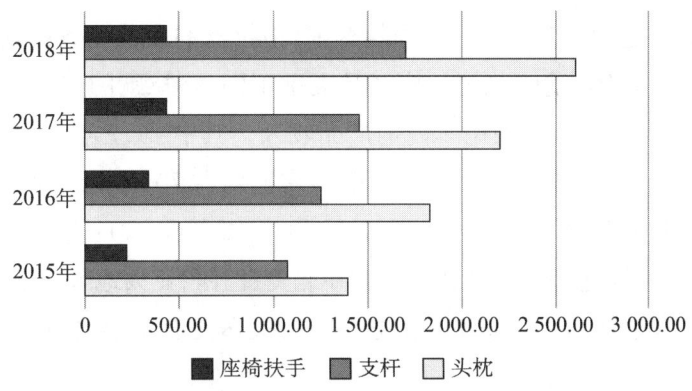

图 2-5　继峰 2015—2018 年产品销量(单位:万件)①

(二) 百年巨头格拉默

1983 年,格拉默成立于德国,主要生产车座椅扶手、座椅头枕、中控系统以及商用车的座椅系统,是全球汽车内饰领域的绝对龙头。格拉默有丰富的全球化经验,在车辆内饰行业的业务覆盖范围较广:乘用车业务领域,为高端市场的主机厂和一级供应商提供头枕、扶手、中控系统、功能塑料及内饰件,涵盖设计与研发层面;商用车业务领域,在全球范围内面向农业、建筑机械、叉车、卡车、公共汽车、火车研发并生产相应的驾驶员座椅和乘客座椅。格拉默的主营业务不仅包含继峰也具有的乘用车座椅头枕、扶手,还包括乘用车的中控系统、内饰部件,以及商用车座椅。因此,继峰并购格拉默之后,可以丰富乘用车产品线,开拓商用车产品线,使公司主营业务向多元化发展。

1996 年,格拉默在法兰克福证券交易所及慕尼黑证券交易所同时上市。之前格拉默的主要销售范围在欧洲、非洲、美洲和中东地区,2005 年,格拉默开始进入亚洲市场。截至 2017 年,在继峰收购格拉默前夕,格拉默在美国、俄罗斯、捷克等国均设有分支机构,在中国陕西、上海等地也成立了分支机构,共计 30 多家子公司,已成为一家覆盖全球市场的跨国集团。根据格拉默的财务报告分析,格拉默 2017 年在欧洲地区的市场占有率较高,接近 7 成的销售收入来自欧洲、非洲和中东地区,亚洲和美洲的销售收入持平,分别占总收入的 15.7%,如图 2-6

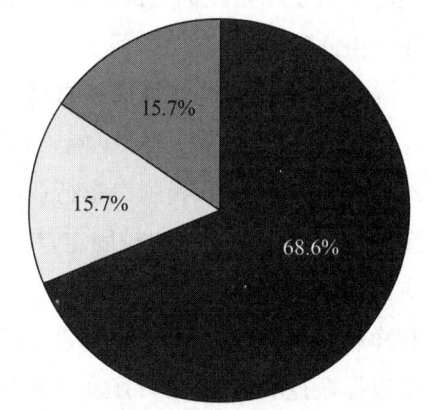

图 2-6　2017 年格拉默全球收入占比图②

---

① 来源:继峰官网。
② 来源:继峰官网。

所示。

格拉默具有卓越的主营业务。根据收购书,格拉默的主营业务占营业总收入的比重在99%以上,主业十分清晰稳定。按产品类别不同,格拉默的主营业务收入分为两部分:商用车座椅系统收入及乘用车内饰产品收入。其中2017年和2018年乘用车内饰产品收入分别为119.15亿元、119.76亿元,占比均在70%以上,是业务收入的主要来源。商用车座椅系统产品收入虽占比较少,但2018年比2017年增加5.31亿元,报告书称主要是2018年运输车辆及特种车辆在北美、巴西、亚太地区增速较强。此外,商用车座椅系统产品收入有进一步增加的趋势。发展蒸蒸日上的格拉默,成为继峰开拓国际市场的不二之选。

二、情投意合:并购双方的适时需求

(一) 急需白衣骑士的格拉默

格拉默的第一大股东,是Hastor家族的Prevent集团。Prevent集团一直与德国大众集团保持着友好合作,直到2015年大众集团由于"排放门事件"业绩受损,取消了与Hastor家族的合作并且拒绝赔偿,Prevent集团与大众集团结怨。Prevent集团意图通过恶意收购大众集团的关键供应商,以向大众集团施压,而格拉默正是关键供应商之一。

截至2016年年底,Prevent集团对格拉默的持股比例达到了20.22%,并意图干涉格拉默的经营管理。2017年2月,为了抵御Prevent集团,格拉默的高层就琢磨着找个"白衣骑士"来稳定格拉默的股权结构,与Hastor家族制衡,此时,来自中国的上市公司继峰走入了格拉默高层的视野。而此时的继峰也早想和行业中仰慕很久的"老大哥"合作。由此继峰开始了历时近3年的收购。

(二) 继峰借此拓展海外市场

继峰自身盈利增长缓慢,汽车座椅和车辆内饰的生产制造是主要收入来源。2016年至2018年,我国汽车行业的发展受到经济增速放缓影响,并且由于汽车整车制造厂的零件供应商都比较固定,汽车整车的产销受限又会通过产业链传导至零部件供应商,继峰的盈利能力受到影响。由图2-7可看出,2017年起继峰的营业收入增长率和净利润增长率都出现下滑;2018年净资产收益率也开始下滑,仅凭借国内订单已经难以提振盈利能力,继峰亟须拓展海外客户群体。

与格拉默形成战略同盟之后,继峰不仅可以获得德国众多老牌整车厂商客户,也能够充分利用格拉默在欧美的产业链优势。根据继峰关联交易报告书,继峰在乘用车的头枕领域,欧洲市场占有率第三,国内市场占有率第一,而格拉默在该领域欧洲市场占有率第一,国内市场占有率第三。在乘用车的中控领域,继峰的客户主要为福特、吉利沃尔沃、英菲尼迪等,而格拉默在该领域是全球龙头地位。另外在商用车领域,继峰还

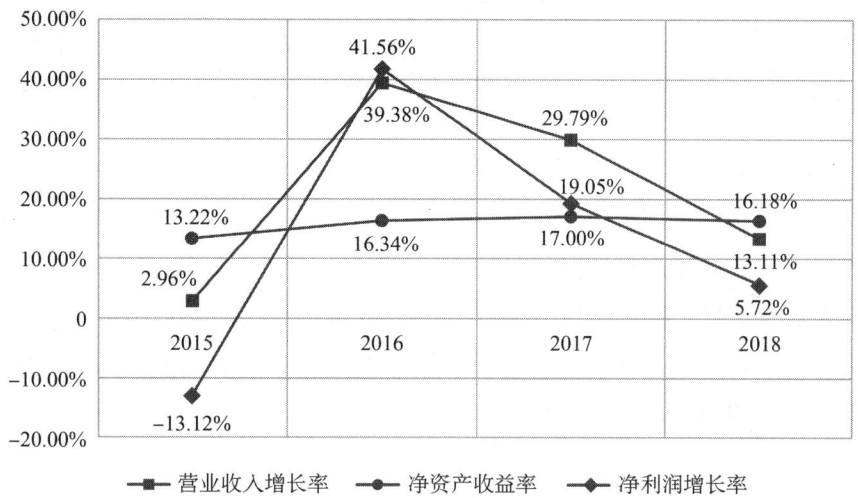

图 2-7　继峰并购前相关财务指标情况[1]

未涉及,而格拉默已经是全球龙头,在欧洲市场份额超过 90%。

2016 年至 2018 年,格拉默前五大客户保持稳定,依次为大众集团(以下简称大众)、戴姆勒股份公司(以下简称戴姆勒)、宝马汽车公司(以下简称宝马)、菲亚特克莱斯勒集团(以下简称菲亚特克莱斯勒)和通用汽车公司(以下简称通用),均为老牌欧美整车厂商。而并购之前继峰的主要客户则集中在合资品牌、国产品牌整车厂,产品定位也偏向中端车辆内饰,如表 2-1 所示。2017 年起,继峰的控股股东开始认购格拉默可转债,并在二级市场增持格拉默,到 2017 年年底,控股股东已累计持有格拉默 25.56% 的股份。根据年报,继峰 2017 年的客户范围较 2016 年出现了明显拓展,除了合资品牌整车厂、国产品牌整车厂,还增加了大众、保时捷、宝马、戴姆勒、福特等国外整车厂,这些国外整车厂也正是格拉默的大客户。由此可以说明,控股股东参股格拉默可以快速将上市公司自身业务拓展至海外。此外,继峰取得格拉默控制权后,还可以充分利用格拉默的全球资源、渠道和技术,实现"1+1>2"的协同效应。

表 2-1　2016 年继峰股份主要客户[2]

合资品牌整车厂		国产品牌整车厂	一级座椅厂
一汽大众	上海通用五菱	长城	安道拓
宝马	日产	吉利	李尔集团
长安福特	本田	一汽轿车	佛吉亚

[1] 数据来源:同花顺 iFinD 数据库。
[2] 资料来源:继峰官网。

(续表)

合资品牌整车厂		国产品牌整车厂	一级座椅厂
神龙汽车	丰田		马格纳
广菲克	马自达		泰极

并购后,继峰可以获取格拉默的专利技术,进一步向高端制造业转型。继峰在国内已经积累了一定的人才优势,并且相比于格拉默重新在国内招募人才,继峰在国内已有的人力资源成本更低。继峰也可以通过派遣国内研发人员前往德国学习,进而降低研发成本、提升技术水平。格拉默在我国的两个技术中心——长春和上海技术中心,在并购之后借助继峰的整合,将更好地实现本土化。

三、步步为营:两步走的并购过程

继峰第一次和格拉默有联系是在 2017 年 2 月,并在这之后和格拉默建立了战略合作伙伴关系。随后,继峰实际控制人之一邬碧峰 100% 控制的 Wing Sing 设立 JAP (HK),JAP(HK)又设立 JAP(德国),由 JAP(德国)这个主体通过购买格拉默强制可转债、在二级市场逐渐增持格拉默股份,逐步参与到格拉默的日常经营中。到 2017 年年底,继峰实际控制人共持有格拉默 25.56% 的股份,上市公司进而能够获得格拉默的客户资源和销售渠道。

继峰实际控制人的小试牛刀带来了正向反馈。从 2017 年年报中可以看出,继峰的客户新增了大众、宝马、通用等知名欧美整车厂,意味着公司有望通过与格拉默的战略合作,获取更多的客户资源及销售渠道,再加之格拉默需要"白衣骑士"的控制,从而彻底击退 Hastor 家族,于是继峰实际控制人产生了收购意向。

然而,继峰想要一步到位取得控制权,对于"蛇吞象"的跨境并购而言难度过大。因此继峰分两个阶段采取并购:第一阶段为控股股东通过搭建并购基金继烨投资,先行购买格拉默 84.23% 股权;第二阶段为上市公司继峰从控股股东手中购买并购基金继烨投资,进而取得格拉默 84.23% 股权。

(一)并购第一阶段:"控股股东+私募股权投资(PE)"型并购基金收购格拉默

具体而言,先由继峰控股股东继弘投资控制的东证继涵,联合上海并购基金、力鼎凯得、固信君瀛、润信格峰、绿脉程锦 5 家,共同设立并购基金继烨投资,通过继烨投资持有继烨(卢森堡)100% 股权,再通过继烨(卢森堡)持有继烨(德国)100% 股权,最终通过继烨(德国)取得格拉默 84.23% 股权,从而完成境外收购。并购第一阶段中各方担任的角色如表 2-2 所示。

表 2-2 并购第一阶段中各方担任的角色[①]

主体	跨境并购中担任的角色
继弘投资	继峰的控股股东,继弘投资的法定代表人为邬碧峰
王继民、邬碧峰、王义平	继峰的实际控股人,王继民、邬碧峰和王义平为一致行动人
东证继涵	控股股东控制的企业
上海并购基金、润信格峰、固信君瀛、绿脉程锦、力鼎凯得	私募股权投资
继烨投资	东证继涵和5家私募共同出资设立的并购基金,为有限责任公司
继烨(卢森堡)	继烨投资在卢森堡设立的SPV
继烨(德国)	继烨投资在德国设立的SPV,为直接收购格拉默的主体

并购第一阶段结束之后继峰与格拉默的关系如图 2-8 所示。

(二) 并购第二阶段:继峰收购继烨投资 100% 股权

东证继涵与 5 家私募投资将并购基金卖给继峰,继峰得以控制并购基金继烨投资,进而控制格拉默。继峰通过发行定向可转换公司债券、股份及支付现金的方式,从东证继涵及 5 家私募投资手中购买了继烨投资 100% 股权,于是继烨投资成为继峰的全资子公司。并购第二阶段结束之后的股权结构关系如图 2-9 所示。

四、策无疑算:定价依据和估值作价

(一) 定价依据

根据继烨投资的说明,其要约收购格拉默的价格确定为 60 欧元/股,主要基于以下因素考量。

1. 整体战略考量

首先,在进行要约定价的过程中,鉴于格拉默处于股权结构和日常经营不稳定的非常时期,如果没有合适的投资者帮助解决这一问题,格拉默未来的发展可能会有较大风险。其次,对于格拉默股东而言,虽然对格拉默的核心竞争力和发展潜力看好,认为应该有更好的股价表现和更好的投资回报,但同时也要承担要约失败导致的前述股权结构和日常经营不稳定的风险。此外,继烨(德国)目标在于达到 50%+1 股的控股地位,而非 100% 的完全控制。因此,不同于大多数情况下的要约收购,继烨(德国)要约收购格拉默是作为"白衣骑士"帮助解决格拉默所遇到的困境,保证格拉默原股东的利益不受未来风险的损失,要约价格不应高于市场正常水平,不应该提高过高的溢价。最后,

---

[①] 资料来源:根据继峰关联交易报告书整理。

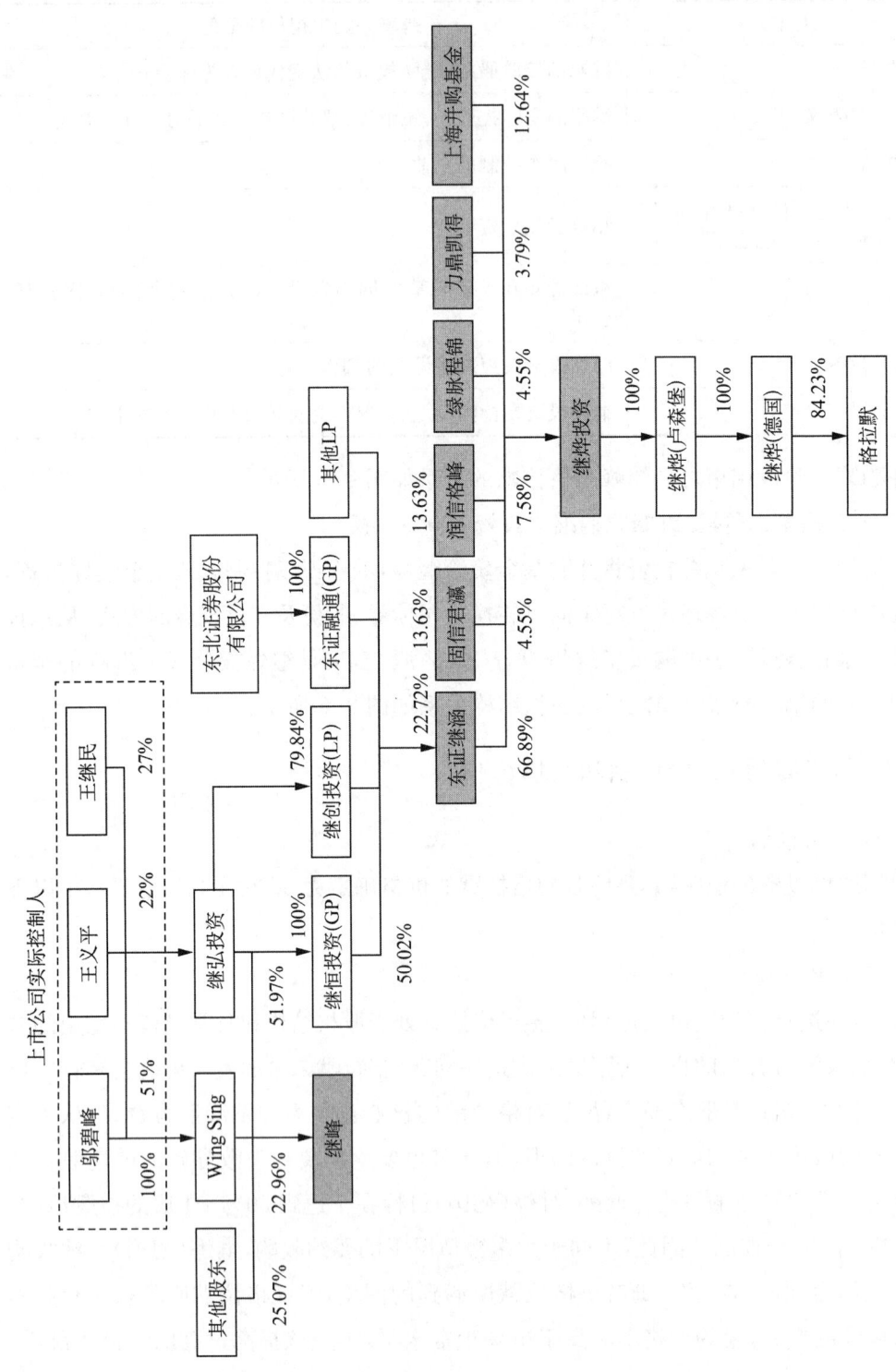

图 2-8 并购第一阶段结束后的继峰与格拉默股权关系

案例二 拿什么"娶"你回家——继峰并购格拉默的融资抉择

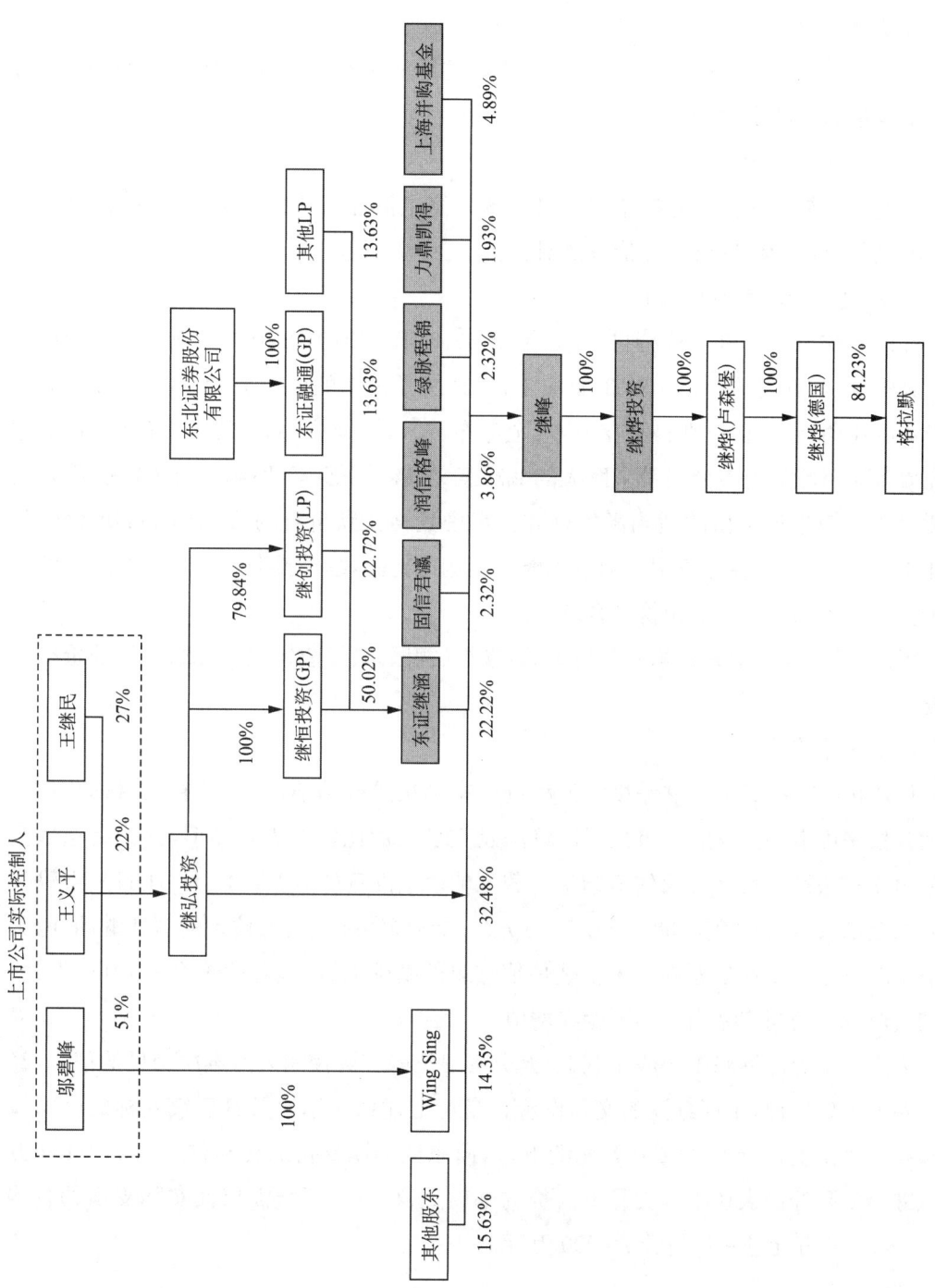

图 2-9 并购第二阶段结束后的继峰与格拉默股权关系

上市公司实际控制人也考虑到完成要约收购后对格拉默的控制权,以及未来可能将格拉默资产注入上市公司带来重大战略意义和协同效应,因此应考虑适当溢价。

2. 历史股价

经前次交易中介机构分析,要约收购前格拉默股价在过去 3 个月、6 个月、12 个月时点价及最高价的变化。

3. 评估机构估值比较

经前次交易中介机构分析德国二级市场 7 家主流评级机构对格拉默的股价估值,按照不同的要约价格进行了溢价率的对比。

4. 历史要约收购案例比较

经前次交易中介机构分析自 2009 年至 2018 年 9 年的 28 个类似规模的德国市场要约收购案例,其要约价格相对 3 个月 VWAP 的溢价率的中位数为 28.2%。根据继烨投资的说明,鉴于格拉默自身在技术、全球布局、行业地位、品牌等方面的价值,及这些元素未来可能为上市公司带来巨大的战略意义,继烨(德国)为确保要约成功,需要提供相对于二级市场价格的适当溢价;同时,考虑到格拉默自身的 EV/EBITDA 倍数与行业水平的对比,并参考德国市场过往要约案例的经验,继烨投资认为 60 欧元/股的要约价格是与市场平均水平相符且合理的。

因此,经与相关中介机构充分讨论后,继烨(德国)最终决定以 60 欧元/股的价格发起要约。

(二) 估值作价

估值机构对持股平台继烨投资采用资产基础法进行估值,对其持有的目标公司格拉默股权采用市场法下的上市公司比较法及交易案例比较法进行估值,并最终选取上市公司比较法作为目标公司估值结论。截至估值基准日(2018 年 12 月 31 日),继烨投资股东全部权益的估值为 389 271.57 万元。除继峰实际控制人控制的东证继涵外,其他交易对方之交易作价系在参考上述估值结果的基础上做出,合计作价 131 000 万元,相较其对标的公司实缴出资额不存在增值。

为进一步保障继峰中小股东利益,充分彰显继峰实际控制人对本次交易的信心,经交易各方友好协商,东证继涵的交易作价在参考上述估值结果及其后续对标的公司增资事项的基础上进行了 20 200 万元的下调,向东证继涵支付的交易作价为 244 400 万元。继峰实际控制人在本次交易不溢价的基础上,相较东证继涵层面实际支出的收购成本 264 600 万元进一步折让 20 200 万元。

五、多措并举:并购方式的融资抉择

由于涉及高比例的现金支付,且支付时间非常紧迫,融资成为决定此次并购成败的关键。

跨境并购的交易情况为：第一阶段，继烨投资100%控股的继烨（德国）于德国要约收购格拉默84.23%股权，交易金额49.82亿元；第二阶段，继峰通过发行定向可转换公司债券、股份及支付现金的方式收购继烨投资，从而取得格拉默84.23%股权，交易对价37.54亿元。继峰跨境并购格拉默的融资与支付情况如表2-3所示。

表2-3　继峰跨境并购格拉默的融资与支付情况　　　　　　　　　　单位：亿元

阶段	融资方式	融资工具	融资金额	支付情况	剩余金额
第一阶段	权益融资	控股股东权益融资＋引入私募股权投资（PE）	31.25	31.25	0
	债务融资	境内贷款 境外贷款	8.5 13.6	18.57	3.53
	合计		53.35	49.82	3.53
第二阶段	混合融资	发行定向可转换债券	11.182 (4+7.182)	8.38	2.802
	权益融资	换股并购融资	29.16	29.16	0
	卖方融资	延期支付（盈利能力支付计划）	2.02	—	—
	合计		42.362	37.54	2.802

（一）并购第一阶段融资方式分析

1. 权益融资

继峰的控股股东继弘投资以最高比例的出资额控制东证继涵，东证继涵又联合上海并购基金、力鼎凯得、固信君瀛、润信格峰、绿脉程锦5家PE控股股东权益融资，共同设立并购基金继烨投资，最终东证继涵出资18.8亿元。私募股权投资（PE）具体出资金额分别为：上海并购基金5亿元、力鼎凯得1.5亿元、固信君瀛1.15亿元、润信格峰3亿元、绿脉程锦1.8亿元。

继峰之所以设立"控股股东＋PE"型并购基金购买格拉默股份，而不是由继峰直接购买，是由于要约收购需要解决资金和时间难题。格拉默当时正面临Prevent集团的敌意并购，少有跨境并购经验的继峰为了获得格拉默的控制权，需要尽快筹集足额要约收购资金。由于继峰的现金不富余，不宜采取内源融资方式，而如果直接通过债务融资满足44.66亿元的融资需求，会严重增加继峰的财务杠杆。此外，债务融资方式中的银团贷款和发行债券相较于普通银行贷款的审批时间长，难以应对要约收购时间紧迫的问题。对于权益融资，由于我国资本市场发展还不完善，境外资本市场不认可我国企业的估值，难以采用换股并购融资方式。此外，换股并购的行政审批严格，实践中通过商务部审批的案例以国资背景居多。考虑到继峰缺乏并购经验，可以引入有经验的PE

进行融资,引入的PE不仅能分担继峰的资金压力,还能给继峰带来高附加值的咨询服务,在PE成为继峰股东后,可以与继峰共享收益、共担风险。

2. 债务融资

境外要约收购阶段,共获得了两笔贷款:一笔是由浦发银行借给东证继涵,再由东证继涵借给继烨投资的8.5亿元境内贷款,年利率为5.635%;另一笔是1.76亿欧元的内保外贷款,由继烨投资提供担保,浦发银行宁波分行开出保函,浦发银行离岸部发放给继烨(德国),年利率也为5.635%。两笔贷款及时满足了要约收购时点的融资需求。内保外贷不涉及资金出境,一定程度上规避了汇兑风险。继烨(德国)获得欧元债务融资,无须换汇,避免了欧元贬值带来的汇兑损失,并且内保外贷的审批流程较为简单,手续费用相对较低,适宜面临时间和资金双重压力的继烨(德国)采用。

继峰之所以选择债务融资,是由于权益融资方式受限,除PE融资之外的其他权益融资方式,由于审批流程长以及商务部审批严格等限制,不适合应用于要约收购。之所以选择债务融资方式中的商业银行贷款,很可能在于我国债券市场发行规模有限,实际跨境并购融资方式应用中,债务融资多为商业贷款。

(二)并购第二阶段融资方式分析

并购第二阶段应用的融资方式包括换股并购融资、发行定向可转换债券融资以及卖方融资,对应的支付方式包括发行股份支付、发行定向可转债支付、现金支付和盈利能力支付计划,其中前三种支付方式为即期支付,盈利能力支付计划为远期支付。

定向可转换公司债券的股债双重属性,使得其可以具有债务融资和权益融资的双重优点。定向可转换债券给了东证继涵一个选择机会:如果股价一直不及预期,控股股东可以卖出定向可转债获得现金;如果股价提升,控股股东能够通过转股获取收益。实际应用之时,要考虑到锁定期的36个月内不能转让。继峰最终选择的方案中,在支付部分,总计375 400万元的交易对价,定向可转债的发行对象只有东证继涵一家,并且发行的金额仅为40 400万元,支付占比为10.66%。继峰利用定向可转换公司债券灵活性强、能够根据交易双方诉求设计条款的特征,积极运用其进行融资,从而减少了交易阻力。东证继涵取得定向可转换债券,相比于获取股份,可以规避股权稀释风险,同时控股股东控制的东证继涵获得了转股选择权:上市公司股价良好时,可以低价转股,日后获取更多来自股价的收益;上市公司股价不佳时,可以卖出债券获取本息。对于上市公司继峰而言,相比于支付现金,发行定向可转债不会带来较多的资金流出,缓解了公司的流动性风险,继峰有机会进行并购后的整合。此外,配融部分的定向可转债定向发行给了三家金融机构,金融机构的大额申购为民营企业继峰提供了大量资金,缓解了民营企业贷款困难。

案例二　拿什么"娶"你回家——继峰并购格拉默的融资抉择

（三）并购融资结构分析

1. 第一层：东证继涵层面

要约收购的过程中，实际参与收购的并非文件中提到的公司，而是继恒投资、东证融通、继弘投资3家，参与的3家股东合计出资现金15亿元（约为1.95亿欧元）。与原来的资金计划（3.52亿欧元出资和2.71亿欧元借款）相差约4.28亿欧元。

2. 第二层：继烨投资层面

在实际的要约收购中，新增了4家股东，截至2018年8月底，6家股东合计出资31.25亿元（约合4.06亿欧元）。与原来的7.53亿欧元资金计划相差3.47亿欧元。要约收购的标的金额为6.37亿欧元，目前继峰筹集到的资金为4.06亿欧元，想要完成要约收购还需要再募集2.31亿欧元（约合17.8亿元）。这部分资金短缺，是由浦发银行提供的贷款，浦发银行的境内支行为其提供了8.5亿元的资金，境外支行为其提供了1.76亿欧元的贷款，折合人民币13.6亿元，合计22.1亿元。

通过以上的分析和整理，继峰完成要约收购的52亿元收购资金来源上，也大致可以推知，股东投入约35.11亿元，其中王氏家族出资15.01亿元，其他投资者出资20.1亿元；银行借款16.89亿元，其中境内借款3.29亿元，境外借款13.6亿元。

尾　声

继峰并购格拉默是其迈向国际化的重要一步。继峰在并购过程中运用了多种融资方式组合，并购第一阶段境外收购采取了权益融资（私募股权融资）和债务融资（境内外贷款），并购第二阶段境内并购采取了权益融资（发行股份）、混合融资（发行定向可转换债券）以及特殊融资方式中的卖方融资。并购方继峰最终取得了格拉默控制权，增加了欧美市场占有率，也取得了先进技术；格拉默通过引入"白衣骑士"，顺利抵御了Hastor家族的敌意收购。该案例的价值在于为复杂并购的设计和实施提供借鉴和启发意义，同时可以带来跨境并购如何运作、公司如何善用并购实现战略转型等更广泛的思考。继峰并购格拉默，做到了"小资金撬动大并购、产业协同催生大发展"，为企业并购提供了重要借鉴意义。

❓启发思考题

（1）继峰并购格拉默采取的发展战略属于什么类型？试分析继峰收购格拉默的主要动机是什么？

（2）继峰在这次并购中面临哪些重大风险？最大的风险是什么？

（3）本案例中，共提到了哪些传统融资方式？分别有什么特点？

（4）继峰为何选用定向可转换债券作为融资工具？作为创新型融资工具，定向可转换债券有何优势？

第二部分　案例使用说明

一、教学目的与用途

1. 适用课程

本案例适用于"财务管理""公司理财"课程中关于"筹资管理"章节的教学。

2. 适用对象

本案例适用对象包括 MBA、EMBA、MPAcc 等经管类专业的本科生和研究生,此外还适用于企业高级管理人员相关培训课程的教学。

3. 案例教学目的

继峰收购格拉默,作为跨国并购案,复杂的并购架构设计、巧妙的多元化融资组合、创新性使用定向可转换债券融资以及并购转型催生的市值大爆发,让这起并购成为经典范例。本案例以继峰"步步为营的并购"之路为主线,通过对并购动因、并购架构设计、并购融资、关键成功因素等方面的深入分析,还原该经典并购的完整过程,引导学生理解和掌握以下方面的内容:

（1）通过并购动因分析,学习企业如何通过并购实现战略转型和跨越增长。

（2）了解复杂并购中的架构设计和关键举措。

（3）掌握资本市场上各种融资工具的优缺点。

（4）了解定向可转换债券这一融资方式的特点。

（5）企业并购成功的关键因素。

二、分析思路

本案例描述了继峰并购格拉默的过程及融资方式。首先,介绍了继峰股份的发展路程,从一家小作坊不断发展壮大,与一汽大众合作成为继峰的关键一步。在一汽大众体系的带领下,继峰快速成长,并在 2015 年成功上市,快速发展成为国内汽车内饰领域的龙头。然而继峰的目标远不止于此,为了探索国际化发展,继峰需要和百年巨头并且占有全球市场的格拉默合作。格拉默陷入纠纷,也急需"白衣骑士"来稳定股权结构,因此两家一拍即合。通过上面的介绍,学生在此可以了解到继峰并购格拉默的背景和动因。在并购过程中,分了两个阶段来完成此次收购。教师可以在这个案例的介绍中引导学生思考整个并购方案,并分析每个阶段成功推进的关键举措。接下来,案例介绍了并购的融资方式,并创新选用了定向可转债的融资工具,以及分析继峰为何会选用它。教师在引导学生在案例中了解原因的同时,也可以扩展一下课外的知识量,让学生在课前查找定向可转债的详细优缺点等。并梳理整篇案例,分析整理出此次跨境融资并购之所以成功的关键因素有哪些,判断该次并购是否构成重大重组上市。分析思路的重点在于启发学生融入理论知识对问题进行有逻辑、有条理的分析,教师可以根据自己的教学目标(目的)来灵活使用本案例。

三、启发思考题理论依据及分析

思考题1:继峰并购格拉默采取的发展战略属于什么类型?试分析继峰收购格拉默的主要动机。

【理论依据】

1. 企业发展战略的类型及内涵

企业发展战略强调充分利用外部环境的机会,充分发掘企业内部的优势资源,以求企业在现有基础上向更高一级方向发展。企业发展战略包括三种基本类型:一体化战略、密集型战略和多元化战略。

1)一体化战略

一体化战略是指企业对具有优势和增长潜力的产品或业务,沿其经营链条的纵向或横向延展业务的深度和广度,扩大经营规模,实现企业成长。一体化战略按照业务拓展的方向可以分为纵向一体化战略和横向一体化战略。

(1)纵向一体化战略是指企业沿着产品或业务链向前或向后延伸和扩展企业现有业务的战略。纵向一体化战略可以分为前向一体化战略和后向一体化战略。其中,前向一体化战略是指获得分销商或零售商的所有权或加强对他们的控制权的战略,该战略有利于企业控制和掌握市场,增强对消费者需求变化的敏感性,提高企业产品的市场适应性和竞争力;后向一体化战略是指获得供应商的所有权或加强对其控制权的战略,有利于企业有效控制关键原材料等投入的成本、质量及供应可靠性,确保企业生产经营活动稳步进行,在汽车、钢铁等产业采用得较多。

(2)横向一体化战略是指企业向产业价值链相同阶段方向扩张的战略。企业采用横向一体化战略的主要目的是实现规模经济以获取竞争优势。

2)密集型战略

研究企业密集型战略的基本框架是安索夫的"产品-市场战略组合"矩阵。在"产品-市场战略组合"矩阵中,其中属于密集型战略的有三种类型,即市场渗透战略、市场开发战略和产品开发战略。

(1) 市场渗透战略:现有产品和现有市场的组合。市场渗透战略的基础是增加现有产品或服务的市场份额,或增加正在现有市场中经营的业务,其目标是通过各种方法来增加产品的使用频率。

(2) 市场开发战略:现有产品和新市场的组合。市场开发战略是指将现有产品或服务打入新市场的战略,实施途径包括开辟其他区域市场和细分市场。

(3) 产品开发战略:新产品和现有市场的组合。这种战略是在原有市场上,通过技术改进与开发研制新产品。

3) 多元化战略

多元化战略是指企业进入与现有产品和市场不同的领域。由于市场变化迅速,企业必须持续地调查市场环境以寻找多元化的机会。当现有产品或市场不存在期望的增长空间时(例如:受到地理条件、市场规模或竞争太过激烈的限制),企业通常会考虑多元化战略。多元化战略可以分为相关多元化和非相关多元化两种。

(1) 相关多元化也称同心多元化,是指企业以现有业务或市场为基础进入相关产业或市场的战略。相关多元化的相关性可以是产品、生产技术、管理技能、营销渠道、营销技能或用户等方面的类似。

(2) 非相关多元化也称离心多元化,是指企业进入与当前产业和市场均不相关的领域的战略。采用非相关多元化战略的主要目标不是利用产品、技术、营销渠道等方面的共同性,而是从财务上考虑平衡现金流或者获取新的利润增长点,规避产业或市场的发展风险。

2. 并购动因理论

经济学家从多个角度对并购动因加以解释,形成多种并购动因理论。

1) 协同效应理论

协同效应理论认为公司并购对整个社会而言是有益的,这主要通过协同效应体现在效率的改进上。协同效应是指两个公司实施并购后的产出比并购前两个公司产出之和要大,即"1+1＞2"。对于并购公司而言,"1+1＞2"的效应主要体现在经营协同效应、财务协同效应、管理协同效应等方面。

2) 交易费用理论

交易费用理论认为企业的规模存在于企业内部的边际组织成本与企业外部的边际交易成本相等时,并购是当企业意识到通过并购可以将企业间的外部交易转变为企业内部行为,从而节约交易费用时自然而然发生的。交易费用理论可解释纵向并购发生的原因,本质上可归为效率理论。

3) 市场势力理论

市场势力理论又称市场力量理论、市场垄断力理论,认为企业收购同行业的其他企业的目的在于寻求占据市场支配地位,提高企业的市场占有份额。根据这一理论,企业在收购一个竞争对手后,即产生了将该竞争者挤出市场的效应,可能会在削减或降低现有竞争对手的市场份额的同时,提高其市场地位和控制能力,从而可以提高其产品的价格和市场的垄断程度,获得更多的超额利润即垄断利润。

4) 价值低估理论

价值低估理论认为,当目标企业的市场价值由于某种原因未能反映出其真实价值或潜在价值时,其他企业可能将其并购。

【案例分析】

1. 继峰并购格拉默采取的企业发展战略类型

继峰并购格拉默采取的企业发展战略属于多元化战略中的相关多元化。继峰的主要业务为汽车内饰产品,包括头枕、扶手、支杆、功能性塑料件的研发、生产、销售等。格拉默主要生产车座椅扶手、座椅头枕、中控系统以及商用车的座椅系统,是全球汽车内饰领域的绝对龙头。格拉默有丰富的全球化经验,在车辆内饰行业的业务覆盖范围较广。在乘用车业务领域,为高端市场的主机厂和一级供应商提供头枕、扶手、中控系统、功能塑料及内饰件,涵盖设计与研发层面;在商用车业务领域,面向全球范围内的农业、建筑机械、叉车、卡车、公共汽车,火车研发并生产相应的驾驶员座椅和乘客座椅。格拉默的主营业务不仅包含继峰也主营的乘用车座椅头枕、扶手,还包括乘用车的中控系统、内饰部件,以及商用车座椅。并购后继峰能够借助格拉默等相关产业和全球市场,因此属于相关多元化战略。

2. 继峰收购格拉默的主要动机

1) 继峰国内业务扩张出现瓶颈,战略转型需寻求新的增长点

国内内饰行业增速放缓,继峰的整体毛利率偏低。继峰虽已成为国内汽车内饰龙头,但是一方面,受行业发展天花板的限制;另一方面,继峰的发展局限于国内的大客户,且产品集中在中低端,进入海外市场难度较大,因此需战略转型,寻找新的增长点,拓展海外市场。

2) 继峰与格拉默优势互补强强联合,协同效应突出

继峰与格拉默在客户、市场、技术和产品等多方面具有良好的优势互补和产业链协同效应。一方面,继峰可帮格拉默拓展国内资源,加速安世在中国市场的业务开拓。另一方面,格拉默在汽车的内饰种类极多,拥有全球化的客户网络,能快速带领继峰进入广阔的汽车内饰领域全球市场。

? 思考题 2：继峰在这次并购中面临哪些风险？最大的风险是什么？

【理论依据】

1. 投资风险

企业并购是一项具有战略性影响的对外投资。一般都需要较大的资金投入和较长的投资周期。企业并购后能否产生协同效应，能否取得预期投资收益和战略目标，会受许多因素的影响，其结果具有不确定性，这种不确定性构成企业并购的投资风险。在并购前，企业需要从战略布局、商业模式、协同效应、整合思路、融资规划、并购估值等角度综合评价并购决策的合理性，做好并购方案、融资方案和整合方案的提前筹划，减少盲目并购、不当并购的风险。

2. 法律风险

各国政府都制定了一系列的法律法规，以规范和监管各企业在并购活动中的行为。我国目前还没有统一的《企业并购法》，有关并购的规定在《企业法》《证券法》《上市公司章程指引》《关于规范上市公司重大购买或出售资产行为的通知》及《上市公司收购管理办法》中有所体现。并购中涉及的股份发行、重组上市、内幕交易等问题都相当敏感，操作不当，容易带来相关的法律风险。涉及国家安全重要领域的跨国并购则面临外国政府审核的重大不确定性和法律风险。

3. 高估价风险

由于我国资产评估行业处于发展阶段，评估的技术或手段上尚不成熟，评估误差可能更加明显。此外，由于对标的资产和自身整合能力盲目乐观或信息不对称等因素，并购方容易高估标的资产的价值，产生高额商誉，从而埋下商誉减值的巨大风险。

4. 融资与支付风险

一般而言，并购行为需要大量的资金支持。企业无论选择哪种融资途径，都存在着一定的融资风险，如果收购方在收购中股债融资结构设计不合理，可能会导致资本结构恶化，负债比例过高，造成严重的财务负担和偿付风险，拖累整体的业绩。

5. 整合风险

企业并购后，在人事、制度和文化上不能按照预先设计的并购规划有效整合，使得新老企业运行相互抵触，产生内耗，无法使得整个企业集团产生预期的协同效应，难以实现规模经济与优势互补，从而拖累企业绩效。

【案例分析】

1. 继峰在这次并购中面临的重大风险

高估价风险：标的资产规模大，估价增值率较高，商誉一旦大额减值将带来业绩压力。

融资风险高：并购的现金支付要求高，而继峰自身的资金实力有限。

整合风险：由于继峰与格拉默的业务模式不完全相同，格拉默是行业排名前三的全球性公司，企业文化和管理模式稳定，在技术和营销上具有领先优势，继峰整合格拉默，面临人才保留、客户保留、跨文化冲突、管理模式冲突等系列挑战。继峰与格拉默之间能否顺利实现整合具有不确定性。如果整合措施使用不当，不仅无法实现产业链协同的预期效益，而且还会使继峰陷入业绩下滑的风险。

2. 继峰在这次并购中面临的最大风险

资金是此次并购中最大的约束。查阅继峰年报资料可知，此次并购属于特殊的"蛇吞象"型，在发起并购时，2018年继峰营业收入为21.5亿元，总资产为25亿元，但同期格拉默的营业收入为146亿元，资产总量高达113亿元。本次前期交易的收购资金之中，继峰总融资高达53.35亿元，其中股东投入31.25亿元、银行借款18.57亿元（境内借款8.5亿元，境外借款13.6亿元），借款金额占出资总额的34.81%。巨大的融资规模和频繁的融资借贷都让继峰面临巨大的财务风险，如果在之后的生产运营过程中没有针对偿债能力制定相应的风险预警机制，企业可能会出现资金链断裂的风险，从而陷入财务危机的困境。因此，融资风险是继峰此次跨国并购的最大风险。

思考题3：本案例中，共提到了哪些传统融资方式？分别有什么特点？

【理论依据】

1. 优序融资理论

1984年，美国金融学家迈尔斯与智利学者迈勒夫提出优序融资理论（也称"啄食顺序理论"），它以信息不对称理论为基础，并考虑交易成本的存在。优序融资理论认为，公司为新项目融资时，首先考虑使用内部的盈余资金，其次采用债券融资，最后才考虑股权融资。即遵循内部融资、外部债权融资、外部股权融资的顺序。在MM理论的信息对称与不存在破产成本的前提假设条件下，优序融资理论认为，当存在公司外部投资者与内部经理人之间的信息不对称时，由于投资者不了解公司的实际类型和经营前景，只能按照对公司价值的期望来支付公司价值，如果公司采用外部融资方式，会引起公司价值的下降，所以公司增发股票是一个坏消息。如果公司具有内部盈余，公司应当选择内部融资的方式。当公司必须依靠外部资金时，如果可以发行与非对称信息无关的债券，则公司的价值不会降低，因此债券融资比股权融资优先。

2. 筹资方式

企业筹资是指企业为了满足经营活动、投资活动、资本结构管理和其他需要，运用一定的筹资方式，通过一定的筹资渠道，筹措和获取所需资金的一种财务行为。企业筹资最基本的目的是为企业经营的维持和发展,为企业的经营活动提供资金保障,但每次具体的筹资行为,往往受特定动机的驱动。如为提高技术水平购置新设备而筹资;为对外投资活动而筹资;为产品研发而筹资;为解决资金周转临时需要而筹资;等等。企业采用不同方式所筹集的资金,按照不同的分类标准,可分为不同的筹资类别,如表2-4所示。

表2-4 筹资分类及举例

分类标准	类型	举例
按资金的权益特性不同	股权筹资	吸收直接投资、发行股票、利用留存收益
	债务筹资	银行借款、发行公司债券、融资租赁
	混合筹资	可转换债券、认股权证
按是否借助于金融机构为媒介	直接筹资	发行股票、发行债券、吸收直接投资
	间接筹资	银行借款、融资租赁
按资金的来源范围不同	内部筹资	留存收益
	外部筹资	吸收直接投资、发行股票、发行债券、银行借款、融资租赁、商业信用
按资金的使用期限不同	长期筹资	吸收直接投资、发行股票、发行债券、取得长期借款、融资租赁
	短期筹资	商业信用、短期借款、保理业务

【案例分析】

本案例中,继峰并购格拉默的过程中用到的传统融资方式包括股权筹资和债务融资以及混合融资,即控股股东权益融资+引入私募股权投资(PE)、境内外贷款、发行定向可转换债券。

1. 股权筹资

企业的股权资本通过吸收直接投资、发行股票、内部积累等方式取得。股权资本由于一般不用偿还本金,形成了企业的永久性资本,因而财务风险小,但付出的资本成本相对较高。股权筹资的优缺点如表2-5所示。

表2-5 股权筹资的优缺点

特点		说明
优点	股权筹资是企业稳定的资本基础	股权资本没有固定的到期日、无须偿还,是企业的永久性资本,除非企业清算时才有可能予以偿还。这对于保障企业对资本的最低需求,促进企业长期持续稳定经营具有重要意义

(续表)

	特点	说明
优点	股权筹资是企业良好的信誉基础	股权资本作为企业最基本的资本,代表了公司的资本实力,是企业与其他单位组织开展经营业务,进行业务活动的信誉基础。同时,股权资本也是其他方式筹资的基础,尤其可为债务筹资,包括银行借款、发行公司债券等提供信用保障
	企业财务风险较小	股权资本不用在企业正常运营期内偿还,不存在还本付息的财务风险。相对于债务资本而言,股权资本筹资限制少,资本使用上也无特别限制。另外,企业可以根据其经营状况和业绩的好坏,决定向投资者支付报酬的多少,资本成本负担比较灵活
缺点	资本成本负担较重	由于投资者投资于股权特别是投资于股票的风险较高,投资者或股东相应要求得到较高的报酬率。从企业成本开支的角度来看,股利、红利从税后利润中支付,而使用债务资本的资本成本允许税前扣除。此外,普通股的发行、上市等方面的费用也十分庞大
	容易分散企业的控制权	由于企业利用股权筹资引进了新的投资者或出售了新的股票,使得企业控制权结构发生改变,分散了企业的控制权。控制权的频繁迭变,势必会影响企业管理层的人事变动和决策效率,影响企业的正常经营
	信息沟通与披露成本较大	投资者拥有了解企业经营业务、财务状况、经营成果等的权利。企业需要通过各种渠道和方式加强与投资者的关系管理,保障投资者的权益。特别是上市公司,其股东众多而分散,只能通过公司的公开信息披露了解公司状况,这就需要公司花更多的精力,有些还需要设置专门的部分,用于公司的信息披露和投资者关系管理

2. 债务融资

债务融资是指企业通过银行等金融机构的贷款或发行债券等方式融入资金。债务融资包括许多类型,银行借款和发行债券是主要的两种债权融资方式。本案例中继峰采用向境内、外银行贷款的方式。银行借款的优缺点如表 2-6 所示。

表 2-6 银行借款的优缺点

	特点	说明
优点	筹资速度快	发行证券筹集资金所需时间一般较长,印制证券、申请批准、证券发行等都需要一定时间。银行借款与发行证券相比,一般所需时间较短,可以迅速获得资金
	筹资成本低	利用银行借款所支付的利息比发行债券所支付的利息要低;另外,也无须支付大量的发行费用
	借款弹性大	企业与银行可以直接接触,通过当面商谈确定借款的时间、数额和利率。在借款期间,如果企业情况发生变化,也可以与银行进行协商,修改借款的数量和条件。借款到期后,如有正当理由,还可延期归还

(续表)

	特点	说明
缺点	财务风险较大	企业举借银行借款,必须定期还本付息,在经营不善的情况下,可能产生到期不能偿付的风险,甚至导致破产
	限制条件较多	企业与银行签订的借款合同中,一般都有一些限制条款,如不准改变借款用途、限制企业借入其他长期资金等,这些条款可能会妨碍企业的筹资、投资活动
	筹资数额有限	银行一般不愿借出巨额的长期借款,因此该方式不如股票、债券那样可以一次性筹集到大笔资金

3. 混合融资

混合融资是指既带有权益融资特征又带有债务特征的特殊融资方式,其中可转换债券是较为典型的混合融资方式。可转换债券的优缺点如表 2-7 所示。

表 2-7 可转换债券的优缺点

	特点	说明
优点	双向受益	发行可转换债券一方面可以使得投资者获得固定利率,另一方面又向投资者提供了股票投资的选择权,所以相较于普通债券来讲吸引力度更大,更容易让发行人融到资
	条款保护	若可转换债券的转换价格高于发行时的股票价格,在可转换债券转换后,使得其筹资额大于当时发行的股票价格,也有利于稳定公司的股价。若公司希望持有人转股,可借助利益引导方式,促进转股,从而达到调整资本结构的目的
	利率低	因可转换债券具有权益性筹资的性质,赋予了债券持有者以优惠的价格转换成股票的权利,所以利率相对在同一条件下的不可转债较低,且在转换时公司无须另付筹资费用
缺点	股价上涨风险	如果转换时股票价格大幅上涨,公司只能以较低的固定价格换出股票,会降低公司的股权筹资额;尽管可转换债券的票面利率比纯债券低,但是加入转股成本之后后期会给予分红所以其筹资成本比纯债券要高
	股价低迷风险	如果股价没有达到转股需要的水平,可转换债券持有者没有如期转换普通股,则公司只能继续承担债务,在订有回售条款的情况下,公司短期内集中偿还债务的压力会更明显
	回售条款限制	回售条款若规定在公司股票一段时期内连续低迷的情况下,同意以约定价格进行回售,容易使发行公司受损

思考题 4：继峰为何选用定向可转换债券作为融资工具？作为创新型融资工具，定向可转换债券有何优势？

【理论依据】

1. 委托代理理论

委托代理理论认为由于委托双方存在目标偏差、信息不对称，委托代理关系存在一定的风险。某一利益相关者在追求自身利益最大化的同时可能会牺牲另一方或多方的利益。此类利益差异往往会出现在各利益相关者之间，在并购时通过发行可转换债券的方式可以有效协调并购双方利益。

2. 风险分担理论

风险分担理论主要用于解释并购动因。风险分担基于并购双方对并购标的实际价值有关信息掌握程度不一致，导致并购方在确定并购交易对价时处于劣势地位。通常并购方认为对并购标的价值存在高估可能性时，并购方越倾向于采用股份而非现金支付，从而与被并购方共同承担并购的溢价风险。

【案例分析】

基于委托代理理论，其目标在于寻求代理成本和代理收益之间的利益平衡。对于并购事项来说，并购资金来源和支付方式的选择同样会产生约束成本。不同于可转换债券融资特点，作为支付方式，可转换债券的复合性有效转化为并购双方的利益谈判空间。被并购方兼具债权人身份，而转股后成为股东，以此将继峰原股东自身利益与格拉默股份建立联系，缓解双方利益冲突。

1. 选用定向可转换债券的原因

1）延缓股权稀释

相较于股份支付，定向可转换债券可以在很大程度上延缓并购对公司股东的股权稀释效应。在满足条件后，将可转换债券分期按预先设定的比例解锁和转股，并结合可转换债券特有的转股价格修正等条款在最大程度上考虑了格拉默大股东和中小股东的利益。

2）具备可行性

基于可转换债券在以债券形式存续期间，存在上市公司股价波动的情况，所以在设计定向可转换债券并购方案时，考虑到当前股价偏低且对未来保持看涨，债券持有方在股价上行后实施转股可实现收益共享。

3）减轻现金支付压力

采用定向可转换债券则很大程度延缓了公司支付压力。相比于现金，可转换债券能有效地将并购对价的支付压力部分转移至被并购方共同分担,实现延期支付或在对股价变动持有良好预期的情况下转为权益成分而无需支付现金。

四、关键要点

通过本案例的学习,希望学生掌握筹资管理的相关内容,关键要点如下。

(一) 关键点

本案例通过对并购过程的还原和分析,探讨了继峰从战略布局和产业链协同出发的并购动因,分析了在面对庞大的交易标的、复杂的股权架构和高比例的现金支付压力所带来的严峻挑战时,继峰是如何合理安排并购方案、灵活运用多种融资方式、巧妙构建合理股债结构,创新性引入战略投资者,最终实现小资金撬动大并购。通过本案例的学习,学生可掌握并购动因、并购风险、并购融资等并购相关理论,掌握产业链协同、发展战略等战略相关理论,掌握"蛇吞象"并购的实际运作方式。

(二) 关键能力点

批判思维能力,分析与综合能力,解决实际问题的能力。

(三) 关键思政元素

跨国并购与国内并购相比面对的资本环境更加复杂,采取的策略也具有独特性。通过该跨国并购融资案例的学习,增加学生的国际视野,提高民族自信心和自豪感。

五、建议课堂计划

本案例可以作为专门的案例讨论课来进行,以下课堂计划建议仅供参考。

(1) 课前计划:提前一周通过"学习通""云班课"等网络平台向学生发放案例材料、启发思考题,要求学生仔细阅读和初步思考,并查阅一些与并购融资、定向可转换债券等相关的资料。以自由组合的方式,让学生自动组成5~6人的小队,共同进行案例学习和准备,并以小组为单位为课堂讨论做好准备工作。

(2) 课中计划:考虑到本案例涉及的知识点较为集中且连贯,建议教师在课堂中按照启发思考题的分析思路,引导学生进行讨论,在讨论的过程中逐步讲解相应的知识点。整个案例课的课堂时间控制在80分钟左右,如表2-8所示。

表2-8 课中计划表

阶段	教学活动	教学目标	时间
课堂前言	教师播放并购影像资料,让学生初步了解什么是跨境并购,并简要阐述案例背景	帮助学生初步了解并购,引导学生了解案例背景,明确案例主题,并引入思政元素,让学生明白我们的企业为什么要走出国门	6分钟

(续表)

阶段	教学活动	教学目标	时间
教师引导讨论1	教师带领学生走进案例,阅读案例正文引言和第1部分,同时要求学生完成启发思考题一	引导学生分析并购动因	8分钟
小组发言1	随机抽2组汇报讨论结果,在此期间鼓励其他小组对该组的分析进行点评,提出不同意见,同时教师也要进行点评,达到互动交流的效果	引导学生梳理案例内容,在知识理论下形成小组观点,并回答启发思考题	8分钟
教师引导讨论2	教师带领学生回顾企业筹资方式,并讲解筹资管理的相关知识点,同时要求学生阅读案例正文第2部分并完成启发思考题二、三	引导学生掌握企业通常采用的筹资方式,掌握各种筹资方式的优缺点,了解优序融资理论	10分钟
小组发言2	随机抽2组汇报讨论结果,在此期间鼓励其他小组对该组的分析进行点评,提出不同意见,同时教师也要进行点评,达到互动交流的效果	引导学生梳理案例内容,在知识理论下形成小组观点,并回答启发思考题	8分钟
教师引导讨论3	教师讲授定向可转换债券,随后要求学生阅读案例正文第3、4部分,完成启发思考题四	引发学生掌握定向可转换债券的概念、类型等	20分钟
小组发言3	随机抽2组汇报讨论结果,在此期间鼓励其他小组对该组的分析进行点评,提出不同意见,同时教师也要进行点评,达到互动交流的效果	引导学生梳理案例内容,在知识理论下形成小组观点,并回答启发思考题	15分钟
课后总结	教师对整个案例的讨论进行总结,再次梳理相关知识点	巩固学生对案例相关知识点的学习,建立完整的知识框架体系	5分钟

(3) 课后计划:结合课堂学习的理论知识、分析方法、逻辑思路形成正式的分析报告(具体要求由教师根据教学目标调整,内容可以包括小组成员分工、解决方案、具体建议等)。

案例三

何去何从——投资大中矿业行不行

  本案例通过对大中矿业股份有限公司(以下简称大中矿业)上市过程的介绍、企业目前和未来的收益与风险以及对大中矿业估值方法的讨论,分析矿业企业的特点及财务状况的特殊性,从而选出一个最适合的估值方法。本案例先对大中矿业存在的风险与收益进行分析,着重讨论可能存在争议的地方,通过探讨几种不同估值方法对大中矿业的适用性,以望得到一个较为合适的估值方法,从而做出正确的投资决策。

第一部分 案例介绍

> **引 言**
>
> 进入2022年,世界投资环境格外复杂。市场在面临经济形势重重不确定性带来的风险和挑战的同时,也蕴藏着盈利的机会。在此背景下,国内一家投资公司也在寻求商机,此时刘总正坐在办公室,翻看着投资部同事搜集来的资料,目光锁定在了大中矿业。资料中显示,大中矿业在2014年6月上会就获得了通过,但时隔多年却仍然没有收到发行批文,直至2021年5月才成功上市,其中又有着怎样的曲折?大中矿业又是否值得投资?

一、初次上市未成功,批文等得人憔悴

(一)问题频发,初次上会未通过

1999年10月,彼时的大中矿业刚刚成立,名为内蒙古大中矿业有限责任公司。2009年时由大中有限整体变更设立股份公司,公司注册资本15.08亿元,大中矿业发展历程图如图3-1所示。2012年大中矿业正式启动上市计划,2013年底募投项目的建设已经基本完成,2014年6月4日成功通过发审会审核,时隔多年却仍然没有收到发行批文。在2021年5月6日晚间披露上市公告书,公司股票于2021年5月10日在深圳证券交易所上市。这不禁让人疑惑,大中矿业2014年就上会通过,时隔7年才终于上市成功,这里究竟存在着什么问题?

资料中显示,导致大中矿业当年上市未果的原因主要有三方面。其一是大中矿业高管频频离职,均在公司任职几个月后便提出离职,任职经历都非常短暂,但招股书中给出的解释却只是为了改善公司治理结构做出合理的调整。其二是大中矿业因为环保问题遭到处罚。铁矿石采选属于危险行业,其生产经营性质和环境特点决定了公司安全环保工作的艰巨性、复杂性和长期性。当年招股书还披露了大中矿业废气排放超标事件。内蒙古乌拉特前旗环境保护局于2017年5月15日对大中矿业进行了专项现场检查,发现公司"书记沟铁矿"的破碎、筛分系统污染物监督性监测排放浓度数据超标,

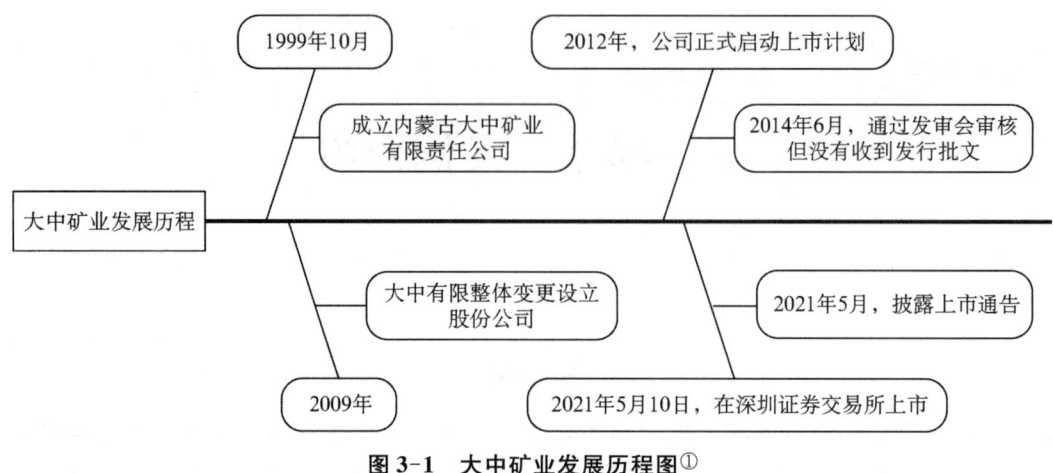

图 3-1 大中矿业发展历程图①

并据此出具相关行政处罚。其三是矿山的安全问题,从 2009 年至 2020 年,大中矿业造成人员伤亡的安全事故高达 6 起,共造成 8 人死亡。无论在任何企业,安全问题都是重中之重,何况是大中矿业这种重工业企业。

(二) 内藏风险令人唏嘘

大中矿业初次上市未成功暴露出很多问题,投资行为具有复杂性和特殊性,因此在对企业进行投资的时候,要充分考虑到企业潜藏的相关风险。风险是投资活动的核心,所以是否对大中矿业进行投资,了解其公司未来存在的风险是必不可少的。想到这里,刘总便找了投资组的同事进行一番讨论。

1. 安全生产风险

"众所周知,对于矿业企业来说,生产的安全问题是重中之重。铁矿石开采作业地质条件复杂,虽不产生瓦斯等有害气体,但采矿过程中存在采场(巷道)局部冒顶、片帮及透水等主要危险因素,尾矿堆放过程中也可能发生巷道坍塌和人员掩埋等事故。安全无小事,这些风险不仅造成重大经济损失,还威胁矿工生命安全、造成生态环境破坏等连锁后果。"投资一组的小陈率先发声。一组的组长顺势讲道:"矿山发生安全事故的案例比比皆是,2021 年 XA 煤业在矿井采掘时突发冒顶,3 人死亡,1 人轻伤,直接经济损失 928 万。这些事故多半因为地质隐患未排查、设备维护不足、违规操作、应急响应滞后等导致,矿山开采一旦发生事故,对企业经济、企业声誉、员工的生命安全、自然生态等都会造成很大影响。"刘总点头示意,表示心中大致了解。

2. 财务风险

"值得注意的是大中矿业的资产负债率较高,受融资渠道限制,大中矿业主要通过

---

① 图片来源:由大中矿业发展历程整理而成。

负债进行投资,导致公司资产负债率较高。截至 2021 年 12 月 31 日,公司短期借款余额 6.36 亿元,长期借款余额 15.84 亿元,一年内到期的非流动负债余额 2.51 亿元(表 3-1)。公司通过外部融资和内生经营增长相结合的方式,降低财务杠杆,减少财务风险,优化公司资本结构,各个报告期末银行借款余额持续小幅下降。但如果铁精粉价格发生重大不利波动,或银行收紧贷款,则可能发生无法清偿到期债务的风险,到时候对我们投资者的影响也是重大的。"投资二组的小季提出了资产负债率高的问题,但很快便得到了身边同事的解答:"公司资产负债率较高,主要是由于公司投入大量资金用于安徽周油坊和重新集铁矿的生产建设,而债务融资是主要资金来源,其中短期借款较多,公司资产负债率较高、流动比率和速动比率较低,但公司合并报表资产负债率在持续下降,同时流动比率和速动比例在持续改善。风险的确存在,但也是事出有因。"刘总在办公室来回走动,边听边思考,示意大家有话直说,此时办公室的讨论声也此起彼伏。

表 3-1 大中矿业资产负债表① 单位:亿元

负债类型	2021 年	2020 年	2019 年
短期借款	6.358	23.74	27.86
长期借款	15.84	13.51	12.44
一年内到期的非流动负债	2.514	5.747	5.817

3. **资产抵押质押风险**

根据收集来的资料显示,截至 2021 年 12 月 31 日,大中矿业所有权或使用权受到限制的资产合计 31.43 亿元,主要为公司及下属子公司为取得金融机构借款而抵押或质押的资产,主要包括采矿权、土地、房产、设备等,上述资产占公司总资产的比例为 42.37%。上述资产均为大中矿业正常运营必需的核心资产。如果公司不能按时足额偿还借款本息,金融机构可能对被抵质押的资产采取强制措施,从而影响公司正常的生产经营。

4. **产品价格波动风险**

大中矿业所在行业为黑色金属采选行业,主要从事铁矿石采选、铁精粉和球团的生产销售以及机制砂石的加工销售。其主要产品为铁精粉、球团、机制砂石。铁矿石和球团是冶炼钢铁的主要原料,是国际贸易中重要的大宗商品,其价格受到供需关系、宏观经济状况、海运价格、汇率等多方面因素影响,近年来波动较大。近期由于受到疫情影响,公司铁精粉平均售价变动较大,铁精粉售价变动对公司业绩会有较大影响。所以,产品的价格波动也是不可忽视的风险。

---

① 数据来源:东方财富网。

二、乘风破浪终不悔,终是传来好消息

对于大中矿业将来可能存在的风险刘总已经了然于心,但既然大中矿业去年已经成功上市,这就说明了公司实施了有效的整改措施。在准备上市的这几年里,大中矿业进行大刀阔斧的整改,其中包括重视产能扩张,打造绿色矿山实现绿色发展,践行社会责任等,最终抢滩上市。大中矿业具体整改措施表如表3-2所示。

表3-2 大中矿业具体整改措施表[①]

具体措施	取得成效
高度重视技术研发	成立了大中矿业研发中心,并获得自治区认证,主要研究方向为矿石堪布粒度、铁矿石磁性等。公司拥有专利发明2件、实用性专利22件
高度重视产能扩张	现有矿山规划扩建项目产量,再加上安徽两个矿的产量达到预期产量后,公司铁矿石年开采量将扩大到约1 500万吨,年产铁精粉约500万吨,可持续开采时间超过30年。安徽"球团"项目达产后,公司球团生产规模将扩大到270万吨/年
积极探索和推行循环经济发展模式	将传统低转速圆锥破碎机更换为液压高效美卓圆锥破碎机,以提高矿石入磨量,并通过干式抛废、磨前湿式预选等技术革新实现多破少磨,将选矿回收率从89%提升至91.6%
坚持从控制和减少污染源入手,确保各类污染源达标排放	在地表建设1.5千米长的全封闭式胶带运输通廊用于矿石运输,地表破碎、磨选等生产均采取全封闭设计,各产尘点配套安装除尘器并用雾炮降尘,进行降尘、捕尘综合治理;在精粉库和原料仓四周设置防风抑尘网;供暖锅炉配套安装布袋除尘+双碱法脱硫设施确保达标排放;对尾矿库采取铺设纤维毯及覆土植被的方式综合治理扬尘
打造绿色矿山	目前,"书记沟铁矿"矿区范围内种植杨树、柳树、榆树50余万株,种植榆树墙5 000余米,绿化覆盖率达到可绿化面积的80%以上。公司计划利用3~5年时间,将"书记沟铁矿"全面打造成花园式矿山,并申报国家4A级旅游景点

这些整改措施在公司的经营业绩上得到了充分的体现。首先,从大中矿业这几年的营业收入变化表可以看出,公司2019—2021年这三年的营业收入情况良好。2021年大中矿业业绩创历史最高水平,这一年的营业收入同比增长96.05%;归属于母公司股东的净利润16.25亿元,同比增长174.47%,如图3-2所示。其次,从长期看,公司近五年来营业收入、归属母公司股东净利润都是稳步增长的。不仅如此,大中矿业的盈利能力也是不容小觑的。2018—2020年,大中矿业的综合毛利率分别为55.50%、47.97%和56.63%,如图3-3所示,而同期同行业可比上市毛利率均值分别为33.95%、32.99%和28.31%,大中矿业的毛利率远远高于同行可比上市公司。这也显

---

① 表格来源:由大中矿业具体整改措施整理而成。

示出大中矿业的地理位置优势,由于大中矿业的铁矿石原矿为自采,而外购的铁矿石原矿成本比较高,大中矿业的毛利率高于同行。净资产收益率(ROE)通常可以反映股东权益的收益水平、权益资本的盈利状况。大中矿业的净资产收益率已经连续5年维持增长,如图3-4所示,这也就代表着投资者回报是很显著的。最后,公司的分红相对稳定,大中矿业实行积极、持续、稳定的利润分配政策。此外,在2019—2021年,大中矿业

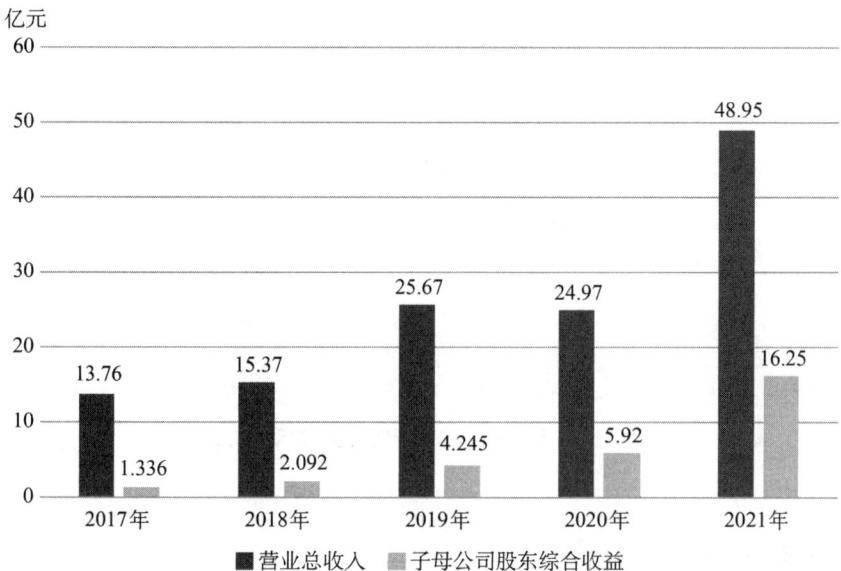

图3-2 大中矿业营业收入变动情况①(单位:亿元)

图3-3 大中矿业销售毛利率变动情况②

---

① 数据来源:东方财富网。
② 数据来源:东方财富网。

的应收账款账面余额分别为 0.90 亿元、2.05 亿元、2.27 亿元,占同期营业收入比的 3.5%、8.2%、4.6%,应收账款的压力较小。于总监表示,大中矿业的应收账款回收情况良好,因此应收账款坏账的风险也会相应降低。从数据来看,大中矿业近几年的发展情况也是逐年变好,收益非常可观。

图 3-4　大中矿业净资产收益率变动情况①

三、未来发展诚可期

是否进行投资不能只看公司现在的收益,公司未来的发展前景和成长空间对投资者、经营者及其他相关利益团体同样至关重要。对于投资者而言,可以通过企业未来的发展空间来分析企业的成长性,从而做出正确的投资决策。

(一)政策因素

疫情暴发后,我国的自然资源部和各省级自然资源主管部门相继出台一系列政策措施,保障矿业企业平稳运行,提振市场信心。针对矿业企业复工复产遇到的难题,自然资源部相继发布 4 项服务矿山企业政策。2020 年 2 月 13 日以及 26 日,自然资源部相继发布《关于疫情防控期间自然资源部矿业权审批登记申请有关事项的函》等政策措施。河南等 26 个省(区、市)自然资源主管部门先后出台了多项涉矿政策,内容涉及适当延长矿业权有效期、延期缴纳出让收益、对急需用矿项目开通"绿色通道"、实行线上审批等。此外,大中矿业为铁矿石采选行企业,近年来,铁矿石行业利好频出。2021 年下半年,铁矿石被列为国家战略找矿品种;2022 年年初,中国钢铁工业协会又推出了旨在加强铁矿石资源保障的"基石计划",国内铁矿行业取得资金与政策的双重战略赋能。

---

① 数据来源:东方财富网。

这一系列政策措施,将有利于铁矿石行业和钢铁行业的健康有序发展,对公司形成利好。

(二) 行业竞争现状

我国是铁矿石、铜、铝等矿种国际市场最大买家,也是稀土、锡、石墨等优势矿种最大卖家。铁矿石的生产与需求存在明显的供需错配,因此国家间的进出口总量巨大,全球铁矿石进出口总量约维持在15亿~16亿吨,近些年增速随产量增速放缓而有所放缓。总体进出口格局依旧维持从澳大利亚、巴西向中国、日本、韩国等生铁产量大国进行运输,2021年全球铁矿石产量分布如图3-5所示。中国由于自身铁矿石产量少、品位低等特点,成为全球铁矿石进口数量最多的国家。从行业特点来看,我国国内铁精矿供应严重不足,85%以上需要进口。国内主要的钢铁企业虽然大多数自身拥有矿山,但普遍难以满足自身需求,便很少企业对外销售铁精粉。虽然有众多的铁矿采选企业,但普遍规模较小,且主要销售给钢铁企业。国内铁精粉的价格、供求状况与铁矿石的价格息息相关。国产的铁精粉价格差异主要取决于局部地区的供求状况和运费。我国独立铁矿采选企业较低的行业集中度、较弱的定价能力、产品的供不应求以及就近销售的模式决定了不同区域内的铁矿采选企业之间一般不产生直接竞争。而大中矿业主要销售的产品就是铁精粉与球团,主要作为钢铁生产企业冶炼钢铁的原料。与全国总体情况相似,大中矿业铁矿所在的内蒙古及安徽地区所产铁精粉也不能满足当地钢铁企业需求,产品销售同样是供不应求。

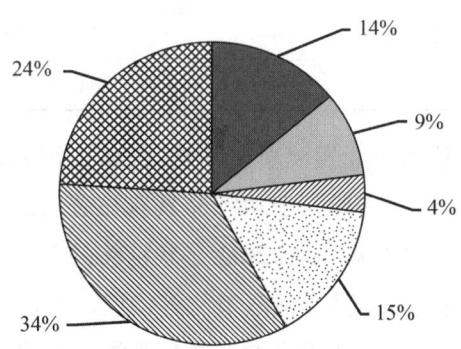

图3-5　2021年全球铁矿石产量分布图①

(三) 资源、产能、区位优势显著

大中矿业具有资源储量优势,在独立铁矿采选企业中具有较大的储量优势。铁矿

---

① 图片来源:21世纪经济报道。

石是不可再生的矿产资源,铁矿石储量直接决定了铁矿采选企业的可持续发展能力。大中矿业及其分公司、子公司共拥有采矿许可证7项,探矿许可证2项。大中矿业拥有内蒙古和安徽两大矿山基地,拥有已备案铁矿石储量52 245.28万吨,约占全国查明储量的6.09‰,根据自然资源部发布的《中国矿产资源报告(2020)》,我国查明铁矿资源储量约857.49亿吨,在独立铁矿采选企业中具有较大的储量优势。

大中矿业的产能扩张优势不可忽略,现有矿山扩建及新建矿山达产后,公司年开采原矿能力将达到1 500万吨,可持续开采30年,铁精粉产能500万吨/年,球团产能420万吨/年,行业地位将进一步提升。"金日晟140和185万吨干抛废石项目"也将分别于2022年年底与2023年6月完成,从而提升公司砂石产能。更何况近期公司启动的可转换债券,拟募集资金总额152 000万元,其中包含"选矿技改选铁选云母工程""智能矿山采选机械化、自动化升级改造项目""周油坊铁矿采选工程项目"已于2022年7月4日通过中国证监会发审会审议通过,如表3-3所示。可转债项目实施后,大中矿业产能将会进一步提升。

表3-3 大中矿业募集资金净额拟用项目[①]　　　　　　　　　　单位:万元

序号	项目名称	投资总额	拟使用募集资金
1	选矿技改铁选云母工程	32 676.51	24 392.54
2	智能矿山采选机械化、自动化升级改造项目	50 866.06	46 265.43
3	周油坊铁矿采选工程项目	405 315.86	35 748.85
4	补充流动资金及偿还贷款	46 764.18	46 764.18
	合计	534 451.61	152 000.00

大中矿业独特的区位为企业发展奠定基础,其矿山地处内陆,周边钢铁企业众多,离海运港口较远,相对于进口铁矿石公司产品具有显著的运输成本优势。更重要的一点是大中矿业具有球团产品布局优势,球团是铁精粉的下游产品。作为高炉炼铁的理想原材料,球团产品具有出铁率高、环保、节能等特点,是钢铁冶炼的理想原材料。相信有这样强有力的优势在,大中矿业未来的发展是非常可观的。

四、众说纷纭,如何估值

(一) 市场法是否合适

了解了大中矿业的相关收益和风险,如何选择合适的方法对大中矿业进行估值成为下一个难题。刘总来到了财务总监于总监的办公室"取取经",想看一看于总监有什

---

① 表格来源:21世纪经济报道。

么好的方法。于总监也毫无保留，对着刘总娓娓道来。

"大中矿业属于重工业型企业，公司主营业务为铁矿石采选、铁精粉和球团生产销售、机制砂石的加工销售，公司已经有自己销售渠道，产品供不应求。因此可以推断大中矿业在其所处的矿业行业具有比较充足的市场活跃度。公司在去年已经成功上市，我们可以在市场中找到与之相似的可比公司，所以采用市场法的前提条件可以满足，大中矿业频繁的资本活动还是为市场法的比较创造了比较理想的条件。市场法包括市盈率法、市净率法和市销率法三种基本估值方法。由于可比公司和目标公司之间存在某些差异，严格意义上需要通过关键指标对可比市值进行修正。大中矿业2019—2021年财务报表所列示的净利润分别为4.5亿元、7.5亿元、9.3亿元。这几年大中矿业现在发展比较稳定，收入占比较大，企业的经营具有一定的连续性。这几年的财报也充分体现出一定的利润空间，在这种情况下采用市盈率法计算出来的数值也具有一定的真实性。"

刘总对此颇为赞同，也表达了自己的想法："我也觉得选择市盈率法比较合适。市盈率法适用于较为成熟的企业，大中矿业也具有比较稳定的盈利能力。我国股票市场上值得投资的公司市盈率均较高，且计算过程简单、快捷，被绝大多数投资者作为判断企业是否具备投资价值的首要方法。我们可以请市场调研部的同事根据类似公司的年报和市价，选择出可比公司。对于可比公司的选择比较难，要考察可比公司的业务和财务情况，销售渠道和地理位置等信息。根据市场部同事的调研，最接近大中矿业业务的可比公司是海南矿业和金岭矿业，这两家矿业与大中矿业在商业环境和政治环境上都大致相似。据我们所了解的大中矿业的市盈率为17.83倍，但根据其他两家可比公司的年报和市价，其市盈率还是存在差异的。按与可比公司的市盈率均值来计算，大中矿业的企业价值为161.7亿元。即使是可比公司与大中矿业在很多业务上都相似，依旧也存在着很多差异。所以采用市盈率来计算，结果也会有些许差别。"可比公司市盈率及每股收益如表3-4所示。

"采用市盈率来计算固然比较稳妥，但我们也可以尝试一下市销率。市销率可以用来估计每股收益能支撑多少股票价格，能够有效地评价企业收入的质量水平和稳定性。它的优点是适用经营亏损的公司，销售收入往往难以被操纵或扭曲，所以被操纵性较低。产品价格一般不会在短期内剧烈波动，所以数据的稳定性与市盈率和市净率相比也更高。"此时于总监又提出了另外一种想法。"虽然市销率法依赖企业的每股销售收入，即使企业每股收益为负、净资产占比极低，采用市销率法也能得到具有参考价值的评估结果，但其未考虑成本状况，采用市销率计算的缺点是比较明显的，因此只能作为市盈率法和市净率法的补充。这么说来，采用市场法来计算大中矿业的估值也存在明显的优缺点。我们倒也不用局限在市场法里，不如看看投资组成员都有哪些建议？"

表 3-4　可比公司市盈率及每股收益[①]

项目	大中矿业	海南矿业	金岭矿业	可比公司平均
市盈率	17.83	18.51	15.69	17.34
归属净利润（亿元）	9.325	5.977	1.995	5.770

（二）估值方法各有千秋

想知道还有什么方法适用大中矿业的估值，刘总将这个任务交给投资组的成员们。但两个投资小组却有着不同的想法，一组交上来的资料是建议使用资产基础法，二组交上来的资料则是采用了收益法。

一组的江组长迫不及待地与刘总分享自己小组的见解："过去公司常用的评估方法是资产基础法，对于这个估值方法我们比较轻车熟路。我们认为对于大中矿业的评估应该用资产基础法，大中矿业是一家专门从事矿山开采、铁矿加工、销售的大型矿业企业，会进行一些大规模的固定资产投资，如铁矿井建资产、采矿选矿设备、球团造球机器设备以及厂房等。事实上，资产基础法是通过调整企业的账面价值来获得企业价值，评估企业价值时的评估范围涵盖企业的全部资产，包括流动资产、长期投资、固定资产、无形资产、其他资产、流动负债、长期负债等。大中矿业 2019 年、2020 年、2021 年的总资产分别为 72.59 亿、74.46 亿、83.54 亿，3 年的资产总额是逐步上升的。并且固定资产的总额在资产中的占比相对较大，这些数据在报表中都得到了很好的体现，所以我们认为应该用资产基础法来对大中矿业进行估值。"

"我们认为采用收益法更合理。拿收益法中的现金流量折现法来说，它涉及的因素是大中矿业的预期现金流或收益额、采用的折现率和取得收益所需要的时间。大中矿业的收入来源比较单一，主要集中在铁精粉和球团的销售，所以我们不难发现大中矿业的盈利模式和收益成分比较清晰。之前市场部的调研报告也告诉我们大中矿业目前有稳定的现金流，这就为评估大中矿业的企业价值提供了一定的基础。"一旁的二组袁组长也不甘示弱，表达出了自己小组的想法。

刘总认为资产基础法的缺陷是难以把握各个单项资产对企业的贡献，用收益法可以避免这个问题。但是对收益法下的现金流量折现法又抱有疑虑，用此方法对大中矿业的估值还会涉及预期收益问题。近几年受疫情影响，很多业务的发展受到了限制，像大中矿业这样的大型企业其实也面临着很大的风险，面对不确定的市场环境和市场竞争，它未来的收入还是难以预测的。估值方法虽然多样，但单个方法评估或多或少都会存在着缺陷。刘总最终还是决定让这两个组继续照着原来的方案继续探索，但最终估

[①]　数据来源：东方财富网。

值方案的选择还需要再多去思考……

---| 尾　声 |---

通过一番调查,刘总对大中矿业收益与风险已经有了足够的了解,在结合大中矿业收益与风险的情况下,选择哪种估值方法变成了难题。虽然三种估值方法不同,但不可否认的是大中矿业的价值和发展,在投资小组有条不紊地进行自己的估值方案时,刘总也再三比较这三种估值方法的优缺点。大中矿业一路走来确实不易,但自己的投资公司发展又谈何容易,尤其是之前并未涉及对矿业行业的投资,具体实施方案还需谨慎。想到这里,刘总还是觉得估值方案的选择还有待商榷,便继续伏案工作……

启发思考题

(1) 通过哪些指标可以判断大中矿业现如今的经营状况?大中矿业未来经营状况的预期又如何?

(2) 大中矿业是否还存在会影响到公司经营的潜在风险?如果存在,请具体说明存在哪些风险。

(3) 市场法有哪些模型,分别反映公司的哪些指标?请结合大中矿业分析使用市场法估值的优缺点。

(4) 投资组同事提出的资产基础法和收益法各有什么优缺点?如果你是刘总,你会采取哪种方法对大中矿业进行估值?

第二部分 案例使用说明

一、教学目的与用途

1. 适用课程

本案例主要适用于"投资学"和"财务管理"等关于公司权益估值知识点的课程。

2. 适用对象

本案例主要为 MPAcc 专业硕士和审计专业硕士开发,适合具有一定会计专业知识基础和工作经验的学生和管理者学习。

3. 教学目的

本案例通过对大中矿业上市过程的介绍、企业的目前和未来的收益与风险以及对大中矿业估值方法的讨论,使学生充分理解财务指标与非财务指标对企业价值创造都具有一定的重要性。因初次涉足对矿业企业的投资,文中的投资公司在通过充分的市场调研后,通过探讨几种不同估值方法对大中矿业的适用性,期望得到一个较为合适的估值方法,从而做出正确的投资决策。通过对案例的分析与讨论,引导学生理解和掌握以下内容。

(1) 能够通过财务指标和非财务指标来分析公司的收益情况。

(2) 理解企业价值评估的定义以及几种不同的估值方法。

(3) 分析几种不同估值方法的适用范围以及各自的优缺点。

(4) 探讨不同的估值方法会对估值结果带来什么样的影响以及不同类型的公司分别适合哪些估值方法。

二、分析思路

教师可根据自己的教学目的,灵活使用本案例。以下是为完成以上所述的教学目的,建议的分析思路。

首先,通过阅读案例引言、大中矿业的发展历程,并辅之大中矿业的相关财务数据,让学生身临其境,从投资方的角度了解大中矿业,同时与思考题 1 相对应,让学生基于财务因素和非财务因素来分析大中矿业的营业状况。

其次,结合大中矿业上市后的发展现状,再结合矿业行业普遍存在的相关问题,使学生了解到对于投资者来说投资大中矿业潜藏的风险,并回答思考题2。

再次,引导学生对大中矿业的估值方法如资产基础法、市场法以及收益法进行具体分析,每个估值方法的分析思路基本一致:①各个估值方法使用的前提是怎样的,需要考虑或者使用到哪些数值指标;②各个估值方法体现出来的优点和缺点是什么,是否可以进行调整,又该如何调整。根据三个估值方法的分析进而探讨对大中矿业估值的合理性,从而为投资公司提供投资建议,并回答思考题3,这也是本案例的核心部分。

最后,教师可结合补充材料,引导学生思考思考题4这个开放性问题,因案例提及的三种估值方法在大中矿业的应用中各有利弊,所以学生可以对最终选用哪一种估值方法各抒己见。在案例教学及讨论中教师可穿插其他估值模型的讲授,鼓励学生考虑选取其他估值模型和收益指标,并进行随堂发言与讨论。

详细分析思路与步骤如图3-6所示。

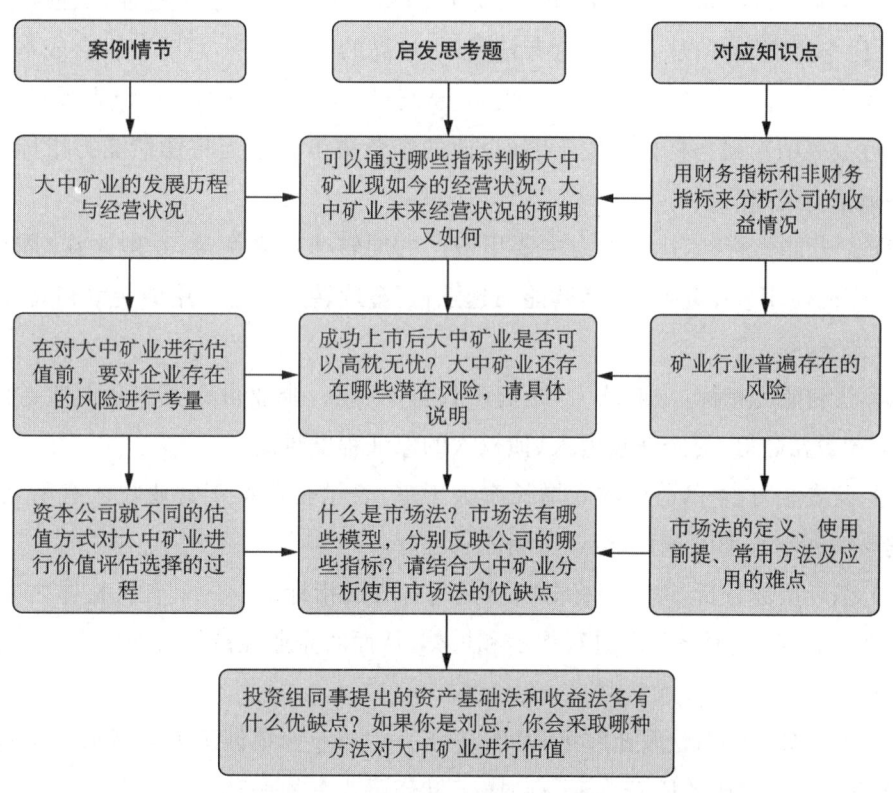

图3-6 案例分析思路与步骤图

三、启发思考题理论依据及分析

思考题1：通过哪些指标可以判断大中矿业现如今的经营状况？大中矿业未来经营状况的预期如何？

【理论依据】

财务指标是指企业总结和评价财务状况和经营成果的相对指标，中国《企业财务通则》中为企业规定的三种财务指标为：偿债能力指标，包括资产负债率、流动比率、速动比率；营运能力指标，包括应收账款周转率、存货周转率；盈利能力指标，包括资本金利润率、销售利润率（营业收入利税率）、成本费用利润率等。

【案例分析】

1. 判断大中矿业现如今的经营状况

通过以下指标可以判断大中矿业现如今的经营状况，具体如下：

（1）偿债能力指标，一般情况下，流动比率越高，短期偿债能力越强，从债权人角度看，流动比率越高越好；从企业经营者角度看，过高的流动比率，意味着机会成本的增加和获利能力的下降，资产负债率越小，表明企业长期偿债能力越强；从企业所有者来说，该指标过小表明对财务杠杆利用不够；企业的经营决策者应当将偿债能力指标与获利能力指标结合起来分析。

（2）运营能力指标，运营能力主要用资产的周转速度来衡量，一般来说，周转速度越快，资产的使用效率越高，则运营能力越强，资金周转速度通常用周转率和周转期（周转天数）来表示。

（3）获利能力指标，一般认为，净资产收益率越高，企业自有资本获取收益的能力越强，运营效益越好，对企业投资人、债权人的保证程度越高。

（4）发展能力指标，营业收入增长率大于零，表示企业本年营业收入有所增长，指标值越高表明增长速度越快，企业市场前景越好。

（5）综合指标分析，综合指标分析就是将各方面指标纳入一个有机整体之中，全面地对企业经营状况、财务状况进行揭示和披露，从而对企业经济效益的优劣作出准确的判断和评价。

大中矿业如今经营状况比较可观，2021年大中矿业业绩创历史最高水平，实现营业收入48.95亿元，同比增长96.05%；归属于母公司股东的净利润16.25亿元，同比增长174.47%。并且从长期看，大中矿业近4年来营业收入、归属母公司股东净利润都是稳步增长的。从最新季报看，大中矿业2022年一季度实现营业收入13.05亿元，同比增长77.94%；归属于母公司股东的净利润4.47亿元，同比增长27.04%。大中矿业近5年平均销售毛利率为54.07%,表现稳定。净资产收益率(ROE)通常可以反映股东权益的收益水平、权益资本的盈利状况。2021年年报大中矿业加权ROE为39.21%,已经连续5年维持增长,这也就代表着投资者回报是很显著的。

2. 大中矿业未来经营状况的预期

大中矿业未来的经营状况预期也非常可观,主要表现在以下几点:①大中矿业具有资源储量优势,在独立铁矿采选企业中具有较大的储量优势。铁矿石是不可再生的矿产资源,铁矿石储量直接决定了铁矿采选企业的可持续发展能力。我国铁矿石在地理分布上具有明显的区域性且绝大多数是贫矿,铁矿资源整体质量较差,但大众矿业及其分、子公司共拥有采矿许可证7项,探矿许可证2项。②大中矿业便是拥有产能扩张优势,现有矿山扩建及新建矿山达产后,公司年开采原矿能力将达到1500万吨,可持续开采30年,铁精粉产能500万吨/年,球团产能420万吨/年,行业地位将进一步提升。③大中矿业的区位优势,公司的矿山地处内陆,周边钢铁企业众多,离海运港口较远,相对于进口铁矿石公司产品具有显著的运输成本优势。

思考题2:大中矿业是否还存在会影响到公司经营的潜在风险？如果存在,请具体说明存在哪些风险。

【理论依据】

矿业企业常见风险主要有合规风险和投资与运营风险。

1. 合规风险

矿企经营面临众多合规风险,其中最常见和最具行业特点的合规风险包括:取得必要的经营许可或审批风险、劳动用工风险、安全生产责任风险、生态环保责任风险、矿业合法用地风险。

2. 投资与运营风险

矿企的投资与运营风险总体可分为客观风险和主观风险两大类别。客观风险是指不以矿业投资者和经营者的意志为转移的外部风险,主要包括:政治与政策风险、经济风险、技术风险、资源风险、疫情与自然灾害风险、刑事治安风险等。主观风险是指由于投资者和经营者的不当行为而引发的风险,既包括违反法律法规、国际条约、强制性行业规范等所引发的风险,也包括违反公认的商业道德、非强制性的行业规范、企业内部规章制度、合同协议、对外作出的承诺所招致的风险。

【案例分析】

1. 大中矿业的潜在风险分析

大中矿业仍然存在潜在风险会影响到公司的经营,具体潜在风险如下:

(1) 资产抵押质押风险。质押就是债务人或第三人将其动产或者财产权移交给债权人，将该动产作为债权的担保，当债务人不履行债务时，债权人有权依法就该质押物折价或者以拍卖、变卖方式卖得价金优先受偿。事实上质押是一种很好的融资方式，但企业往往会忽略了各种权利抵押质押过程中的风险，并未对其相应的防范措施进行提前梳理。

(2) 安全生产风险。铁矿石开采作业环境复杂，虽不产生瓦斯等有害气体，但采矿过程中存在采场(巷道)局部冒顶、片帮等主要危险因素，尾矿堆放过程中也可能发生垮塌等事故。之前大中矿业便因为环保安全问题受到过处罚，这也是造成大中矿业初次上市不成功的主要原因之一。2017年和2019年大中矿业发生2起安全事故，公司已按照政府主管部门的要求进行了整改，相关监管部门已出具证明本公司在上述安全事故中不存在重大违法违规行为。所以大中矿业必须切实做到把安全生产放在首位，严格执行国家有关法律法规的规定，加强全员安全培训，切实保障各项安全措施的有效执行，但未来仍然存在因不可抗力或操作失误等发生安全事故的可能性，并对公司业务和经营业绩产生不利影响。

(3) 募投项目用地不能获得土地使用证的风险。150万吨/年球团工程项目使用冯井镇周油坊选矿厂工业场地南侧土地，符合《安徽省国土资源厅关于用好用活政策支持脱贫攻坚的若干意见》(皖国土资〔2018〕89号)规定的可以边建设边报批的政策条件，根据霍邱县自然资源和规划局开具的证明，此项目用地符合皖国土资〔2018〕89号文件的规定，此项目建设用地的获取不存在障碍。由于此项目募投用地尚未完成招拍挂手续，存在不能获得土地使用证的风险。

(4) 产品价格波动风险。大中矿业所在行业为黑色金属采选行业，主要从事铁矿石采选、铁精粉和球团的生产销售以及机制砂石的加工销售。其主要产品为铁精粉、球团、机制砂石。铁矿石和球团是冶炼钢铁的主要原料，是国际贸易中重要的大宗商品，其价格受到供需关系、宏观经济状况、海运价格、汇率等多方面因素影响，近年来波动较大。近期内由于受到疫情影响公司铁精粉平均售价变动较大，铁精粉售价变动对公司业绩会有较大影响。

(5) 财务风险。一方面是偿债能力风险，矿山采选行业是资本密集型行业，矿山建设具有投资大、建设周期长的特点，受融资渠道限制，公司主要通过负债进行投资，导致公司资产负债率较高。大中矿业通过外部融资和内生经营增长相结合的方式，降低财务杠杆，减少财务风险，优化公司资本结构，各个报告期末银行借款余额持续小幅下降。目前公司经营状况良好，可以正常支付银行利息，并逐年降低借款规模。但如果铁精粉价格发生重大不利波动，或银行收紧贷款，则可能发生无法清偿到期债务的风险。另一方面是流动负债大于流动资产的风险。大中矿业通过经营活动产生的现金流有序降低借款规模,短期看,公司银行借款的清偿有赖于借新还旧或者调整贷款期限;长期看,公司银行借款的清偿有赖于安徽矿山的顺利投产并达到预期经济效益。如不能得到主要贷款银行的支持,公司存在流动负债大于流动资产而发生无法清偿到期债务的风险。还有不可忽略的资产负债率高的风险,虽然大中矿业在有序降低资产负债率,也取得了明显的效果,但其资产负债率仍高于同行业可比公司。较高的资产债率为公司带来了较大的偿债风险,此外,公司较高的资产负债率也限制了公司进一步融资的能力,若公司不能及时获得足够的资金,对公司长期战略的实施,甚至日常经营造成不利影响。

思考题 3:什么是市场法?市场法有哪些模型,分别反映公司的哪些指标?请结合大中矿业分析使用市场法估值的优缺点。

【理论依据】

1. 应用市场法的前提条件

第一,需要有一个充分发育、活跃的资产市场。市场经济条件下,市场交易的商品种类很多,资产作为商品,是市场发育的重要方面。市场法的应用是在活跃的资本市场上将满足条件的可比对象的财务指标与非财务指标对比分析,然后确定评估对象的企业价值。市场法是否适用于估值企业价值,取决于可比公司群获取相关数据的难易程度。只有在充分活跃的资本市场,才能保证可比对象相关数据获取的充分性,评估结论才有可信度。

第二,选取的价值比率乘数应易于标准化。资本市场中不同上市公司的股票价格差异性较大,不具备可比性,所以应当对市场价格进行标准化处理,然后才易于比较。在实务中,市场通常将企业价值的表现形式转化为价值乘数进行比较与修正,如每股收益、每股销售收入等,以此量化各个企业的市场价值。

2. 市场法的常用方法

根据《资产评估准则——企业价值》规定:市场法常用的两种具体方法是上市公司比较法和交易案例比较法。

1) 上市公司比较法

上市公司比较法是将评估对象与可比上市公司进行比较,以确定评估对象价值的评估方法。上市公司比较法是应用市场法评估企业价值时较为常用的方法。这个方法的应用前提是能找到可以用作比较的上市公司,重在"可比"。一般选择可比上市公司应着重考虑两大前提:一是选择的可比上市公司应该具有一定时间的上市交易历史。由于需要采用可比公司的大量数据,就需要较长时间股票交易的历史数据,选作可比公司的案例应具有较长时间的上市交易历史。在实务中,一般要求用作可比上市公司的上市时间距评估基准日不低于2年,并在基准日近期股票交易价格没有异动。二是选择的可比上市公司应是单一的A股公司。通常评估企业为境内企业。其股权交易市场在国内,应选择能代表国内交易市场价值的国内上市公司,即纯粹的单一A股公司。要结合评估企业的实际情况,对可比上市公司进行遴选,最终确定3家至6家可比上市公司为宜。

2) 交易案例法

采用交易案例法有一个最重要的前提,那就是市场中能够寻找到相应的交易案例。通过选择的案例,从其交易双方的情况、交易效益、资金规模等方面对比分析,进而计算其各方面的经济指标,并对比被评估企业,从而获取得到比较准确的评估价值。相比于上市公司比较法,在适用范围上,交易案例法存在着较大的限制,主要是对于可比公司有着较为严格的要求,因此数据的可获取性较差。在评估实务中,上市公司比较法更为常用。本案例采用的是上市公司比较法。

【案例分析】

1. 市场法

市场法也称市场价格比较法,是指利用市场上同样或类似资产的近期交易价格,经过直接比较或类比分析以估算资产价值的各种评估技术方法。从某种程度上讲,市场法是一种最简单、有效的方法,因为评估过程中的资料直接来源于市场,同时又为即将发生的资产行为进行评估。但是,市场法的应用与市场经济的建立和发展、资产的市场化程度密切相关。在我国,随着社会主义市场经济的建立和完善,市场法具备了有效的应用空间,市场法日益成为一种重要的评估方法。

2. 市场法的模型

市场法下最常用的市价模型有市盈率估值模型、市净率估值模型和市销率估值模型,每种方法的定义、优缺点等如下。

市盈率是企业价值评估中最常使用的价值比率乘数,把价格和收益联系起来,直观地反映了投入和产出的关系,此外市盈率涵盖了风险、增长率和股利支付率的影响,具有很高的综合性。但缺点也是存在的,比如企业未盈利的情况下,使用市盈率估值模型就会失效,由此计算出的平均值需要调整,数据的客观性可能会受到质疑。单纯用"市盈率"来衡量不同市场的优劣具有一定的片面性,因为投资股票是对上市公司未来发展的一种期望,而已有的市盈率只能说明上市公司过去的业绩,并不能代表公司未来的发展。

市净率是资产基础类的价值乘数,它反映的是上市公司盈利能力与资产成本之间的比值。相较于市盈率对企业盈利状态的特殊要求,市净率估值模型并不存在这些问题。因为公司短期内的盈亏并不会对企业净资产有太大的影响,所以它更适用于有经营周期性的行业,从而能准确计算出它们的企业价值。但是,市净率估值模型也有它的不足,如没有考虑企业投资的无形资产价值;净资产是从历史财务报表中所获取的数据,当市场存在通胀时,难以反映资产的真实价值。虽然有缺陷,但在大多数持股较为封闭的上市公司,评估人员仍然乐意选择市净率来计算标的对象的企业价值。

市销率反映的是企业营业收入对企业价值影响的乘数类型,它是仅次于市盈率的常用价值乘数类型。市销率估值模型的使用范围较广,不受企业经营状态的限制,它不会出现负值,对于亏损或资不抵债的企业,也可以计算出一个有意义的价值乘数。此外,销售收入不受会计政策改变的短期影响,其客观性较强且易获取,因此计算结果充分考虑到了企业的盈利水平与持续经营能力。但市销率也存在缺点,它仅以销售收入为财务指标计算公司价值,忽略了企业成本控制。有些情况是公司营收状况很好,但经营成本也很高,这样计算得到的企业价值的真实性有待商榷。

3. 市场法估值的优缺点

针对大中矿业来说,频繁的资本活动确实为市场法的应用创造了比较理想的外部环境,比如国内市场对铁精粉供不应求。从近年来的销售量便可以推断出大中矿业具有比较活跃的市场,在市场中存在与之类似的可比上市公司,如业务较为相似的S公司。选取的价值比率乘数应易于标准化,但大中矿业与S公司还是存在差异,企业的异质性让可比公司的挑选变得并不是那么容易,这就要求对类似企业参照物进行调整,有关调整的指标、技术参数能否获取是决定市场法运用与否的关键。

本案例主要探讨市盈率、市净率和市销率是否易于调整大中矿业和可比企业的差异。根据S公司的年报和市价,其市盈率大概是20倍,而我们所了解的大中矿业的市盈率为10.52倍,按照市盈率估算大中矿业的企业价值为170.95亿元。但即使是S公司与大中矿业在很多业务上都相似,依旧也存在着很多差异。所以采用市盈率来计算,结果也会有些许差别。此外,讨论是否可以用市销率来调整大中矿业与可比公司的差异。市销率对销售额比较敏感,大中矿业近年来销售额稳步增长。用市销率来计算估值,不会受企业经营状况的影响,它不会出现负值。不仅如此,销售收入不受会计政策改变的短期影响,其计算结果会更加客观。但采用市销率计算的缺点也比较明显,它仅以销售收入为财务指标计算公司价值,忽略了企业的成本控制,所以每种方法各有利弊。

思考题 4：投资组同事提出的资产基础法和收益法各有什么优缺点？如果你是刘总，你会采取哪种方法对大中矿业进行估值？

【理论依据】

1. 资产基础法的定义

美国评估师协会（American Society of Appraisers）对资产基础法的定义是"采用一种方法或多种评估方法，根据企业资产扣除负债后的价值确定经营组合、企业所有者权益或企业股票价值的常用评估方式"。资产基础法也运用了替代原则，即认为谨慎的买方不会以超出购买具有相同效用的可替代物品的价格来购买该物品。美国评估师协会认为，从资产基础法这一方法原则来观察，"企业价值评估中的资产基础法，可以类比为其他价值评估科目中的成本法。"

2. 收益法的定义

收益法是企业将未来金额转换成单一现值的估值技术。企业使用收益法时，应当反映市场参与者在计量日对未来现金流量或者收入费用等金额的预期。

【案例分析】

1. 资产基础法和收益法的优缺点

1）资产基础法的优缺点

（1）优点：资产基础法的评估结果是以惯用的资产负债表的形式表示的；资产基础法在评估过程中，分别估算每一种资产的价值，将每一种资产对企业价值的贡献全面地反映出来；资产基础法对于企业购买者和出售者双方在谈判中是有用的；这种方法对于作为诉讼和争议解决依据是有用的；这种方法获得的评估结果便于进行账务处理。

（2）缺点：资产基础法忽略了不同资产之间的协同效应。资产基础法基本的原理类似于等式"1+1=2"，认为企业价值就是各个单项资产的简单加总，而企业的整体获利能力并非各单项资产价值的总和，尽管是由单项资产组成，企业的获利能力也是通过有效配置之后才出现的。资产基础法无法对其可确指的无形资产如商标、专利技术及非专利技术对企业整体收益的贡献程度进行量化和分割，同时也难以比较精确地估算其价值。由于资产基础法的现实性，资产负债表作为估值依据，受限于会计核算原则，企业的表外资产如行业现状、人力资源、企业文化、组织问题等就很难被完全体现出来。

2）收益法的优缺点

（1）优点：收益法可以比较真实和准确地反映企业本金化的价格，而且与投资决策紧密结合，应用此法评估的资产价格易为买卖双方所接受；这种方法从资产经营的根本目的出发，紧扣被评估资产的收益进行评估，真正体现了资产商品化在交易市场上的实际价值；对具有连续性、高效益的资产，特别是整体资产评估，收益法具有独特的优越性。当资产数量大、单项资产数量多时,资产基础法、市场法工作量大,而用收益法较为方便,只要掌握资产的收益额、折现率、收益期限三项参数,评估过程简单,评估结果准确。特别是一些成本法和市场法难以解决的问题可以迎刃而解。

(2) 缺点:预期收益预测的难度较大,不仅受主观判断的影响,而且还直接受到未来收益不可预见因素的影响;评估方法一般只适用于企业整体资产和可预测未来收益的单项生产经营性资产的评估,折现率和资本化率比较难以确定。没有独立收益能力,没有连续性收益,或收益达不到一定水平的资产,不能采用收益法。

2. 对大中矿业进行估值

在对企业进行投资决策时需要考量很多要素,除了国家政策、产业环境等一些宏观的情况,还应当考虑企业价值、企业盈利状况以及团队管理等要素,其中对企业的估值是核心要素之一,但不是唯一要素。此外,投资决策是投资于未来,投资于企业的未来价值体现,但需要以现有的财务指标为支撑,利用已有的估值模型为基础对企业进行未来价值评估,从而可以更合理地投资决策。对企业的估值有很多种评估方法,但是任何单一方法的存在都有其固有缺陷,仅使用一种方法所得出的企业价值往往会存在偏差,故而实务中需要多种方法进行结合。通过本案例提出的估值方法及应用,针对不同性质的企业可以有不同侧重点的估值体系。同时,本案例提及的大中矿业也是上市公司,需要学生进一步确定每种估值方法所需考量的指标或因素。

四、关键要点

通过本案例的学习,希望学生掌握筹资管理的相关内容,关键要点如下。

(一) 关键知识点

(1) 影响企业估值财务因素和非财务因素。

(2) 矿业企业存在的风险。

(3) 不同估值方法的优缺点。

(二) 关键能力点

(1) 加深学生对于影响企业估值的财务因素和非财务因素的了解,并且通过这些因素对企业的经营状况进行分析,培养学生主动思考、自主学习的能力。

(2) 从案例中提取关键信息,结合有关知识点对问题进行解答,培养学生将理论运用于实践的能力。

(3) 通过学习不同的估值方法,以了解不同企业价值评估,培养学生的思考能力。

(三) 关键思政元素

(1) 矿产资源的开发是国民经济最重要的基础支撑,矿产开采对国家的富强文明起到重大作用,可以激发学生对国家和民族的自豪感。

(2) 通过了解矿产开采属于资源行业、高危行业,培养学生依法依规的工程素养。

(3) 从收益、风险、估值方法等多个不同角度分析企业估值的影响因素,培养学生严谨细致的工作作风。

五、建议课堂计划

本案例可以作为专门的案例讨论课来进行。表3-5是按照时间进度提供的课堂计划建议,仅供参考。整个案例课的课堂时间控制在80~100分钟。

表3-5　课中计划建议

序号	内容	主题及要求	形式	时间
1	课前准备	提前一周发放案例和思考题,请学生在课前完成案例的阅读并查阅与之相关的资料及行业知识;并请学生对启发思考题进行初步思考	个人阅读或分小组准备	不限
2	课堂阅读	简要的课堂引言后,让学生仔细阅读案例材料,初步明确案例分析主题	个人阅读或分小组准备	10~15分钟
3	小组讨论	回顾企业估值相关知识,通过引导学生对思考题的讨论分析,使学生明确几种不同估值方式的优劣与计算,将相关知识点结合大中矿业的现状和行业背景,引导学生思考各种估值方法适用范围	分小组讨论,准备发言提纲	30~35分钟
4	小组发言	针对上述要求和案例给出的启发思考题,根据讨论结果由小组轮流发言	小组发言,教师记录	30~35分钟
5	讨论总结	教师进一步引导全班讨论,并进行归纳总结,对学生的讨论结果,并结合启发思考题的关键要点进行总结	教师归纳总结	10~15分钟
6	课后思考	提醒学生关注大中矿业的动态并主动学习其他的估值模型和收益指标,将案例的学习心得进行总结并上交,鼓励学生对案例能够进一步拓展分析	个人完成或小组完成	不限

(1) 课前计划:提前一周通过"学习通"等网络平台向学生发放案例正文、启发思考题以及背景信息,要求学生仔细阅读和初步思考,并查阅一些与收益、风险以及估值相关的资料。以自由组合的方式,让学生自动组成3~4人的小队,共同进行案例学习和准备,并以小组为单位为课中小组讨论做好准备工作。

(2) 课中计划:考虑到本案例涉及的知识点较为集中且连贯,建议教师在课堂中按照启发思考题的分析思路,引导学生进行讨论,在讨论的过程中逐步讲解相应的知识点。整个案例课的课堂时间控制在80分钟左右。

(3) 课后计划:结合课堂学习的理论知识、分析方法、逻辑思路形成正式的分析报告(具体要求由教师根据教学目标调整,内容可以包括小组成员、分工、解决方案、具体建议等)。

案例四

踌躇后的蓬勃：紫金矿业5年造就"金企霸主"

本案例以紫金矿业集团股份有限公司（以下简称紫金矿业）在2018—2023年大手笔逆周期收购的故事导入，分析隐藏在企业背后的并购动因，在全球铜价低迷的时刻果断进行收购的前因后果，同时，对于今后可能面临的风险和挑战，也是一个值得讨论的问题。案例设计的目的是让学生更好地理解逆周期、高溢价的收购方式，指导学生运用有关的理论和方法，来分析在当前的经济形势下，企业并购的优点和可能存在的风险，并结合紫金矿业的成功案例，进行理论上的探讨，提出化解风险、实现该并购有效运营的系统性方案。

第一部分 案例介绍

引言

2022年6月29日,紫金矿业再度"扫货"锂矿,以18亿元收购厚道矿业71.14%股权,这一大动作,无疑使紫金矿业距离全球一流矿业公司的目标又近了一步,又一次使它在国际上绽放光彩。

故事的开始,要从陈景河辞掉自己的"铁饭碗"——福建省地质局最年轻的高级工程师,准备开发紫金山金矿说起。随着矿山的开采,紫金矿业迅速发展,特别是2015—2020年,紫金矿业在面临资金短缺、融资难的情况下,陈景河依然坚持大手笔逆周期收购卡莫阿铜矿、加拿大矿业公司Nevsun、西藏巨龙铜矿,坚持以开采金、铜为主,抵御周期波动,在各方面形成独特的核心竞争力。最后紫金矿业更是以一家独大的姿态,开创了本土矿业企业的先河,成为当之无愧的"金企霸主"。

一、并购缘由——无风不起浪

紫金矿业的前身为福建省上杭县矿务局,成立于1986年;1993年8月,上杭县矿务局成立了上杭县紫金矿务局,将经营重心转移到上杭县紫金山金矿的开发与建设上;1994年10月,上杭县紫金矿务局改组为福建省闽西地区的紫金矿业集团公司;2000年9月,紫金矿业集团公司设立福建紫金矿业股份有限公司;2003年12月,福建紫金矿业股份有限公司成功登陆香港股票市场(股票代码:2899);2004年4月,更名为福建紫金矿业集团股份有限公司;2004年6月,福建紫金矿业集团股份有限公司更名为紫金矿业集团股份有限公司。紫金矿业既是中国500强企业之一,主要从事铜、金、锌、锂等矿产资源的勘探和开发,以及工程设计和技术应用研究,也是中国最大的矿产金生产企业、中国第三大矿产铜和六大锌生产企业之一,还是国家高新技术企业。紫金矿业综合实力如图4-1所示。经过30多年的发展,紫金矿业现已成为一家大型的国有控股矿业集团,黄金拥有量居全国第一,是中国第二大矿产铜生产制造企业,另外在锌、钨、铁生产领域也占据着十分重要的地位。发展历程如图4-2所示。

财务管理案例分析

Forbes	FORTUNE 500	MSCI	G1
2022《福布斯》全球上市公司第325位	2022《福布斯》世界500强第407位	首批纳入MSC1234只大盘A股之一	纳入富时中国A50成分股

图 4-1 紫金矿业公司综合实力①

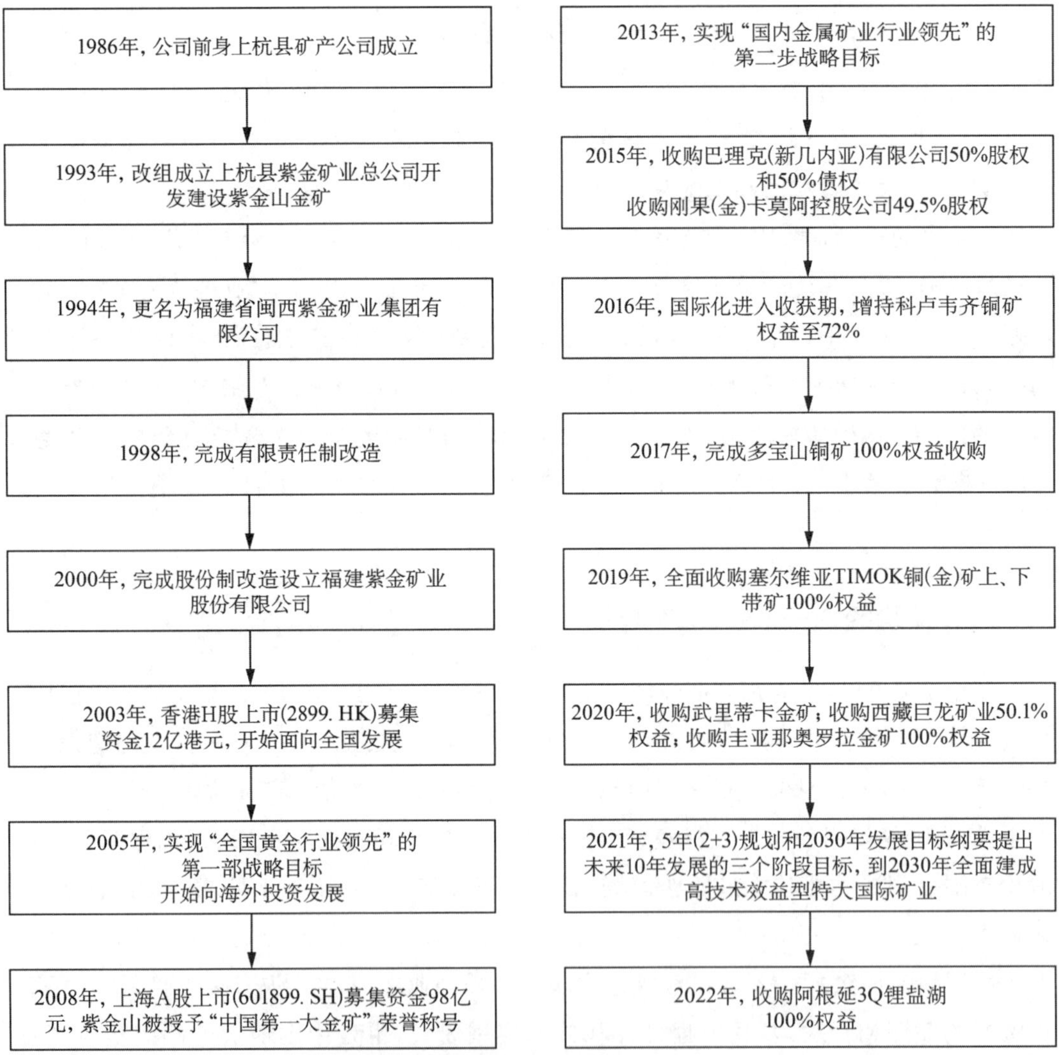

1986年，公司前身上杭县矿产公司成立	2013年，实现"国内金属矿业行业领先"的第二步战略目标
1993年，改组成立上杭县紫金矿业总公司开发建设紫金山金矿	2015年，收购巴理克(新几内亚)有限公司50%股权和50%债权 收购刚果(金)卡莫阿控股公司49.5%股权
1994年，更名为福建省闽西紫金矿业集团有限公司	2016年，国际化进入收获期，增持科卢韦齐铜矿权益至72%
1998年，完成有限责任制改造	2017年，完成多宝山铜矿100%权益收购
2000年，完成股份制改造设立福建紫金矿业股份有限公司	2019年，全面收购塞尔维亚TIMOK铜(金)矿上、下带矿100%权益
2003年，香港H股上市(2899.HK)募集资金12亿港元，开始面向全国发展	2020年，收购武里蒂卡金矿；收购西藏巨龙矿业50.1%权益；收购圭亚那奥罗拉金矿100%权益
2005年，实现"全国黄金行业领先"的第一部战略目标 开始向海外投资发展	2021年，5年(2+3)规划和2030年发展目标纲要提出未来10年发展的三个阶段目标，到2030年全面建成高技术效益型特大国际矿业
2008年，上海A股上市(601899.SH)募集资金98亿元，紫金山被授予"中国第一大金矿"荣誉称号	2022年，收购阿根廷3Q锂盐湖100%权益

图 4-2 紫金矿业的发展历程②

---

① 图片来源：摘自紫金矿业集团股份有限公司官方网站。
② 图片来源：根据紫金矿业官网的发展历程整理而来。

（一）矿业行业陷入两难境地

2001—2011年，对于中国的矿业来说，这十年是黄金十年，也是各大矿业企业日进斗金，风光无限的十年。然而市场难料，紫金矿业在快速发展之后开始停滞不前，经历这样的黄金时代，也有过逆境求生的经验，2014年，由于铜业资金投入不足，资源开发缓慢，限制了整个产业的供应和产量；同时，世界范围内的矿业发展速度也开始减缓，矿产品价格、贸易和矿业投资等指数均出现了震荡收缩，矿业企业的高盈利时代即将结束。利润空间越来越小，盈利能力、经济效益越来越差，亏损面越来越大，这些对矿产企业的生产经营造成了很大的影响。

中国的地质勘探水平在快速增长，但还存在着发展不均衡、任务繁重、投资不足等问题；很多煤矿企业已经出现了几个月的亏损，工人的工资都不能保障，生存都成问题。面对这两难境地，从业者纷纷转行。

陈景河明白如何在全球铜价低迷的时刻杀出一条血路，克服不确定性，是对企业和管理者的双重考验。面对严重的现金流短缺、资金缺乏弹性、财务杠杆过高等一系列"硬伤"，陈景河不禁对企业能否撑过这一波衰退表示了深深的疑虑。到底是该循规蹈矩，还是铤而走险呢？

（二）企业逆周期收购决策

紫金矿业应该往哪个方向改变？当时，之所以会走上收购这条道路，主要有以下几方面的考虑。首先，陈景河始终坚信尽管短期内矿业复苏难以实现，但中长期的资源需求还是值得等待的。其次，矿业企业对矿产资源的依赖性很强，对其勘探也很谨慎。需要对资源的价值、可靠性和可用性进行客观、精确的评价。再次，面对严峻的市场形势，必然要加大并购力度，开发上游资源，增强资源控制力，延伸产业链从而增加新的利润点。而并购的时机尤为重要，以往中国企业在并购过程中之所以屡屡失利，最主要的原因就是在并购高峰阶段抢夺了大量的资金。大型的收购失败案例，往往都是在矿产泡沫严重的时候发生的。最后，通过并购，加大探矿技术的研发和高效开采技术。与此同时，加速推进企业管理创新，为企业的发展注入新的动力。所以，他决定不按常理出牌，选择在市场相对低谷的时候，采取逆势而上的方式——逆周期收购。虽然道理很简单，但是做出这一决定需要不少勇气。当时，大部分人还是认为并购就应该选择短时间内能看到潜力的矿山，买涨不买跌。相对而言，现在能看到收益，那么未来就有更多上涨的可能；而在目前就处于低迷时期，就很难扭转颓势。

陈景河及企业其他决策者却认为逆周期收购一般不会有什么大的失误。实际上，在行业低迷的时候大部分企业都很困难，对于并购往往也是有心无力、束手无策。包括紫金矿业也不例外，它也并不是一上来就用自己的现金储备去做收购，自身的"造血"能力也是一个巨大的挑战。

他做出了一个又一个让人惊讶的决定：收购卡莫阿铜矿，并高溢价收购 Nevsun 集团 100% 的股份，还将存在多个风险因素的西藏巨龙铜业集团（巨龙铜业）收入囊中。事实证明，在之后的几年，这几次看似不尽如人意的收购却交出了一份满意的答卷。

（三）矿业政策调整的博弈

很快，中国的经济数据已经逐渐从低谷中走出来，出现了触底反弹，市场情绪也在逐渐好转，企业景气指数和企业家信心指数也在逐渐上升，这都表明，世界经济已经出现了明显的复苏势头，中国经济步入"后危机"时期。

对矿业经济发展而言，虽然全球经济仍有反弹之势，但毫无疑问，最糟糕的情况已经过去。矿业在全球经济中仍将保持活跃，投资和消费作为一种长期力量，会继续拉动矿业需求。中国作为一个新兴经济体，其城市化、工业化的进程不会停止，而且还会持续很长一段时间，而我国人口众多，居民收入提高带来巨大的消费和投资需求，将会是我国矿业企业发展最强、最持久的动力。

加之国家有关部门出台了一系列的优惠政策，促进了矿产资源的综合利用，加快了矿业经济的转型升级。特别是中华人民共和国自然资源部和财政部共同开展了矿产资源综合利用的示范性项目、示范性工程，通过"以奖代补"的方式，对地方政府、矿山企业进行了矿产资源综合利用、绿色矿山等方面的工作，并取得了明显的效果。紫金矿业始终在矿山勘探、设计、开采、选冶、关闭等各个方面，致力于环境的保护与生态的修复，在兼并收购中，也一直坚持以保护生态为前提，不断缓解因粗放型开发而造成的对资源和环境的压力。

二、战略布局，高瞻远瞩

2014 年 11 月 5 日，紫金矿业的董事会准时召开，公司的高层都聚集在了会议室里，七嘴八舌地讨论着。大家都在为公司经历矿产企业衰退的重创而面露忧色。在陈景河的带领下，与会的各大高层，围绕着"紫金矿业集团收购计划"这一话题，进行了深入的探讨。

当时，大宗商品的价格处于低谷状态，国内的环保政策一直在加大力度，导致世界范围内的黄金和基础金属的价格出现了断崖式的下降，处在一个 10 年周期中的估值低点。但是该行业的利润和收益水平仍然保持着一个相对稳定的最优状态，因此，其投资性价比更为显著。同时，矿业的情况持续恶化，令矿业公司的处境越来越困难。

（一）实际推进，把握资金

面对严峻的形势，也为了抓住黄金资产被低估的机遇，卡莫阿铜矿首先进入陈景河的视野。

卡莫阿铜矿由加拿大的艾芬豪矿业公司（以下简称艾芬豪矿业）勘探运营，地处刚果民主共和国南部的加丹加省,位于世界著名的中非铜矿带上,是一个超大型层状铜矿床。2015年,原本所有者艾芬豪矿业面临资金链断裂,紫金矿业也同样遭受冲击,但就是在这种行业低谷期,卡莫阿铜矿仍是紫金矿业一直重点跟进的投资项目之一。

陈景河让市场部经理向各大高层分析了紫金矿业收购卡莫阿铜矿的情况:"目前,大宗商品正处于低谷期,国外的矿产企业纷纷抛售自己的资产,矿业资源估值较低,是中国加快海外资源收购步伐的有利时机。公司将抓住这一机遇,尽快实现较大规模优质资源收购的重大突破。公司本次拟收购的卡莫阿铜矿是一个新发现的世界级大型层状铜矿床,铜资源储量为2 416万吨,是有史以来中国企业在海外收购的最大规模的铜矿。此外,卡莫阿铜矿控制资源量的平均品位为2.67%,推断资源量的平均品位为1.96%。而我国铜矿的平均品位仅为0.87%。是难得的国际优质资源。"

生产部经理补充道:"紫金山金铜矿正逐步从金矿开采过渡到铜矿开采。为提升矿产资源综合利用率,公司需要建设一个新的铜矿浮选厂,满足铜矿生产需要,确保紫金山金铜矿长期稳定经营。"

在会议中,众人讨论着卡莫阿铜矿的重要性,财务部经理也发表了自己的看法:"尽管目前还不能预测卡莫阿铜矿未来的年营业收入及年税后净利润,但根据已有的数据及经验,我们可以推测出,这一工程将会给我们带来一笔不菲的收益,财务结构也得以进一步优化。公司整体的产能、产量将大幅提升。伴随着中国等多个主要国家纷纷推出量化宽松政策及其他稳经济措施,我们预期金属价格将会走上正轨,公司盈利能力将持续提高,并为投资者带来更多的利益。"

大家议论纷纷,但是陈景河更想知道此次并购所带来的风险和挑战……

财务部经理继续说道:"当然,此次并购的不确定性也很大。受全球宏观经济基本面较弱、中国经济增速放缓、美联储退出量化宽松政策等综合因素影响,黄金价格近几年大幅下跌,如表4-1所示,目前维持1 200美元/盎司上下震荡;铜价也呈现下跌趋势,目前维持6 200美元/吨上下震荡。虽然全球主要经济体陆续推出"量化宽松"政策及稳经济措施,预计金属价格将企稳回升,逐步走出底部,但所需时间与反弹幅度存在不确定性。"

表4-1 黄金、铜2013—2015年价格变化趋势

种类	2015年	2014年	2013年
黄金(美元/盎司)	1 147	1 182	1 693
铜(美元/吨)	5 339	6 284	8 333

负责技术和质量的经理附和道:"刚果(金)交通、电力、通信等基础设施状况相对较差。近年来,中国参与了大量援建刚果(金)的项目,已经大幅改善了其基础设施状况。

然而，由于刚果（金）政府采取了一系列措施促进经济发展，特别是对加丹加省矿业快速发展的支持，刺激了电力需求的快速增长，全国电力供应时有不足，可能对卡莫阿铜矿未来建设、生产与经营造成不利影响。同时，资金筹措、人才培训、安装调试等多个环节，工作量较大，且主要实施地点分布于国外，需要协调的环节较多，任何环节出现纰漏均会给项目的顺利实施带来风险。"

市场部经理也发表了自己的看法："项目建设完成后，如果大宗商品的市场情况继续发生不利变化，或者产品无法顺利实现销售，或者销售数量、销售价格达不到预期水平，都有可能影响本次并购项目的投资效益，进而影响到公司的经营业绩。本次并购也将对公司的生产经营及财务状况产生一定的影响，加之项目的实施需要一定的时间方能完成。在此期间内，若宏观经济形势的变化、股票市场供求变动及公司基本面等因素均将导致股票价格的波动，将给投资者带来投资风险。"

经过几次会议，多番思考，结果可想而知——陈景河最终冒险一试，决心利用公司成本、资源优势、技术创新、海外运作优势一举拿下卡莫阿铜矿，如图4-3所示。

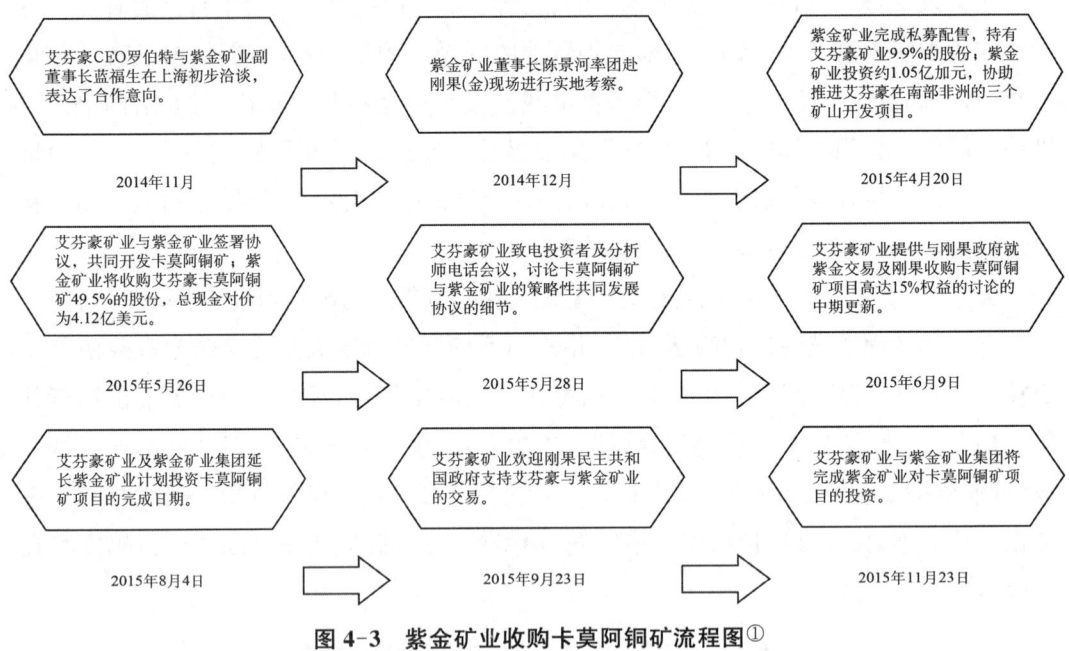

图4-3 紫金矿业收购卡莫阿铜矿流程图①

最终，陈景河动用海外并购的13亿美元储备资金，以4.12亿美元的价格，从加拿大艾芬豪矿业购得卡莫阿铜矿95%权益。并且通过非公开发行股票的方式，募集不超过100亿元。其发行股票数量为24.2万股，占目前总股本的11.2%。在完成增发后，

---

① 图片来源：根据考拉矿业观察数据整理而来。

紫金矿业的资产负债率将从2015年3月底的55.31%降至48.81%,并且由股东会决议,各股东提供借款至商业化生产开始。

在收购开始前,陈景河就预测到了卡莫阿铜矿的南段,矿石质量很好,很有可能是一座大型的金矿。收购后,他第一时间对南方进行了地质调查。只用了不到两年的时间就发现了真正改变卡莫阿铜矿命运的是卡库拉矿段,如图4-4所示。

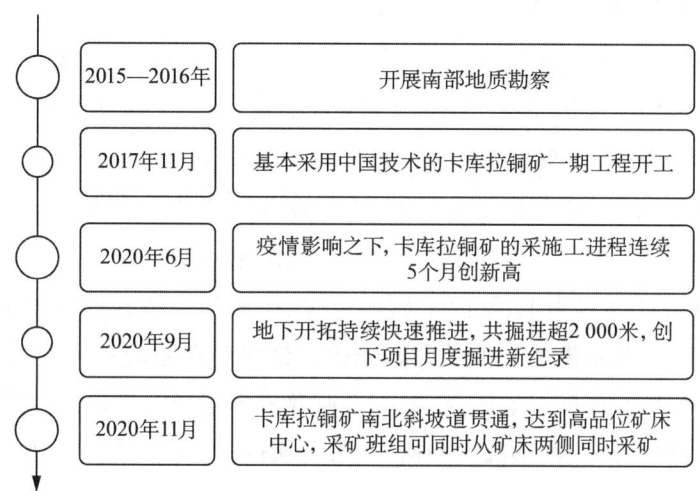

图4-4　卡莫阿铜矿2015—2020年项目建设历程[①]

卡库拉矿段的发现使这一项目真正升级为世界级矿床,新发现了1 800多万吨的铜,其中有700万吨的铜平均品位达到6%,是一个超高品位的大铜矿。这个新的发现彻底改变了整个工程的总体计划,工程的起点由此转向铜矿品位最高的卡库拉矿段。这将是新世纪全球最重大的铜矿发现,随着行业逐步走出低谷,资产价格回升,前期的债务负担逐步减轻,收购来的资产开始产生正收益,产生的现金流也可以逐步被用来偿还债务。同时,这次逆周期收购的成功也是中国矿业行业和中国矿业企业"走出国门"的一个里程碑。

陈景河审时度势,举全集团之力支持卡库拉矿段建设一线。在国际化的过程中,既注重引进具有国际化视野的高素质外部人才,也注重内部员工的外派,以及本土化员工的培养。截至2014年年末,紫金矿业派往海外的中方技术骨干和管理人员已超过200人,在境外项目企业工作的中外员工人数已达4 000余人。2020年,在国际航班普遍熔断的大环境下,紫金矿业逆行包机,运送骨干员工及大批物资进入矿场,并及时吸取了疫情防控的经验,煤矿的施工进程一刻不停,开发进程屡创历史纪录。这也让紫金

---

① 图片来源:根据紫金矿业官网并购历程整理而来。

矿业的业绩,有了很大的提升,之前的投资,也有了很大的收获。

在陈景河看来,卡莫阿铜矿就是一个能带来巨大收益的矿场,一个能被称为世界上最环保的矿场,一个美丽而和谐的矿场。截至2021年5月,卡莫阿铜矿的中、高品位铜储量达300万吨左右,是我国重要的矿产资源。该项目的总生产能力为每年1 900万吨,使卡莫阿铜矿成为世界上产量最大的铜矿,最高年产量为80万吨。

(二)一路狂奔,不断扩张

卡莫阿铜矿逆周期收购的成功为陈景河继续扩张投资加拿大上市矿业企业 NevsunResourcesLtd(以下简称 Nevsun)提供了良好的经验以及雄厚的资金支持。Nevsun 的核心资产是 TIMOK 铜金矿项目,位于塞尔维亚 Bor 矿区。从地图上看,塞尔维亚地处欧洲东南方,地处欧洲与亚洲、中东以及非洲之间,被称为欧洲"十字路口",同时中国也是推进"一带一路"布局中的关键节点国家。

TIMOK 铜金矿项目为上、下两个成因相关、矿床类型各异的铜金矿体,上带资源为高品位铜金矿,下带资源为巨大的斑岩铜矿。许多矿业企业一早便看中了塞尔维亚丰富的矿产资源,以往碍于运输问题,矿业企业并未有所行动。如今,塞尔维亚"铁路建设"取得不错成绩后,高速铁路都已经通车了,交通运输再也不是什么难题了,多家矿企便开启了对塞尔维亚的竞争。早先便有加拿大 LundinMining 公司(以下简称伦丁公司)向 Nevsun 发出了15亿加元收购要约,但遭其董事会4次强烈拒绝。Nevsun 的第八大股东兼首席执行官直言不讳地说:"一个更好的合作者应该是中国企业"。

自2018年9月以来,LME 期铜价格起伏不定,累计跌幅达20%左右,市场对于经济增长前景的担忧,使铜价格持续受压,而当前的铜矿无论在数量和产量上都处在20世纪的最低点。在这种情况下,陈景河反其道而行之,决定逆周期收购。在9月6日,陈景河向 Nevsun 董事会提出了高溢价整体收购的要约,交易金额约18.60亿加元,约合95.30亿元人民币。收购价为每股6.00加元现金,这比伦丁公司每股4.75加元的收购要约高出1.25加元,溢价26%;超过收购卡莫阿铜矿3倍的价格;较股票前一交易日收盘价高出21%。

紫金矿业内部对于报价也产生了不同声音,在发布的董事会临时决议公告中也显示收购的表决结果为10∶1,其中执行董事、总裁蓝福生投了反对票,提示价格风险。通常而言,在大型收购项目中,公司总裁的意见举足轻重,在收购议案中投出反对票是比较罕见的现象,但陈景河仍坚持自己的决定,最终以10票赞成、1票反对通过。宣布收购公告后,H股大涨2.91%,A股大涨2.97%,以每股3.47元的价格收盘,全天成交额6.94亿元,最新市值为799.18亿元人民币,具体收购过程如图4-5所示。

陈景河早在2018年年初就开始考虑对 Nevsun 进行投资。就项目本身来说,

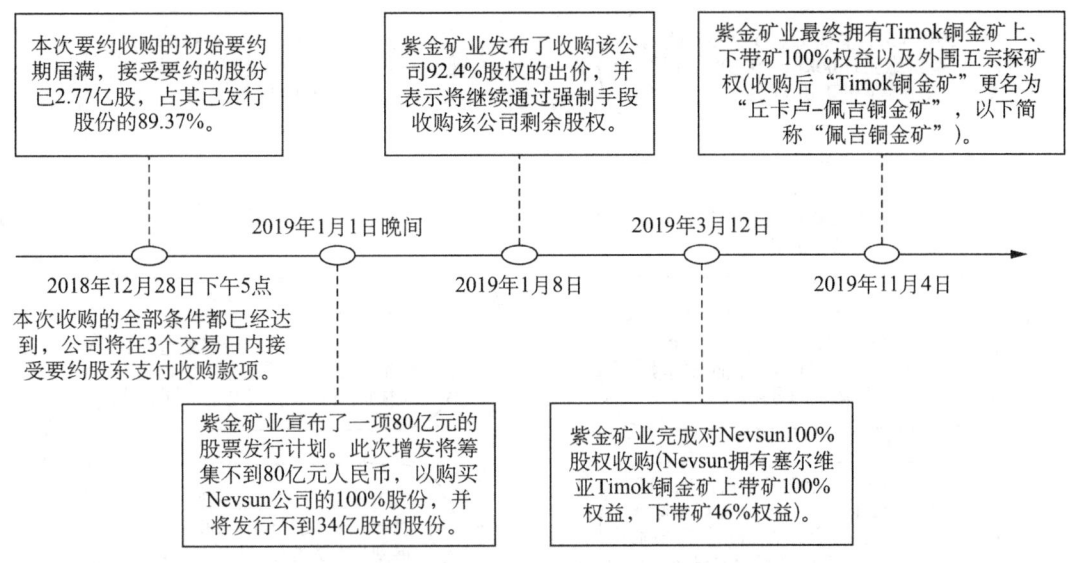

图 4-5 紫金矿业整体收购 Nevsun 过程①

TIMOK 是一个不可多得的世界级铜矿,很有价值并且股东存在出售意愿,开发潜力不容小觑,如表 4-2 所示。不仅如此,收购 Nevsun 是紫金矿业一周之内宣布的第二个在塞尔维亚的铜项目投资。紫金矿业于数日之前宣布参与了塞尔维亚国有铜业公司 RTB BOR 集团引进战略投资者的公开投标,并在投标中排名第一,获得 TIMOK 之后,两个资产可以产生巨大的协同效应。

表 4-2 Nevsun 资源储量②

种类	资源储量	占公司现有储量	上带矿探明＋控制资源量	下带矿推断资源量
铜(万吨)	825.3	26.22%	105 (平均品位3.7%)	1 430 (平均品位0.86%)
金(吨)	241.8	18.32%	220 万盎司 (平均品位2.4克/吨)	960 万盎司 (平均品位0.18克/吨)
锌(万吨)	187.7	23.97%	—	

他希望把佩吉铜金矿建设成塞尔维亚的首个"绿色"矿,也就是说,它将使用现代化的采矿工艺,并在环境保护方面满足国家的最高要求。结果可见,佩吉铜金矿并未令人失望,如图 4-6 所示。

在"一带一路"倡议的布局下,紫金矿业将在 2021 年实现年产铜 5 万吨、金 3 吨。

---

① 图片来源:根据紫金矿业官网并购历程整理而来。
② 数据来源:根据紫金矿业(601899)点评整理而来。

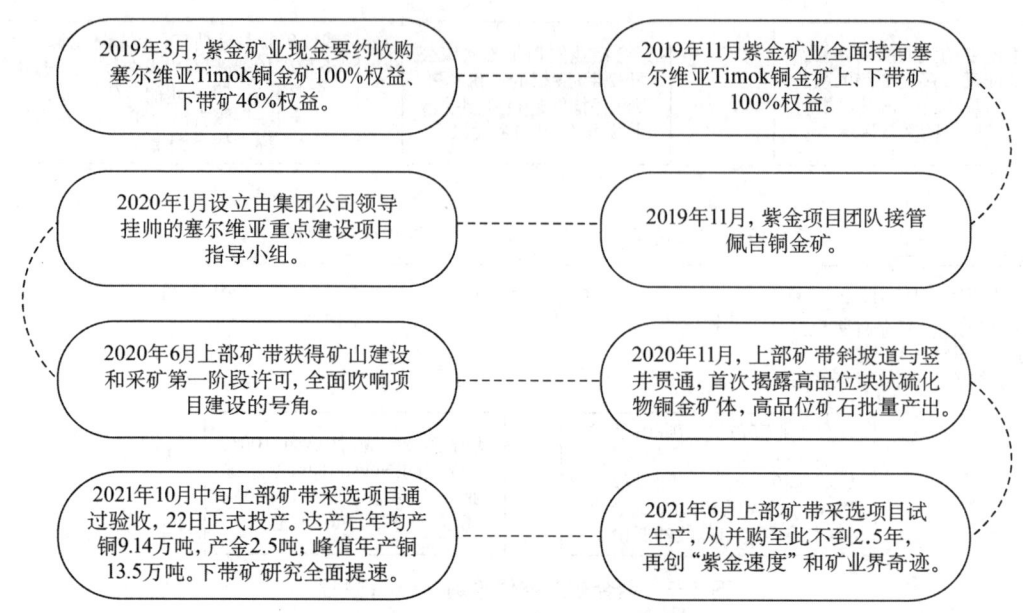

图 4-6　紫金矿业开发佩吉铜金矿流程图①

佩吉铜金矿作为这个世界排名前十的高品位特大型铜金矿山，现由紫金矿业完全控制，上部矿带拥有的资源储量为铜金属 128 万吨、金金属 81 吨，首采矿段为超高品位矿体，投产后预计年均产铜 9.14 万吨、产金 2.5 吨，其中年产量峰值预计产铜 13.5 万吨、产金 6.1 吨；下部矿带拥有资源量为铜金属 1 430 万吨、金金属 299 吨。在佩吉铜金矿约 5 千米处，坐落着紫金矿业旗下大规模在产波尔铜矿。佩吉铜金矿与波尔铜矿合计铜金属资源量超过 2 500 万吨、金属资源量超过 740 吨。这两个工程的大规模协同发展，将加速紫金矿业综合效益的提高。

（三）迎难而上，又开一城

就在佩吉铜金矿建设如火如荼的时候，陈景河又看好国内另一个并购项目西藏巨龙铜业（以下简称巨龙铜业）。感兴趣的投资方奔赴西藏矿山实地考察之后，都纷纷选择了放弃，巨龙铜业的开采难度，以及所需要的资金，对投资方来说，都是一个巨大的挑战。

巨龙铜业地处西藏墨竹工卡县城，地处冈底斯山脉东部脉郭喀拉日居西部，地处冈底斯山脉东部，地形陡峭，切割强烈，具有储量大，品位低，海拔高的三大特征。矿井低温、干燥、含氧量低、昼夜温差大。10 月底开始冰冻，翌年 4~5 月解冻，最大冻结深度可达 40 米。特别是矿山最高海拔达到 5 566 米，也让其成为全球海拔最高、开采难度

---

① 图片来源：根据紫金矿业官网并购历程整理而来。

最大的矿山之一。另外,由于海拔较高,开采环境极端,昼夜温差较大,对开采工艺和装备的性能要求也较高。

这也意味着,巨龙铜业虽已获驱龙多金属矿、荣木错拉、智布拉三个铜多金属矿,铜资源处于世界前列,蕴藏着丰富的低品位铜矿资源(预计可达2 000万吨,已登记铜金属1 072万吨,伴生钼金属57万吨),但开采却面临着严峻挑战。

陈景河带领一众工人进行实地考察后,他明白在高海拔环境下,工人们的工作效率会很低,经常会因为过度劳累而导致体力不支。别说那些外来人,就算是当地的矿工,也很难适应这种恶劣的工作环境。此外,因为高海拔,缺少通信、洗浴等基本条件,工作人员更有可能患上生理、心理方面的疾病。再加上西藏矿区的气候环境十分恶劣,降雨十分集中且持续时间较长,冬天提前到来,春季融化迟,冻土期长,给工程建设带来了极大的困难。如果这些问题得不到解决,将会使煤矿安全生产受到严重威胁。

但是,陈景河坚定地相信,紫金矿业相对于其他企业具有强大的竞争优势,在高原地区拥有丰富的矿场运营经验,尤其是在低品位矿场的规模化开采和生态保护等领域,他愿与合作伙伴共同应对这一挑战:为施工人员提供有氧工作场所,并配有医疗室、氧气袋、氧气瓶等设施,保证施工人员的安全。根据当地的天气情况,对工程进度进行合理的规划,尽早在无冻土期进行施工,达到节约投资、提高效益的目的。

陈景河对巨龙铜业进行了全面的调查,发现巨龙铜业已经连续3年亏损,并呈持续下滑之势,如表4-3所示。巨龙铜业的业务基本上停滞不前,经营状况每况愈下。其矿业项目一期建设总投资146亿元,已投资74亿元,后续建设仍需投资约72亿元。该项目需要的巨额资金,也成为前主人肖永明无法填补的无底洞,使其不得不放弃。

表4-3 巨龙铜业2017—2019年经营状况

项目	2019年	2018年	2017年
亏损(亿元)	3.7	1.78	1.07
营业收入(万元)	52.16	52.66	37.02

最终,2020年陈景河以38.83亿元收购巨龙铜业50.1%股权,这意味着巨龙铜业的整体估值已缩水至77.5亿元,较2018年估值缩水逾200亿元。此前,肖永明和他的关联公司在藏格控股公司(以下简称藏格公司)违规占有了22亿多元的资金。藏格公司于2020年6月8日晚发布了一则公告,说已经收到了大股东和他的关联公司返还的5亿元现金,这5亿元现金是巨龙铜业股份转让款中的一部分。

本次巨龙铜业股份转让后,紫金矿业将成为巨龙铜业的最大股东。巨龙铜业复工后仅一年多时间就建成投产,目前巨龙铜业正在进行矿山开发的整体规划,重点对低品位资源进行综合开发利用,存在大量低品位铜矿资源,远景资源量可望突破200万吨。

一期工程于2021年12月建成投产；拟分阶段实施二、三期工程，2022年计划矿产铜12.7万吨。若项目得到政府有关部门核准，最终可望实现每年采选矿石量约2亿吨、年产铜金属量超过60万吨规模，成为全球采选规模最大的高水平绿色矿山。

三、成功之后的机与危

5年来陈景河的每一个重大项目都使紫金矿业一步步走向中国矿业舞台的中心，最终拿下"金企霸主"之称。

（一）多次收购助力资源自给

逆周期收购大幅增加紫金矿业铜资源储量，并取得了良好的长期投资效益，如表4-4所示。

表4-4　紫金矿业收购矿产铜权益资源量①

时间	矿产	铜权益资源量（万吨）
2014年	收购科卢韦齐铜矿51%股份	78
2015年	收购卡莫阿铜矿39.6%	780
2016年	收购多宝山铜矿100%股权	178
2016年	收购科卢韦齐铜矿21%股份	32
2018年	收购Bisha铜锌矿55%、TIMOK上带矿100%、TIMOK下矿带46%股份	786
2018年	收购塞尔维亚RTB Bor铜矿63%股份	496
2019年	收购TIMOK下带矿54%股份	772
2020年	收购巨龙驱龙、荣木错拉、知不拉铜矿50.1%股份	399

卡莫阿铜矿自2021年5月开始运营以来，每年的产量已经达到了40万吨，预计到2023年第二季度将扩能至年矿产铜45万吨产能。矿山三期500万吨/年新选厂和配套的50万吨/年铜冶炼厂正在有条不紊地进行着，预计2024年第四季度新选厂建成投产，届时年矿产铜将达到60万吨。当矿山提升至80万吨铜/年矿产能时，卡莫阿铜矿将成为全球第二大产铜矿山。

佩吉铜金矿自2021年6月投产以来，截至2021年年末，TIMOK矿区已有154万吨的铜矿资源，矿石品位为2.45%，是我国重要的矿产资源。该矿床的铜矿资源储量为1428万吨，品位为0.83%。2021年的10月，佩吉铜金矿开始生产，并在那一年内，生产出了55000吨的铜，逐步完成了矿山从基建到生产运营的平稳过渡，"新人员、新设

---

① 数据来源：根据紫金矿业官网铜资源整理而来。

备、新系统"的磨合渐佳,地下采准系统逐步完善,选矿系统磨合趋于稳定,各项技术指标在稳中向好,逐步接近达产达标,全面超额完成年度生产计划指标。从 2021 年 10 月至 12 月,公司的净利润就达到了 23.7 亿元人民币。

巨龙铜业也是一股不可忽视的力量,2021 年 12 月 27 日正式开工,第一期项目建成后,年产值可达 16 万吨;第二期项目完工后,年产值可达 200 亿元人民币,相当于西藏国内生产总值的 2% 左右。此外还有第三期项目。在全球新能源革命浪潮对铜的需求进一步增长的背景下,该项目为保障我国铜资源自给能力产生了积极作用。

一系列的收购行动,让紫金矿业牢牢占据了国内铜矿业龙头的地位,从 2014 年开始,紫金矿业在铜价格低迷的时候,通过不断地投资和收购国内外高质量的铜矿产,从而提高了铜矿产的价值,如表 4-5 所示,也让紫金矿业在当前铜矿产和黄金资源的下行周期中,获得了巨大的利润。

表 4-5 紫金矿业铜矿保有资源量/储量[①] 单位:万吨

项目			铜矿
储量		证实	777.56
		可信	1 255.27
		合计	2 032.83
资源量(含储量)		探明	1 081.80
		控制	3 230.29
		探明+控制	4 312.08
		推断	1 964.97
		合计	6 277.05
2020 年保有资源量			6 205.58

(二) 抵御下一个风险点

陈景河的连续作战战略也有隐患,全球经济复苏缓慢,金属价格低位震荡,公司资源储备不足以支撑可持续发展以及资金不足的掣肘。

就 Nevsun 项目而言,一是短期内总计投资接近 20 亿美元,这还不包括 TIMOK 后续的巨额资本开支以及对 RTB BOR 的投资承诺(紫金矿业对该公司增资 3.5 亿美元获得其 63% 股份,另投入 2 亿美元偿还该公司债务,并在未来 6 年内另投入 9.1 亿美元用于矿山和冶炼生产改扩建,全部投资承诺达到 14.6 亿美元),短期内增加了融资压力;二是塞尔维亚面临的国别风险;三是铜价未来走势的不确定性,将加大紫金矿业从

---

① 数据来源:根据紫金矿业官网数据整理而来。

资本市场进行股本融资的难度。

紫金矿业逆周期收购的不断扩张,拿下了多个矿区的控制权。虽然铜矿的储量有所增长,但也有很大的风险。例如,各个矿场的投入还会持续很久,而资金的消耗也会变得更加庞大,短期之内,公司的业绩很难有起色。目前,货币资金仍与一年内到期的带息债务之间存在大额缺口,如图 4-7 所示。

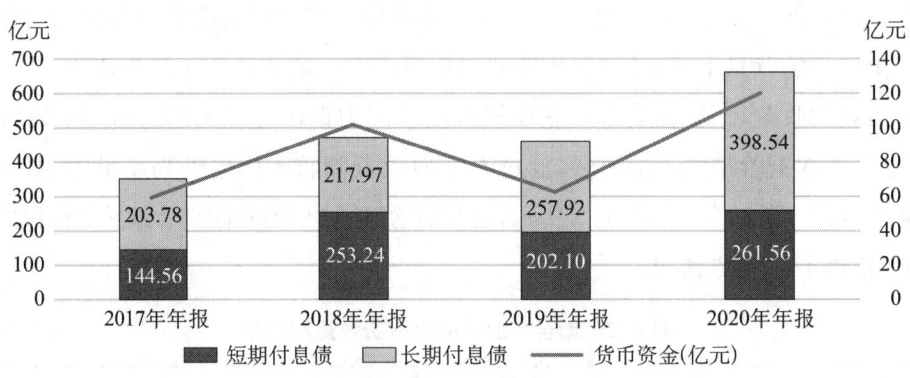

图 4-7 紫金矿业资金压力情况图[①]

持续并购可能继续加大债务规模,净利润率也远低于全球头部矿企(必和必拓集团、力拓、淡水河谷),如表 4-6 所示。因此,资金缺口仍是接下来值得关注的一个风险点,债务规模加大,融资难、融资贵等问题依然突出,矿产品行业有其特殊性,越是靠近上游,资金的需求量就越大,资金的流动性也就越差。资金周期对于紫金矿业来说是非常关键的,这对紫金矿业的资金链形成了一定的考验。

表 4-6 国际前三矿企营业收入情况[②]

财报币种:美元(USD)   单位:亿美元

公司	2022 年 FY	2021 年 FY	2020 年 FY	2019 年 FY	2018 年 FY
必和必拓集团	664.96	573.01	396.44	446.81	433.76
力拓		634.95	446.11	431.65	405.22
淡水河谷		545.02	395.45	365.49	365.75

必和必拓集团财年为每年的 7 月 1 日至第二年的 6 月 30 日,最新披露财报所属 2022 财年
力拓财年为每年的 1 月 1 日至 12 月 31 日,最新披露财报所属 2022 财年
淡水河谷财年为每年的 1 月 1 日至 12 月 31 日,最新披露财报所属 2022 财年

由于大规模的扩张,加上自身的重资产性质也给紫金矿业带来了很大的资金压力,

---

① 数据来源:根据紫金矿业官网 2020 年年报数据整理而来。
② 数据来源:根据必和必拓集团、力拓、淡水河谷财务报表数据整理而来。

公司的资金缺口主要是通过"借新还旧"的方式来填补的。在这种情况下,陈景河采取了一系列措施,打破"断粮"的局面、缓解资金压力:2020年10月发行了60亿元的可转换债券;11月又发行了20亿元中期票据;2021年11月,为了进一步优化公司的债务结构,扩大公司的融资渠道,董事会同意公司使用保险资金来进行融资,这一次的融资总额不超过150亿元,期限不超过10年,并且将一些具体的事情交给了公司的分管领导来处理。紫金矿业目前最大的偿债手段就是持续"输血",但从根本上解决问题的办法,是从"造血"的角度,即增加企业资金的流动性。

在全球资源有限且逐渐减少的前提下,紫金矿业要实现未来战略发展目标,意味着背后必须有足够的资金来支撑。一方面借新还旧,另一方面又需要现金流进行不断扩张,这对公司的融资能力提出了更高的要求。因此存在着融资能力能否满足公司发展资金需求的风险。紫金矿业未来要化解资金压力,缓释流动性风险任重而道远。

尾 声

　　紫金矿业的发展已经进入了第二个阶段,陈景河将带领所有员工对现有的矿产资源进行深度挖掘,积极寻找中、大型金矿、铜矿企业的兼并重组机遇,大幅增加主要矿产的资源储备,提高其产量,使其主要经济指标和效益再上一个新的台阶,成为世界上最好的金属矿业企业。后来者要想迎头赶上,通常需要付出相当的努力和艰辛。紫金矿业在近几十年来,通过不断地挖掘自身潜力、逆周期收购等方式,以"紫金速度"震惊全球。在国际经济日益不确定的情况下,紫金矿业将以政治责任感、经济压力为动力,抓住机会与挑战,继续开拓公司发展之路。

启发思考题

(1) 企业进行并购的动因有哪些?结合本案例,分析紫金矿业为何要在过去5年进行大手笔的逆周期收购?

(2) 紫金矿业在行业进入萧条阶段实施逆周期收购,如何解决资金不足的问题?

(3) 紫金矿业为何在行业逆周期中仍溢价收购 Nevsun?您认为这合理吗?

(4) 结合紫金矿业的案例,对于高溢价公司并购,后期整合将面临哪些风险?如何化解?

第二部分 案例使用说明

一、教学目的与用途

1. 适用课程

本案例适用于"管理会计理论与实务""企业并购与重组"课程的学习。

2. 适用对象

本案例为描述性案例,适用对象主要包括 MBA、管理类硕士研究生,金融专业硕士研究生、本科生。

3. 教学目的

随着互联网的高速发展,企业之间并购及资产重组事件频发,企业的并购与重组越来越受到关注。本案例讲述紫金矿业在过去 5 年几笔大手笔的逆周期收购的故事,引出对公司并购风险的讨论。引导学生在深入理解紫金矿业并购事件的基础上,思考并购这几家企业的原因,为何要进行逆周期收购,在逆周期的背景下为何还会有高溢价并购的产生,反思并购之后的机遇与危机。通过阅读紫金矿业并购的案例,有助于学生对公司并购的基本知识和方法做出情境嵌入式的理解和对应,引导学生对并购财务风险的思考。

二、分析思路

教师可以根据自己的教学目标(目的)来灵活使用本案例,也可根据学生的知识储备能力和专业基础进行调整。

整体来看,本案例以 2022 年 6 月 29 日紫金矿业收购湖南厚道矿业 71.139 1% 股权为切入点,提出在 2014 年,同处周期低谷,紫金矿业果断出手进行收购,连续 5 年的大手笔的逆周期收购,世界级矿山刚果(金)卡莫阿铜矿、塞尔维亚佩吉铜金矿、巨龙铜业投产,对并购缘由、并购过程、并购后期带来的影响进行描述。这里给出本案例的分析思路图,如图 4-8 所示。

案例四 踌躇后的蓬勃：紫金矿业 5 年造就"金企霸主"

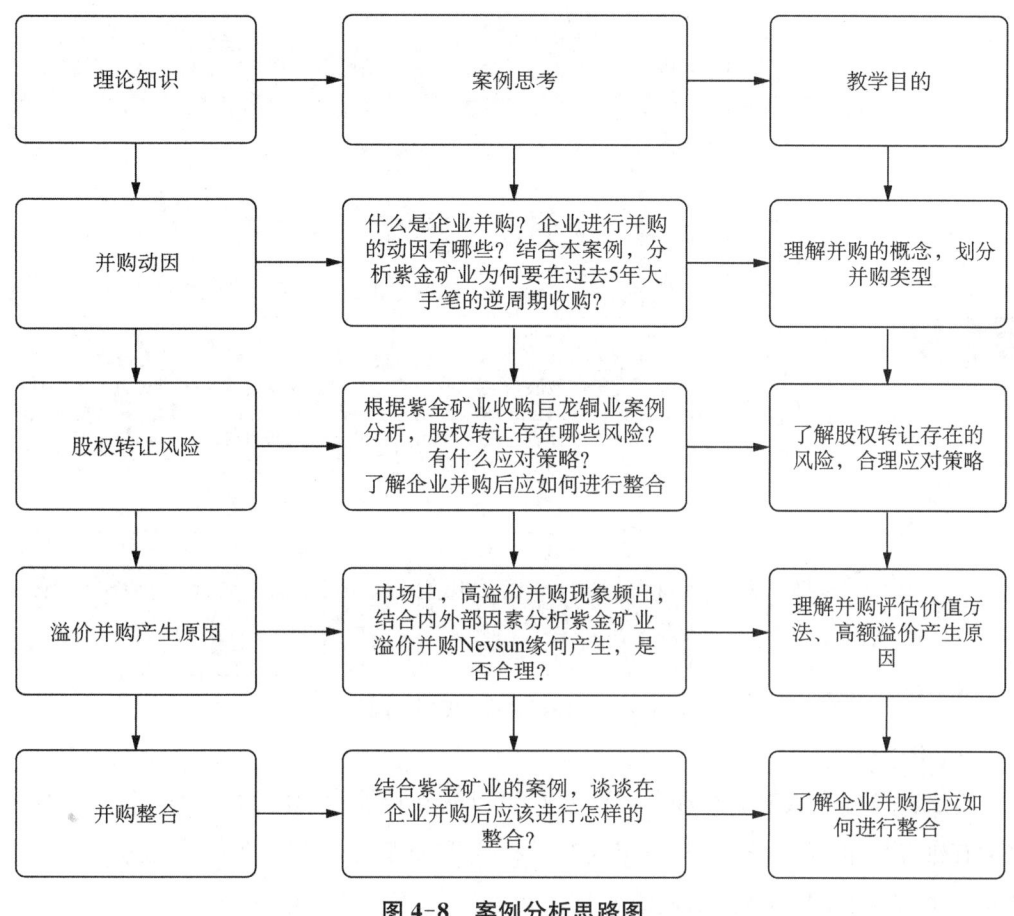

图 4-8 案例分析思路图

三、启发思考题理论依据与分析

思考题 1：企业进行并购的动因有哪些？结合本案例，分析紫金矿业为何要在过去 5 年进行大手笔的逆周期收购？

【理论依据】

1. 并购动因

公司并购主要是通过收购实现对目标公司的控制或重大影响。从广义上讲，可以从图 4-9 中的四个方面理解公司并购。

2. 并购动因理论

一是提高效率。并购活动能提高企业经营绩效，增加社会福利。

二是规模经济。一般认为，扩大经营规模可降低平均成本，从而提高利润。

三是协同效益，即"1＋1＞2"效益。这种合并会使合并后企业所提高的效率超过其

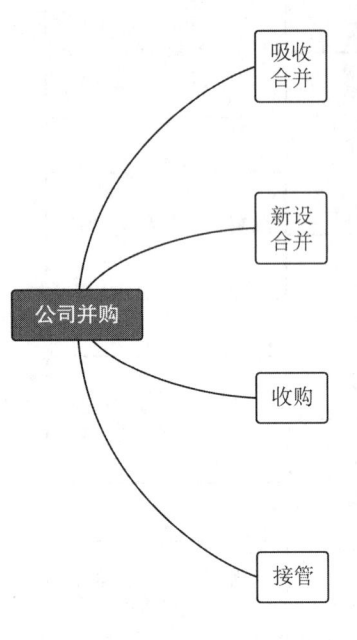

图 4-9 公司并购的四个方面

各个组成部分提高效率的总和。协同效益可以从互补性活动的联合中产生。例如,一家拥有雄厚资金实力的企业和一家拥有一批优秀管理人才的企业合并,就会产生协同效益。举例来说,大学城的协同效益就很明显,所有不同学校讲师可以共用,所有学校设施 10 多家院校学生可以共用。

四是管理效率。有经济学家认为,企业管理效率的高低是并购的主要动力。当 A 公司的管理效率优于 B 公司时,A、B 两公司合并能提高 B 公司管理效率。这一命题隐含的前提是:并购公司的确能改善目标公司的效率,即并购公司要有多余的资源和能力,投入到对目标公司的管理中。另外,从多角度经营的动因理论上说,一个企业处在某一行业的时间越长,其承受的风险压力越大。实施多元化经营可以采取以下两种途径:一是通过新建项目来进行多元化经营,实现多元化横向和纵向发展;二是通过并购的途径进入其他行业和市场。相关并购动因如表 4-7 所示。

表 4-7 相关并购动因

并购动因	具体动因
经济动因	市场营销的规模性,增长潜力,风险扩散,降低成本,技术规模经济,对目标定价的差异化,防御机制,应对市场失败,增加股东财富
个人动因	增加销售,管理上的挑战,并购低效管理,提高管理声望

(续表)

并购动因	具体动因
战略动因	追求市场竞争力,收购竞争者,获得原材料,增加进入壁垒

【案例分析】

1. 经济动因

(1) 收购世界级矿山刚果(金)卡莫阿铜矿,具体概况如表4-8所示。

表4-8 卡莫阿铜矿项目概况

项目	情况	项目	情况
地理位置	刚果(金)卢阿拉巴省	资源量	铜4 359万吨@2.53%
持股比例	45%(含通过艾芬豪持有)	采选方法	硐采+浮选
项目状态	在产+技改扩建	2021年产量	铜4.2万吨(权益)
矿床类型	沉积变质改造型		

2015年在铜价最低迷的时候,紫金矿业收购艾芬豪旗下卡莫阿控股45%的股份,投入约为25.2亿元人民币(4.12亿美元),取得了卡莫阿铜矿一半的权益储量约1 200万吨,平均每吨铜矿的成本约为210元。收购后卡莫阿铜矿储量从2 416万吨大幅提升至2021年底的4 359万吨(增长80.4%),同时因铜价相比于2015年上涨,吨铜价值量也大幅提升。卡莫阿铜矿的平均品位2.53%,最高品位12%,而中国铜矿平均品位只有0.6%。

2021年,公司继续加大矿产地质勘查力度,按权益投入地勘资金2.13亿元,勘查新增推断、控制和探明资源量(按权益计算,按金属量统计),如表4-9所示;黄金1 295吨,铜3 116万吨,锌(铅)819万吨。

表4-9 公司主营矿种历年自主勘查新增资源汇总量

矿种	铜/万吨	金/吨	锌(铅)/万吨
自主勘察探获资源量	3 116	1 295	819

2022年第三季度,卡莫阿铜矿生产精矿含铜9.8万吨,再创新纪录;同时,9月生产精矿含铜3.4万吨,创下月度生产纪录。2022年9月,项目已累计处理矿石约500万吨,平均入选品位5.6%,第三季度共处理210万吨矿石,平均入选品位5.6%。截至2022年9月30日,项目累计生产精矿含铜约24.1万吨,前两季度分别生产精矿含铜5.6万吨和8.7万吨。

(2) 收购塞尔维亚佩吉铜金矿,具体概况如表4-10所示。

表 4-10 丘卡卢—佩吉铜金矿项目概况

项目	情况
地理位置	塞尔维亚博尔州
持股比例	100%
项目状态	上带矿在产＋下带矿在建
矿床类型	高硫浅成热液型＋斑岩型
资源量	上带矿：铜154万吨@2.45%，金86吨@1.37克/吨
	下带资源量矿：铜1 428万吨@0.83%，金295吨@0.17克/吨
采选方法	地采＋浮选
2021年产量	铜5.5万吨、金3.14吨

Nevsun拥有塞尔维亚TIMOK铜金矿及厄立特里亚Bisha铜锌矿两大核心资产，其中TIMOK铜金矿尚未开发（2021年开发后称佩吉铜金矿），Bisha铜锌矿为在产矿山。公司将新增铜资源储量（按权益）约819.01万吨，占公司现有铜资源储量的26.02%；新增金资源储量（按权益）约236.36吨，占公司现有金资源储量的17.90%；新增锌资源储量（按权益）约187.69万吨，占公司现有锌资源储量的23.97%。TIMOK铜金矿项目位于塞尔维亚东部，距离行政和矿业中心城市Bor约5公里，距离首都贝尔格莱德245公里。TIMOK铜金矿项目分为上下部两个成因相关联而矿石类型不同的铜金矿体，上带资源为高品位铜金矿，下带资源为巨大的斑岩铜矿。

塞尔维亚TIMOK铜金矿资源储量大，且上带矿品位高，截至2021年年底，TIMOK上带矿铜资源量154万吨，品位高达2.45%。下带矿铜资源量1 428万吨，品位也高达0.83%。2021年10月正式投产，当年铜产量就高达5.5万吨。从2021年10月到12月，就收获高达23.7亿元的净利润。

（3）收购西藏巨龙铜业，具体概况如表4-11所示。

表 4-11 巨龙铜业项目概况

项目	情况	项目	情况
地理位置	西藏自治区拉萨市	资源量	铜1 377万吨@0.38%
持股比例	50.10%	采选方法	露采＋浮选
项目状态	在产＋扩建	2021年产量	铜1.6万吨
矿床类型	斑岩型＋矽卡岩型		

巨龙铜业成立于2006年12月，持有驱龙铜多金属矿、荣木错拉铜矿和知不拉铜多金属矿三个矿权，其中，驱龙铜多金属矿和荣木错拉铜矿为一个完整的斑岩铜矿体，根

据经备案的资源储量报告,三个矿区合计拥有铜金属量为795.76万吨,伴生钼金属量合计为37.06万吨。

紫金矿业经核实认为,按当量铜(钼折算为铜)的最低工业品位0.4%测算,项目整体合计拥有平均品位0.41%的铜金属量1 040万吨,伴生0.028%的钼金属量约73万吨。同时,该矿区还存在大量低品位铜矿资源,如能实现低品位资源的技术经济突破,巨龙铜业矿区范围内的铜远景资源储量有可能突破2 000万吨。

一期工程于2021年12月建成投产;拟分阶段实施二、三期工程,2022年计划矿产铜12.7万吨。最终可望实现每年采选矿石量约2亿吨、年产铜60万吨。

2. 战略动因

(1) 卡莫阿铜矿项目践行绿色低碳理念,在提供全球经济迈向电气化所需关键金属的同时,也注重在产业链上降低温室气体排放。英加二期水电站5号涡轮机组升级改造完成后,将为国家电网增容178兆瓦清洁水电,可满足三期选厂及直接粗铜冶炼厂的电力需求,并为日后扩建提供备用电能;三期配套建设的冶炼厂采用芬兰美卓奥图泰公司的技术,按照国际金融公司(IFC)制订的排放标准建造,生产的阳极铜预计将成为全球单位铜碳排放最低的产品之一。同时,项目建设方面,卡莫阿三期扩建项目进展顺利,一区和二区的井口和斜坡道建设已竣工双斜坡道的掘进工程快速推进,预计2024年第四季度投产后,项目的总矿石处理量将超过1 400万吨/年,铜产能将提升至约60万吨/年,这将使卡莫阿铜矿成为全球第三大铜矿山,极大增加了紫金矿业的利润,如表4-12所示。

表4-12 紫金矿业2018—2021年报利润表(部分) 金额单位:亿元

项目	较上年增长率	2019/12/31	较上年增长率	2020/12/31	较上年增长率	2021/12/31
营业总收入	28.40%	1 360.90	26.01%	1 715.01	31.25%	2 251.02
营业总成本	29.14%	1 286.60	24.52%	1 602.10	25.96%	2 017.90
营业利润	17.16%	72.42	55.2%	112.40	123.19%	250.87
利润总额	13.77%	69.74	24.81%	108.46	128.60%	247.94
净利润	8.08%	50.61	67.13%	84.58	131.73%	196.00

(2) 并购佩吉铜金矿,不是单纯的一个项目运作,可能涉及紫金矿业更为深远的战略规划。这个项目的投资,可以为塞尔维亚提供巨额投资以及先进的技术,还可以与塞尔维亚建立良好的合作关系。地理位置显示,塞尔维亚位于欧洲东南部,是连接欧洲和亚洲、中东、非洲的陆路必经之路,有着欧洲的"十字路口"之称,也是"一带一路"重要枢纽。而通过在塞尔维亚这样的战略要点落子,可以为紫金矿业进一步打通连接欧洲发达国家市场,与非洲雄厚资源之间的通道。

(3) 中国缺铜的现状导致并购是矿业企业的常态,一个大型矿业企业依靠自身内生的建矿,速度太慢,跟不上资本市场对其需求,所以对外并购是必然的。控制和开发巨龙铜业的铜矿资源,能大幅提升企业铜资源储备和产品产量,改善企业资源和产品的境内外格局,进一步提升企业盈利水平,为企业实现跨越增长提供有力支撑,具体概况如表4-13所示。巨龙铜业正在进行矿山开发的总体规划,重点对低品位资源进行综合开发利用,拟分阶段实施二期和三期工程,若项目得到政府有关部门核准,最终可望实现每年采选矿石量约2亿吨规模,成为全球采选规模最大的铜矿山。

表4-13 紫金矿业2021年季度主要财务数据　　　　　　　　　　　单位:亿元

项目	第一季度	第二季度	第三季度	第四季度
营业收入	475.02	623.61	591.12	561.27
利润总额	43.51	71.19	69.71	63.53
净利润	34.17	54.94	56.22	50.67
归属于上市公司股东的净利润	25.11	41.38	46.53	43.70
归属于上市公司股东的扣除非经常性损益后的净利润	24.77	36.36	43.77	41.91
经营活动产生的现金流量净额	52.82	67.77	57.89	82.58

思考题2:紫金矿业在行业进入萧条阶段进行逆周期收购,如何解决资金不足问题?

【理论依据】

　　逆周期是指在繁荣阶段,企业往往增加投资并且成本较高,在随后的衰退期中很可能会遭遇损失。如果能够把握这种经济周期规律,合理运用,就可以获得良好的效果。比如在繁荣阶段,应避免大幅增加固定资产投资、股权投资、大幅扩张经营规模等;在萧条期,固定资产及股权的价格均大幅下跌,此时可以逆势增加固定资产投资、购入股权、扩张经营规模等,这就是逆周期战略。在市场经济条件下,任何经济模式都是在波动中发展的。这种波动大体上呈现出复苏、繁荣、衰退和萧条的阶段性周期循环,即为经济周期。经济周期的波动与循环是经济总体发展过程中不可避免的现象。

　　当管理者一次次地获得、支付和归还资金时,他们也在为企业制造生命的血液。并购融资在这个重要过程中扮演着举足轻重的角色。通过兼并收购,企业将筹集的资金投入新的投资项目中,从而可以使失败的企业重获生机,有活力的企业持续繁荣。

【案例分析】

2015年国际铜价、金价低谷，紫金矿业大举收购卡莫阿控股49.5%股权和股东贷款（目标是卡莫阿铜矿），陈景河用相对较低的价码获得比较优质的资产，且出售方出售的意愿也更强。陈景河左手通过产业积蓄实力，右手通过发行公司债、超短期融资债等方式融资。2020年，黄金、铜价格回暖，紫金矿业也迎来收获期，股价大涨，成为3 000亿元市值的"矿茅"。用于收购卡莫阿铜矿的资金，主要通过定增方式募集，拟以不低于4.13元/股的价格，向至多10名特定对象非公开发行不超过24.21亿股，募集资金总额不超过100亿元；为配合Nevsun要约收购，2019年1月1日晚紫金矿业抛出一份80亿元的公开增发方案。本次公开增发募集资金总额将不超过80亿元，用于收购Nevsun公司100%股权，发行股票的数量不超过34亿股。

思考题3：紫金矿业为何在行业逆周期中仍溢价收购Nevsun，您认为这合理吗？

【理论依据】

1. 并购协同效应理论

协同效应即并购后双方通过资源整合产生的大于原企业价值之和的价值部分。协同效应分为管理、经营和财务协同效应，其中管理方面的协同效应指通过并购来获得管理专业人员以及其他管理资源，以代替企业自身对管理层的培训培养过程，更好实现双方管理层的融合。经营协同效应指并购可以产生规模经济，从而减少一些日常运营中的费用。财务协同效应指避税、减少证券市场交易费用、降低融资成本等作用。通过追求并购协同效应，可以达到节约成本，获取超额收益，增强竞争优势的作用。协同效应驱动了大多数的企业并购，在并购中若管理层存在自大现象，没有充分认识到并购可能给企业带来的风险，对并购可能给企业带来的经济效益盲目乐观，企业管理层便愿意为并购付出更高的对价。

2. 代理成本理论

企业所有者托付职业经理人对企业的资源进行管理并进行经营、投资、筹资活动。在所有权与经营权分离的条件下，所有者与经营者利益诉求不同，其各自根据各自利益诉求而做出的行为可能会有损对方的利益，因而产生代理冲突。而代理冲突将会影响企业投资效率：在股东与经理人的代理冲突下，经理人为了任期内的名誉与报酬，以及扩大对企业控制权，实现自我价值肯定等目的，偏向于短期内扩大企业规模而不顾企业长期协调发展。因此，并购活动的开展往往从管理层自身利益出发，管理层受利益干扰无法全面客观地分析目标企业潜在价值的负面因素，因而乐观估计目标公司的未来收益，从而产生高溢价并购现象。

3. 竞争博弈理论

竞争博弈理论的内涵在于标的在市场上较强的竞争力。影响双方议价能力的因素包括市场并购活跃度和竞争激烈度。若一家将要被并购的企业在市场上存在多个买家,那被并购公司则会有较强的议价能力,也就具有较强的竞争力,这会影响并购方对标的方价值的判断,为了获取协同价值,主并方将会提升报价,并购溢价也随之增加。竞争越激烈,并购溢价程度越为显著;市场上若存在较多同质化的标的,主动权便掌握在并购方手中,可以制定并购价格水平,控制溢价率。

4. 估值方法选择

进行企业整体估值的核心是估值方法的选择,估值结果对交易定价起着关键性的作用,不同的方法估值结果差异较大。在我国上市企业并购案例中,高溢价几乎都是因采用收益法产生的。预测未来是影响收益法评估结果的关键因素,而也正是预测为评估结果带来了较大不确定性。交易主导方倾向于对标的资产的未来过于盲目乐观,乐观的预期带来高业绩预期,高额业绩承诺支撑了对标的资产的高溢价。尤其在构成关联交易的情况下,大股东存在更大的动机高价购买相关资产。

【案例分析】

在此前,伦丁矿业对 TIMOK 的青睐由来已久。2018 年 2 月,伦丁矿业加入对 TIMOK 的竞逐,并于 2 月 25 日向 Nevsun 表示了单独收购 TIMOK 项目的意愿,但不愿收购 Bisha 项目,被 Nevsun 回绝;2018 年 4 月 3 日,伦丁与 EuroSunMining 联合提交了更新报价,将分别获得 TIMOK 和 Bisha 项目,但又遭到 Nevsun 拒绝。5 月,伦丁与 EuroSun 将报价提升至每股 5 美元现金加股票(每股 2 加元现金+2 加元 Lundin 股票+1 加元的 EuroSun 股票)、总价 15 亿美元的收购要约,也遭到拒绝。之后的 7 月 6 日,伦丁矿业单独发起敌意收购,直接向 Nevsun 股东提供每股 4.75 美元、总价 14 亿加元的现金报价,整体收购 Nevsun 公司,再次遭到 Nevsun 董事会拒绝。2018 年 6 月 26 日,Nevsun 不失时机地对外公布了 TIMOK 项目最新资源量数据。根据公告,该项目深部区域(LowerZone)含有 1 430 万吨铜金属量及 960 万盎司黄金,这进一步提高了并购的门槛。Nevsun 还征求了有意购买 Bisha 矿的潜在投资方,从而消除有意投资 TIMOK 项目的投资方的顾虑,扩大买家选择范围。最终,紫金矿业的报价征服了 Nevsun。2018 年 9 月 6 日,紫金矿业公告称,拟通过境外全资子公司要约收购提案显示紫金矿业拟通过境外全资子公司要约收购加拿大上市矿业企业 Nevsun 全部股份,交易金额约 18.39 亿加元,约合 95.30 亿元人民币或 13.9 亿美元。较 Nevsun 股票前一交易日收盘价溢价 21%,较加拿大伦丁矿业企业和欧洲 EuroSunMining 公司 7 月 26 日向 Nevsun 提出的每股 4.75 加元的恶意收购要约高出 1.25 加元,或溢价 26%;较

5月7日未受加拿大企业恶意收购要约影响前的收盘价每股3.82加元溢价57%。

溢价并购原因分析：

(1) 标的公司的发展潜力。收购标的Nevsun所拥有的矿权本身具有很大的价值。Nevsun是一家以铜、锌、金为主的矿产资源勘查、开发企业，旗下拥有非洲厄立特里亚在产矿山Bisha铜锌矿项目60%权益，以及塞尔维亚TIMOK铜金矿项目（上带资源为高品位铜金矿，拥有100%权益；下带资源为大型斑岩型铜矿，目前拥有60.4%权益，最终权益可能稀释至46%）两个旗舰项目，合计在塞尔维亚、厄立特里亚、马其顿拥有27个探矿权。收购完成后，紫金矿业将新增铜资源储量约825.30万吨；新增金资源储量约241.80吨；新增锌资源储量约187.70万吨。

(2) 实现协同效应。紫金矿业和Nevsun在矿产的开发与运营上都有自己独特的优势，在并购后，可以通过相互借鉴、相互利用，形成更具创新性、更有效、更适合公司的管理模式；同时，双方可以优化人员配置，对机构和人力资源进行综合利用，整合具有相同功能的机构与人员，降低运营成本。并购后双方可以达到的协同效应，一方面可以助力紫金矿业布局"一带一路"迈出新步伐；另一方面，此前紫金矿业对波尔铜矿已经志在必得，获得TIMOK之后，两个资产可以产生巨大的协同效应提供高额收益，预期的协同效应可以帮助加速提升紫金矿业的效益水平，大规模地扩张利润，而这部分利润能够补偿并购过程中支付的高额溢价。

(3) 扩张业务版图。企业进行该次大规模战略性并购后，欲继续推进并购战略，想要再次高溢价收购，2018年9月17日，紫金矿业与塞尔维亚签署《战略合作协议》，拟投资3.5亿美元收购塞尔维亚国有铜业公司（RTB BOR集团）63%的股权。该出手时就出手，目的是使得通过外延式扩张的方式出海收购优质矿产资源，使得企业的金矿和铜矿的资源量超过半数是来自海外市场。加快全球布局，缩小与其他龙头产业的差距，增加矿业的综合竞争力。目前，紫金矿业海外铜资源储量远大于国内，且总量接近国际一流矿业企业的水平，要加快建设已经并购的海外重大矿业项目，实现投产增效；要在黄金产量超过国内的基础上，实现铜矿产量的重大突破，争取用3年时间，海外利润贡献超过国内，从而达到长期并购效应的产生。

从以上角度出发，紫金矿业溢价并购战略的决定是合理的，溢价部分能够在今后的发展中得到补偿，如今紫金矿业已经成为中国第一大矿产金生产商和锌生产商，但紫金矿业并不止步于此，未来其还要往铜矿产量上进行突破。一路走来，其海外扩张之速实在太快，甚至出现在半个月内就进行两起巨额并购，以往海外收购的案例结果也可以印证紫金矿业具有化腐朽为神奇的水平。

> **思考题4**：结合紫金矿业的案例，对于高溢价公司并购，后期整合将面临哪些风险？如何化解？

【理论依据】

企业并购整合可以分为文化整合、人员整合、战略整合、品牌整合、财务整合、文化整合六个方面，具体整合内容如下：

（1）文化整合。通过将不同的文化特质，经过合并、分析、增强和减弱等方式，形成一种新的文化特质。企业文化整合的过程，是企业群体的共同意识，共同价值观调整、再造的过程。整合遵循求同存异和加强沟通两个原则。文化整合的策略主要为：①选择科学的整合模式和程序，尽早制订周密的整合计划；②引入专职整合人员；③加强沟通。

（2）人员整合。市场竞争归根结底是人才的竞争，人力资本特别是其中的优秀人才是每家企业的无形资产。留住和不断吸引优秀人才是任何一家企业运作成功的根本，企业内部的致命缺陷主要是由于企业核心员工的流失。并购使人力资本重新整合，是否能够促进人力资本的合理有效配置和优化组合，以提高人力资本的配置效率，这是企业并购能否取得成功的主要原因。并购过程中的人员整合主要工作有：①有效评估当前的人力资源；②确定留用人员及重新安排人员计划，建立企业人才数据库；③保持管理队伍的连续性；④建立完善的管理激励体系；⑤有针对性地开展人力资源培训；⑥创造员工接受指导与改进管理的机会；⑦评价员工工作的适应性，评估工作动力；⑧心理整合。

（3）战略整合。企业的战略整合是通过战略整合达到各种资源、能力之间的协同效应。企业并购后总战略的制定要审慎地将企业的活动与其特定的未来环境联系起来，企业的活动能力与其外部环境两者都是不断发展的，企业并购后又有诸多的变化因素，因此战略本身不应该以现状为依据，战略常常要寻机利用未来状况的不确定性，从而使这种战略本身的协同处于一种动态平衡的状态。因此，企业在并购中对总战略的重新评价和调整是必要的，并购企业必须把企业目前的运行状况及正在出现的新机会和潜在威胁纳入战略调整的考虑之内。战略整合的主要内容为：企业使命与目标的整合、企业总体战略的整合、企业经营战略的整合、企业职能战略的整合。企业的战略整合主要步骤为：①制定基本战略导向；②战略的重新定位；③对目标企业执行战略。

（4）品牌整合。品牌整合指为了维持和提高长期竞争优势，明确企业旗帜品牌与产品品牌的关系，使品牌家族成员能够相互支持；充分利用企业现有品牌的价值和影响力，进行品牌扩张。品牌整合的步骤为：明确重组企业的品牌战略；打造重组企业的旗帜品牌；建立品牌之间的适当联系。品牌整合的实质为：①品牌整合属于品牌战略层面的问题,要求企业高层管理者从战略的高度对待品牌整合;②建立企业旗帜品牌与产品品牌的合理关系,并将现有成功品牌扩展到新的产品或新的市场,拓展品牌的作用范围;③将更多的资源投向企业旗帜品牌的建设,同时要保证整个品牌家族有一个统一的形象;④建立企业旗帜品牌的关键是企业品牌形象能够代表品牌的实质。这种品牌实质能够在产品品牌中得到体现并传达给企业的利益相关者。

(5) 财务整合。财务整合是指并购方对被并购方的财务制度体系、会计核算体系进行统一管理和监控。一般包括以下几个方面:①以企业价值最大化为中心,对公司的经营、投资、融资等活动的管理到位,包括财务管理目标导向的整合、财务管理制度体系的整合、会计核算体系的整合、存量资产的整合、业绩考核体系的整合和现金流转内部控制的整合;②并购企业要对被并购企业的生产经营实施有效控制,重要的前提就是具有充分的信息。财务具有信息功能,它是并购方获取被并购方信息的重要途径。因此财务整合是实施有效控制的根本途径,是实现并购的重要保障。

(6) 文化整合。企业并购整合的基础。文化整合具体有四种模式:吸纳式、渗透式、分离式、消亡式,如表 4-14 所示,并购企业应该根据自身发展需求进行选择。

表 4-14 文化整合模式选择

模式	内容	模式	内容
吸纳式	被并购方接受并购方的企业文化,使并购方获得完全的企业控制权。这种模式只适用于并购方的文化非常强大且极其优秀,同时被并购企业原有文化又很弱的情况	渗透式	指并购双方在文化上互相渗透,都进行不同程度的调整。这种文化整合模式适合并购双方的企业文化强度相似,愿意调整原有文化中的一些弊端的情况
分离式	在这种模式中被并购方的原有文化保持独立。运用这种模式的前提是并购双方均具有较强的优质企业文化	消亡式	被并购方既不接纳并购企业的文化,又放弃了自己原有文化,从而处于文化迷茫的整合情况。可能是文化整合失败导致的结果

【案例分析】

紫金矿业推行技术创新,发挥自身优势带动塞尔维亚发展。

2018 年 12 月 18 日,紫金矿业通过国际招标,与塞尔维亚正式达成项目投资协定,波尔铜矿项目紫金矿业占股 63%,正式接手这座塞尔维亚百年老矿。自 1903 年波尔铜矿开采以来,这座城市因铜而生,但随着资源型城市的产业发展的滞后带来技术设备更新滞后、管理缺失、产量下降、环境破坏等一系列问题,波尔铜矿一度濒临破产,该矿山的 5000 名员工也面临着失业的危机。

接手矿山后,紫金团队大力推行技术创新,加强各生产环节管理,采购先进的技术装备,向信息化、自动化、智能化转型,大幅提高生产效率,降低生产运营成本。

项目各项生产经营指标在紫金接手3个月内逐步好转,半年实现扭亏为盈。2019年,塞尔维亚紫金铜业的铜、金、银等主要产品产量大幅增长,净利润增长317%。2020年,塞紫铜矿产铜5.2万吨,实现营业收入48亿元、实现利润6亿元。

紫金矿业让塞尔维亚百年老矿'重生',而矿山的扭亏为盈对于曾面临失业的当地居民来说也无疑是个好消息,随着紫金矿业接手波尔铜矿,当地就业有了保障。截至2020年12月底,波尔铜矿员工达5 423人。伴随着波尔铜矿的重生,工人的工资也提升了三分之一,如今每月平均6 000元的收入已经超过塞尔维亚全国平均工资水平。

紫金矿业在给波尔民众带来经济收益同时,也没忘了"绿水青山就是金山银山",在接手波尔铜矿的两年多时间里,投资超过6亿元用于生态绿化和环境综合治理。紫金矿业的环保工作者陆续在原本裸露的矿山种植了7万株左右苗木,新增绿化面积34.9万平方米。

四、关键要点

1. 关键点

本案例关键点在于结合我国矿业行业的发展背景,通过对紫金矿业在过去5年几笔大手笔逆周期收购的事件进行还原和分析,探讨了紫金矿业逆周期高溢价并购的动因、并购过程、并购后表现。通过本案例的学习,希望学生能够学习有关并购及资产重组等方面的相关理论,并能够结合案例情景,掌握有关理论在具体企业管理中的运用及对并购财务风险进行思考。

2. 关键知识点

(1) 理解并购的概念、类型,分析企业并购动因。

(2) 了解并购过程中企业如何进行融资、筹资。

(3) 了解并购评估价值方法、高额溢价产生的原因。

(4) 了解企业并购后存在的风险以及应如何进行整合。

3. 关键能力点

本案例侧重于测试和训练学生的综合管理能力,要求学生具有强大的分析与综合能力、批判性思维能力、决策及解决实际问题的能力。

4. 关键思政元素

(1) 通过了解并购,了解到经济全球化和跨国并购已成为当代世界经济发展的主要趋势,培养学生的战略思维,理解"五位一体"总体布局和"四个全面"战略布局等一系列治国理政新理念、新思想、新战略,实现"中华民族伟大复兴中国梦"的宏伟愿景。

(2) 通过对并购中案例的细致分析和透彻讲解,引导学生养成理性分析、科学严谨的职业精神。

五、建议课堂计划

案例也可作为专门的案例讨论课来进行。我们建议将此案例用于 90 分钟的课堂讨论,表 4-15 是按照时间进度提供的课中计划,仅供参考。

(1)课前准备:可提前给学生发放案例进行阅读以节约课堂时间,并将启发思考题提给学生进行自我初步思考与分析。

(2)课中计划如表 4-15 所示。

表 4-15 课中计划

主要内容	具体时间分配(分钟)	具体活动
课中计划	10	简单回顾案例正文内容并引出本节课案例分析的主题——公司并购
	20	小组讨论解决问题
	30	小组成果展示,教师点评
	10	案例回顾,归纳总结

引出本节课案例分析的主题——公司并购(10 分钟)。教师在引出案例主题之前对相关背景进行简要的介绍,以使学生更好地理解我国公司并购的特点和发展趋势。

小组讨论解决问题(20 分钟)。将启发思考问题板书或投放投影仪,学生以 5~6 人为小组讨论分析问题,最终形成小组统一观点。

小组成果展示,教师点评(30 分钟)。每个小组派代表阐释本小组观点,教师进行点评并引导学生进行深入思考,穿插讲解知识点。

案例回顾,归纳总结(10 分钟)。通过提问互动等形式引导学生进行案例关键点回顾,在此过程中梳理知识点,随后进行总结,并对学生提出掌握要求与课后任务。

(3)课后计划:要求学生深入思考公司并购的关键点和对其他公司的启示,并自行查找其他相关案例进行独立思考与分析(20 分钟),旨在通过进一步的分析思考提高学生的融会贯通能力。

案例五

点石成金

——江西铜业一石二鸟的并购之路

    本案例通过对江西铜业股份有限公司(以下简称江西铜业)并购烟台恒邦集团有限公司(以下简称恒邦集团)的过程进行介绍,具体分析了江西铜业的并购动因、并购效果,并从产业整合的角度分析产业整合与企业并购的关系,为其他企业提供并购战略的建议。同时,本案例旨在引导学生了解协同效应下的企业并购,掌握企业并购重组的具体过程以及风险防范,进一步思考企业该如何更好地进行战略并购。

第一部分　案例介绍

> **引　言**
>
> 2019年3月4日,国内铜冶炼业巨头江西铜业宣告重大收购事项,通过协议转让方式收购恒邦集团有限公司(以下简称恒邦集团)、王信恩、王家好、张吉学和高正林合计持有的山东恒邦冶炼股份有限公司(以下简称恒邦股份)2.73亿股股份,约占标的公司总股份的29.99%。上述股权的转让价格为29.76亿元,转让单价为10.90元/股。本次交易完成后,江西铜业将成为恒邦股份控股股东,并将会控股两家有色冶炼企业。公告一出,众说纷纭。
>
> 从收购方江西铜业角度来讲,此次并购计划能否优化企业产业布局,调整国有资产结构?是否能够通过并购给企业带来新的发展前景?从被收购方恒邦股份角度来说,通过此次并购能否缓解自身债务高、股权质押爆仓以及自有矿产资源不足等问题,从而改善企业经营现状?又是否能够助力江西铜业实现打造一支"黄金股"的战略蓝图?

一、公司简介

(一) 江西铜业的背景介绍

江西铜业成立于1997年,是国内铜行业龙头企业,拥有国家铜基地的重要战略地位。自2013年首次入选世界500强以来已连续7年上榜,至2019年7月,位列358名。公司的业务范围涉及以下方面:①稀散金属的加工和提取;②黄金铜的冶炼、采选、加工;③金融、硫化工、贸易等行业,另外还在铜与相关有色金属领域构建了一条完整的产业链,是我国硫化工、金、银、铜的主要生产基地。产品丰富,江西铜业共50多种产品,包括铜管、阴极铜、铜箔、黄金、硒、白银、铼、硫酸、铼、铜杆、铋等,如表5-1所示。但根据江西铜业公布的2018年年度财务报告,与铜相关的业务收入占主营业务收入之比高达93.04%,而贵金属(含黄金、白银)业务收入占当期收入的比例仅为4.36%。

表 5-1 江西铜业的主要产品结构

产品	用途
阴极铜	阴极铜是电气、电子、轻工、机械制造、建筑、交通、国防等工业的基础原材料
铜杆线	铜杆线用于铜质线缆及漆包线生产
黄金	黄金为硬通货,也可用作电器、机械、军工工业及装饰工艺品的原材料
白银	白银是银焊料、电镀、银触点、装饰工艺品的原材料
硫酸	硫酸是化工和化肥的原材料,用于冶金、食品、医药、化肥、橡胶等行业

江铜集团持有 14.42 亿股江西铜业股份,占公司股本总额的 41.65%,为江西铜业的控股股东。江西省国资委持有江铜集团 100% 股权,为江西铜业实际控制人。江西铜业的控股股东和实际控制人在最近 2 年内未发生变更。

近 3 年来,江西铜业的盈利能力持续增强,如表 5-2 所示。营业收入、净利润和归属于母公司股东的净利润 3 项数据逐年增长:2018 年实现营业收入达到 2 153 亿元,同比增长 4.97%;净利润在 2018 年度达到 24.54 亿元,同比增长 43.26%;归属于母公司股东的净利润达到 24.47 亿元,同比增长 52.37%。江西铜业整体经营状况良好,业绩发展迅猛,除此之外,在铜以及相关有色金属领域已经建立起从勘探到采矿、选矿、冶炼、加工的完善的产业链,在国家铜、金、银和硫化工的生产中占据重要地位。

表 5-2 江西铜业 2016—2018 年主要财务数据表① 单位:亿元

项目	2018 年	2017 年	2016 年
资产总额	1 029.00	974.70	874.80
负债总额	508.40	474.70	383.00
归属于母公司股东的所有者权益	497.70	475.50	468.30
营业收入	2 153.00	2 051.00	2 023.00
净利润	24.54	17.13	9.35
归属于母公司股东的净利润	24.47	16.06	7.84
净资产收益率	5.03%	3.39%	1.70%
资产负债率	49.42%	48.72%	44.13%

(二) 恒邦股份的情况介绍

恒邦股份以黄金勘探采选、冶炼及化工生产为主营业务,在国家黄金冶炼细分领域占据重要地位。恒邦股份不断追求主营黄金产品及其他贵金属的冶炼技术,在此基础

---

① 数据来源:江西铜业企业年报。

上同样重视综合回收能力的提升,经验不断累积,技术不断成熟,使生产效率随之提高。除了黄金主业的不断改进,恒邦股份将目光转向多金属回收的资源综合利用方面,并不断发展先进的生产工艺,将其发展为公司优势,实现了对金、银等贵金属和铜、铅、锌等有价元素的综合回收。因此恒邦股份经济效益不断提升,形成了行业内独特的具有综合回收核心竞争力的企业。中国黄金协会数据统计显示,恒邦股份的黄金产量在全国冶炼行业中多年保持排名前列,且连续9年入围中国500强企业,至2019年7月位列392名。

恒邦股份目前的产品主要包括铅、黄金、硫酸、白银、磷、电解铜、其他化肥产品等,最主要的收入来源为黄金、白银等贵金属。黄金用途主要包括:①私人投资;②作为首饰使用;③私人与官方储备;④用于医疗与工业领域。白银用途主要包括:①作为工业用品使用;②作为首饰使用。电解铜的用途主要包括:①用于建筑领域;②用于交通领域;③用于机械制造领域;④用于电器工业领域。铅的用途主要包括:①用来制造铅板、蓄电池;②作为化工原料;③用于冶金。硫酸的主要用途:①当作化肥原料;②当作化工原料。磷铵与其他化肥的用途主要是满足农业生产需要。

由图5-1可以看出,并购前,恒邦股份的收入来源以黄金和电解铜为主。黄金的收入占总收入的比重达37.56%,电解铜的收入占总收入的比重达28.8%。且黄金的毛利率达11.24%。这说明黄金属于恒邦股份创造收入的主要产品。

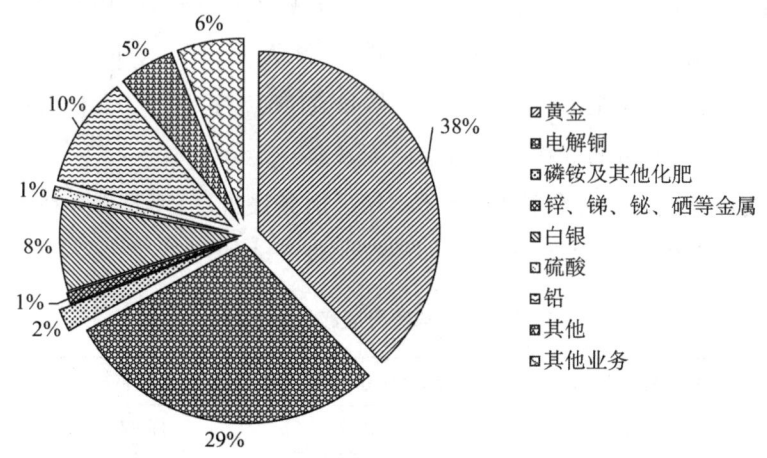

图5-1 恒邦股份并购前收入结构

近3年,恒邦股份的营业收入和归属于母公司股东的净利润两项数据逐年增长,如表5-3所示。2018年实现营业收入达到212亿元,同比增长7.18%;归属于母公司股东的净利润达到4.06亿元,同比增长1.93%。净利润在2018年略有下降,净资产收益率在2017年有较大提高,在2018年略有下降,总体来说企业业绩稳健。但负债方面,恒邦股份的资产负债率一直较高,维持在 65% 以上,其中流动负债占较大比重,偿债风险较大。恒邦股份财务状况良好,经营业绩稳定。

表 5-3　恒邦股份 2016—2018 年主要财务数据表① 　　　　　　　　单位:亿元

项目	2018 年	2017 年	2016 年
资产总额	149.20	134.30	132.90
负债总额	105.60	88.76	94.56
归属于母公司股东的所有者权益	43.57	45.49	38.16
营业收入	212.00	197.80	164.00
净利润	3.92	3.94	2.04
归属于母公司股东的净利润	4.06	3.98	2.03
净资产收益率	8.65%	9.02%	5.39%
资产负债率	70.76%	67.39%	71.18%

二、并购的始末缘由

(一) 身陷囹圄,亟待纾困——恒邦股份深陷股份质押的困境

恒邦股份近期的股东股份质押公告披露,原控股股东恒邦集团和实控人王信恩,分别在 2018 年 10 月进行补充股票质押。截至 2019 年 3 月 5 日,恒邦集团累计质押恒邦股份 3.18 亿股,累计质押股份数量占其持股之比为 97.37%;王信恩则累计质押了 6 239.98 万元,几乎已经是押无可押。公司股价在 2018 年 10 月 19 日创出 7.16 元/股的 4 年内新低,恒邦股份的股权质押风险已经暴露。

通过查阅恒邦股份对外公开的 2018 年年度财务报告,恒邦股份存在大量的股权质押情况。在报告期内,恒邦股份股权质押情况如表 5-4 所示。

表 5-4　恒邦股份股权质押情况

股东名称	持股比例	报告期内持股数量(单位:股)	质押	冻结情况
恒邦集团	35.87%	326 603 866	质押	317 999 800
王信恩	6.85%	317 999 800	质押	62 399 800
高正林	1.75%	15 900 000	质押	13 309 900
王家好	1.75%	15 900 000	质押	15 659 600

在市场下行压力下,大量上市企业的控股股东选择通过股权质押的方式来缓解资

---

① 数据来源:恒邦股份企业年报。

金压力,股权质押的存在使企业流动性风险问题凸显。此时,企业控股股东更多地将希望寄托于企业控制权的转移,恒邦股份的控股股东也不例外。恒邦股份控股股东恒邦集团及实际控制人王信恩的股权质押比例都相对较高。年报显示,截至2018年年底,恒邦集团累计质押的企业股份占其所持有企业股份数的97.37%;截至2019年1月5日,王信恩累计质押的企业股份占其所持有企业股份数的100%。2020年1月,王信恩为其所持的部分企业股份办理了质押延期购回,将原本于1月份到期的股份质押延期至7月份。在如此巨大的质押还款压力下,流动性风险巨大,此时江西铜业伸出并购的"橄榄枝",为缓解恒邦股份流动性风险起到巨大作用。

恒邦股份控股股东拟受让的上市企业股份所对应的上市企业股份权利限制情况如表5-5所示。

表5-5 交易股份权利限制情况表①

主体	股份数量(股)	交易内容	权利限制情况	
			质押股数(股)	限售股数(股)
恒邦集团	221 653 960	协议转让	213 053 960	0
王信恩	15 600 000	协议转让	15 600 000	0
王家好	3 975 000	协议转让	3 975 000	0
张吉学	15 900 000	协议转让	0	0
高正林	15 900 000	协议转让	13 309 900	0

根据《股份转让协议》约定,在协议签署后,江西铜业将向交易对方支付诚意金累计共6亿元并获得交易对方累计约11 007.5万股股票的质押;在本次交易取得深交所出具的办理标的股份协议转让过户手续所需的股份协议转让确认书后,江西铜业将向交易对方支付首期交易对价15亿元并获得交易对方剩余全部标的股份的质押。

股东如此高的股权质押率,如果突遇市场价格大幅下降的极端情况,那么控股股东很有可能面临"爆仓"的危机。此次股份转让对于恒邦股份控股股东和实际控制人无疑是缓解质押爆仓与流动性风险的绝佳机会。出于此考虑,江西铜业在此时提出并购无疑能减少协议收购失败的风险。

(二)战略引领,抓机遇——完善产业布局,弥补企业短板

江西铜业的主营业务是有色金属铜的冶炼、加工和销售。据江西铜业2018年半年报披露,与铜有关的业务收入占当期主营业务收入之比高达93.04%,但是也包括合计占当期收入之比为4.36%的贵金属(含黄金、白银)业务。而恒邦股份的主营业务虽然

---

① 数据来源:wind数据库。

也以有色金属的开采、冶炼和销售为主。但是贵金属业务收入占比高达49.76%,而铜业务收入占比为30.67%。显然,收购恒邦股份之后,完善了企业在黄金板块的战略布局,借助恒邦股份的优势产业,弥补企业在黄金板块的短板。

1. 把握国家政策,顺应行业发展规律

1) 国家政策:鼓励并购推动产业整合

产业结构调整一直是国家十分关注的领域,近年来,去产能、调结构问题更为突出。如何淘汰落后产能成为更受关注的问题,而企业退出市场也是存在壁垒的。相对于破产退出,被并购退出的成本大大降低同时能够为并购企业提供资源,提供资源优化的空间。对于以上问题,政府产业政策层出不穷,鼓励通过兼并重组进行供给侧结构性改革,淘汰落后产能,优化工业产业结构。正是在这种大的国家政策环境下,江西铜业积极展开并购,转变并购思路,进一步增加有色金属冶炼的规模与技术优势,进而可能会倒逼落后产能的退出,如表5-6所示。

表5-6 产业结构相关政策内容

年份	政策	内容
2005年	《促进产业结构调整暂行规定》	强调了通过市场调节与政府引导相结合来促进产业结构优化升级的重要性,提出重点推进钢铁、有色、电力、石化、建筑、煤炭、建材、造纸等行业节能降耗技术改造的要求
2005年	《产业结构调整指导目录(2005年本)》	对有色金属产业进行了详细的规定,包括鼓励有色金属矿山接替资源勘探及关键勘探技术开发以及冶炼项目建设等,限制并淘汰落后生产工艺及装备
2011年	《产业结构调整指导目录(2011年本)》	国家将有色金属鼓励类项目减少,而将淘汰落后产能的范围进一步扩大,将冶炼技术的创新与资源利用的绿色科学提到了更高的地位
2016年	《有色金属工业发展规划(2016—2020年)》	进一步发挥市场倒逼机制,鼓励企业自主兼并重组,实现产业结构的优化
2018年	《2017年有色金属行业运行情况及2018年工作考虑》	坚持有色金属产量总量控制与存量优化的原则,鼓励企业通过兼并重组、产能指标交易等方式加快落后产能淘汰,避免落后产能过剩带来的弊病

2) 有色金属行业:亟须优化产业结构

江西铜业并购恒邦股份不仅是由于国家政策的引导,也是顺应有色金属行业发展之势。有色金属产业是我国重要的经济组成部分。江西铜业与恒邦股份都属于有色金属冶炼及压延加工行业,是狭义的有色金属行业,也是广义的有色金属行业[①]的重要组

---

① 广义的有色金属行业是指以从事有色金属采选与冶炼加工为主的工业活动的总称,包括常用有色金属、贵金属、稀有稀土金属的采选和冶炼加工、有色金属合金制造及压延加工等。

成部分。2014—2018年,有色金属冶炼及压延加工行业每年末企业个数、亏损企业个数情况和产量情况如表5-7和表5-8所示。

表5-7 2014—2018年有色金属冶炼及压延加工行业企业情况表

时间	企业数量(个)	亏损企业数量(个)
2014.12	7 385	1 294
2015.12	7 257	1 520
2016.12	7 021	1 132
2017.12	7 215	1 143
2018.12	6 942	1 418

表5-8 2014—2018年有色金属冶炼及压延加工行业产量表

年份	总产量(万吨)	增长率
2014年	4 417.00	—
2015年	5 155.82	16.73%
2016年	5 283.20	2.47%
2017年	5 155.82	1.79%
2018年	5 687.90	5.77%

有色金属冶炼及压延加工行业企业总数整体呈下降趋势,而亏损企业数量整体上升,与此同时,该行业的总产量逐年增长。这可能表明行业内呈现出企业兼并重组、行业集中度提高、淘汰落后产能的趋势。

有色金属行业本身具有强周期性、资金密集性、固定资产投资比例大、规模经济显著的特征。但我国有色金属行业的现状却显示着存在产业结构不合理、产能过剩、企业规模不大且分散、集中度低的问题,面临着节能减排、环境保护的挑战,加之在此期间伦敦金属交易所(London Metal Exchange, LEM)铜价在供求关系中激荡,行业利润难以保证。

以铜为主营业务的江西铜业存在一定的风险,需另辟蹊径,拓展业务规模并在其他非主业的有色金属上发力。例如,做高附加值的产品,同时总结教训,避免重蹈海外矿山拖累业绩的覆辙,把重心放在产业链前端的高附加值环节。就目前全球范围内的有色金属行业而言,大部分国家都倾向于保护本国的矿产资源,限制后端出口,鼓励前端出口。加上江西铜业地处丰富黄金资源地区,在黄金储量和产量都与竞争对手有一定差距的情况下,还面临着寻找利润空间的行业环境,江西铜业并购目标自然就转向国内的贵金属冶炼企业,选择优质的黄金探、采、选、冶炼、加工企业就顺理成章进入江西铜业的视线范围内。

2. 抓住市场机遇，看准时机展开并购

在企业并购的过程中，并购价格是影响并购标的选择与并购活动成功与否的关键因素。并购价格往往根据并购公司对于被并购公司未来的资产情况与收益水平进行预测与评估，但这种预测与评估存在不确定性。因此，并购企业产生估价风险。如果并购企业能够及时拥有被并购企业的经营、财务的可靠信息，那么这种风险可能大大降低。恒邦股份作为上市企业，财务数据更加公开可靠，对于估值有一定优势。

自2018年以来，受到去杠杆化和贸易战的影响，A股市场一直在恶化，市场下行。根据恒邦股份2016年3月4日至2019年3月1日股价变动情况，恒邦股份股价自2018年初出现剧烈波动后一直低于10元/股的价格，而在2018年前其股价基本围绕12元/股波动，此时表明恒邦的股价处于较低水平。且近年来，其在冶炼黄金和贵金属综合利用方面的回收提取技术取得长足进步，逐步成为国内技术领先的贵金属冶炼和综合利用回收企业。江西铜业抓住这一机遇进行并购，以较低成本获取优质企业的控制权，进而实现产业整合的战略。

此次交易转让单价为10.90元/股，低于市盈率估值法和市净率估值法得到的预测估值，较恒邦股份停牌前（即2019年3月1日）股价10.00元/股溢价9%，合计转让价格为29.76亿元，以此价格协议并买入其实是以较低的成本取得了优质标的。由此也可以证明，在资本市场下行时，可以利用较低的合理价格并购恒邦股份也是江西铜业进行并购的动因之一。

三、一石二鸟——江西铜业并购恒邦股份的过程

（一）并购方案

2019年3月4日，江西铜业与恒邦集团、王信恩、王家好、张吉学和高正林签署了《股份转让协议》，恒邦股份交易前后股权结构变化如表5-9所示。江西铜业同意根据本协议的约定购买恒邦股份股东合计持有的恒邦股份2.73亿股人民币普通股股份（具体分别为恒邦集团持有的上市企业2.22亿股人民币普通股股份、王信恩持有的上市企业1560万股人民币普通股股份、王家好持有的上市企业397.5万股人民币普通股股份、张吉学持有的上市企业1590万股人民币普通股股份、高正林持有的上市企业1590万股人民币普通股股份），约占上市企业总股份的29.99%，乙方同意根据本协议的约定向甲方出售该等标的股份。标的股份的转让价款为人民币29.76亿元（含税），转让单价为人民币10.90元/股。交易完成后，江西铜业将成为恒邦股份的控股股东，并将恒邦股份纳入合并财务报表范围，江西省国资委将成为恒邦股份实际控制人。

表 5-9 恒邦股份交易前后股权结构变化表①

股东名称	股份转让前		股份转让后	
	持股数量(股)	持股比例	持股数量(股)	持股比例
恒邦集团	326 603 866	35.87%	104 949 906	11.53%
王信恩	62 400 000	6.85%	46 800 000	5.14%
高正林	15 900 000	1.75%	0	0
王家好	15 900 000	1.75%	11 925 000	1.31%
张吉学	15 900 000	1.75%	0	0
江西铜业	0	0	273 028 960	29.99%
股本	910 400 000	100%	11 925 000	100%

截至 2019 年第一季度报表编制日,恒邦集团、王信恩、王家好、高正林、张吉学已经将 1.1 亿股股票(第一期 2 450.39 万股,第二期 4 920 万股,第三期 3 637.50 万股)质押给江西铜业,并收到江西铜业总计 6 亿元的诚意金。

(二) 并购实施过程

2019 年 3 月 4 日,江西集团与恒邦股份的各位股东共同签订了有关《山东恒邦冶炼股份有限公司之股份转让协议》(以下简称为《股份转让协议》),江西铜业受让恒邦集团、王信恩、王家好、张吉学、高正林所持的关于恒邦股份的 2.73 亿股股份(并购之前,恒邦集团、张吉学、王信恩、高正林、王家好都是恒邦股份的股东),占恒邦股份总股本的 29.99%。标的股份合计的转让价格为人民币 29.76 亿元。江西铜业在交易完成之后成为恒邦股份目前的大股东。

在并购之前,恒邦集团持有恒邦股份的总股数为 3.27 亿股,股份占比为 35.87%,一致行动人张吉学、高正林、王家好各持有恒邦股份的股数为 15.9 万股,股份占比为 1.75%;王信恩为恒邦股份的实际控制人,持有恒邦股份的股数为 6 240 万股,股份占比为 6.85%;在并购前,江西铜业不持有恒邦股份的股票。

包括相关税费在内,股份以单价 10.90 元人民币、总价款共计 29.76 亿元的标的价格转让至江西铜业。江西铜业将在交易结束之后拥有恒邦股份 29.99% 的股份,以 2.73 亿股成为恒邦股份的大股东。

(三) 并购后续整合安排

1. 整合调整管理层

对于管理层的整合,《股份转让协议》已简单阐明安排:本次交易完成后,恒邦股份

---

① 数据来源:wind 数据库。

董事会由九名董事(其中六名为非独立董事)构成,江西铜业将成为恒邦股份控股股东,恒邦集团及其一致行动人承诺将支持江西铜业依据有关法律法规及公司章程向恒邦股份董事会提名合计5位董事(不含独立董事),江西铜业承诺将支持恒邦集团及其一致行动人依据有关法律法规及公司章程向恒邦股份董事会提名1位董事(不含独立董事)。同时承诺,在上市企业经营业绩保持稳定的前提下,江西铜业同意将通过行使股东权利等方式促使恒邦股份的原有经营管理团队于本次交易完成后2年内保持稳定。

除了对管理层进行整合调整,还要注意对人力资源和管理机制的整合。如果忽视这两方面的后续整合,则很可能影响并购后企业的生产效率。因此,企业应该对并购后人力成本和管理成本做出合理预估,并且避免并购后高端人才流失带来的损失。

2. 避免同业竞争

江西铜业和恒邦股份都是有色金属冶炼及压延加工行业的上市企业。根据江西铜业和恒邦股份的主营业务与主要产品对比,两个企业的业务与产品均存在部分交叉,同时,由于江西铜业的控股股东江铜集团及其下属企业也存在属于有色金属冶炼及压延加工行业的情况,且江铜集团的业务主要通过其下属公司开展,此次并购双方存在同业竞争的风险。如果不能整合好同类业务,造成内部竞争,势必难以形成预期的协同效应,难以达到并购目的。

为避免同业竞争,股权交易后江西铜业将致力于把恒邦股份打造为江西铜业集团旗下的黄金发展平台,并计划将江西铜业及其控股股东旗下优质的黄金资源注入恒邦股份,合理安排,保证恒邦股份业务不受到可能存在的同业竞争带来的损失。具体来说,在未来60个月内,江西铜业及其下属企业会根据各自企业优势与特色重新整合与规划发展方向,按照相关规定与法律要求尽量规避并解决恒邦股份与江西铜业存在的业务竞争或潜在竞争问题,与贵金属相关的优质业务与资源将优先注入恒邦股份。对于无法注入的,则考虑并采取一切有利于解决竞争的方法,如将相关业务、资产转让给无关联第三方或托管给恒邦股份等,使江西铜业及其下属企业与恒邦股份及其下属企业之间的实质性同业竞争关系不存在。

四、两全其美——"黄金股"初显苗头

在江西铜业并购恒邦股份后,恒邦股份能够及时地降低股东质押所带来的风险。当然,从财务数据来看,恒邦股份的营业收入一直处于增长的状态,同期净利润也在持续增长,并购恒邦股份无疑让江西铜业捡到了"大便宜"。根据江西铜业对外投资公告披露,在江西铜业取得恒邦股份控制权之后,将以恒邦股份作为集团未来黄金板块的发展平台,将江西铜业旗下的优质黄金板块资产注入恒邦股份,并规范与恒邦股份存在的同业竞争问题。恒邦股份很有可能就变成江西铜业手下一支以黄金业务为主的股票。

(一)黄金市场份额显著提高

基于对江西铜业进行并购的目的研究,预期带来的规模效益与产业整合效果是并购的重要动机之一。而企业市场份额与产业集中度的变化则可以用以反映并购带来的规模效益与产业整合的效果。江西铜业市场份额分析表如表 5-10 所示。

表 5-10 江西铜业市场份额分析表①

时间	江西铜业(元)	有色金属冶炼和压延加工业(元)	市场份额
2015 年 1～9 月	114 880 854 860	3 712 520 000 000	3.09%
2016 年 1～9 月	140 488 741 087	3 816 150 000 000	3.68%
2017 年 1～9 月	155 355 400 938	4 436 420 000 000	3.50%
2018 年 1～9 月	162 597 360 444	3 878 910 000 000	4.19%
2019 年 1～9 月	171 239 924 994	3 878 910 000 000	4.10%
2019 年第一季度	48 859 365 421	1 232 530 000 000	3.96%
2019 年第二季度	56 183 567 705	1 459 190 000 000	3.85%
2019 年第三季度	56 183 567 705	1 483 560 000 000	4.46%

市场份额是指江西铜业营业收入占整个所处行业营业收入的比重。比较近 5 年来累计前三个季度的市场份额情况,整体来说自 2015 年以来有所提升,但市场份额在并购发生的 2019 年没有明显突破。进一步具体分析,江西铜业在 2019 年 3 月 4 日发出并购公告,6 月 27 日完成并购,分季度来研究市场份额可以发现,2019 年第三季度市场份额是有显著提高的,较第二季度提高了 0.61 个百分点,并且创造了新高。以市场份额为指标分析,可以说明江西铜业并购恒邦股份在短期内对于企业提高竞争力,扩大规模经济是有积极作用的。

聚焦于恒邦股份最具优势的主营产品——黄金,并购前后江西铜业黄金产品的产量与占国内原料黄金产量的占比如表 5-11 所示。

表 5-11 江西铜业黄金产量及市场占比分析表②

年份	江西铜业黄金产量(吨)	国内原料黄金产量(吨)	市场占比
2015 年	26.12	450.05	5.80%
2016 年	26.43	453.49	5.83%
2017 年	25.58	426.14	6.00%
2018 年	25.58	401.12	6.38%
2019 年	50.16	380.23	13.19%

---

① 数据来源:wind 数据库。
② 数据来源:wind 数据库。

黄金行业响应供给侧结构性改革的要求，虽产量逐年下降，但是更注重高质量发展的要求。在这一背景下，江西铜业在并购后黄金产量增加近一倍，在黄金细分市场的占比也显著提高，由并购前围绕6%缓慢提升，至2019年占比提升到13%。并购后，江西铜业在有色金属行业的黄金细分领域将更具竞争力与话语权。

（二）产业集中度提高

产业集中度通常用行业中前4～10家企业的某些经济指标的合计占行业合计数的比重来权衡，最常用前4家企业市场占有额和前8家企业市场占有额分析，分别记为CR4和CR8。有色金属行业产业集中度分析表如表5-12所示。

表5-12　有色金属行业产业集中度分析表[①]　　　　　　　　金额单位：元

序号	2018年销售收入排名		2019年销售收入排名	
	企业名称	收入总额	企业名称	收入总额
1	江西铜业	215 289 866 760	江西铜业	171 239 924 994
2	中国铝业	180 240 154 000	中国铝业	145 708 612 000
3	铜陵有色	84 589 124 365	铜陵有色	69 774 837 006
4	白银有色	61 946 574 276	云南铜业	44 419 466 216
5	云南铜业	47 430 343 194	白银有色	41 651 866 133
6	海亮股份	40 596 624 275	锡业股份	34 038 653 009
7	锡业股份	39 601 073 385	洛阳钼业	33 409 050 983
8	盛屯矿业	30 754 329 434	海亮股份	31 998 744 261
前4名收入合计		542 065 719 401		431 142 840 217
前8名收入合计		653 017 746 496		572 241 154 602
行业总收入		4 999 660 000 000		4 175 280 000 000
CR4		10.84%		10.33%
CR8		13.06%		13.71%

由于并购完成的时间距离较近，2019年相较于2018年集中度的变化不明显，这一单独的并购事件对于产业集中度的提高在短期内的影响可能暂时无法得以体现。进一步对2019年内各季度的产业集中度进行测算汇总，如表5-13所示。

表5-13　2019年并购前后三季度的产业集中度[②]　　　　　　金额单位：亿元

项目	2019年第一季度	2019年第二季度	2019年第三季度
前4名收入合计	1 280	1 455	1 576

---

① 数据来源：wind数据库。
② 数据来源：wind数据库。

(续表)

项目	2019年第一季度	2019年第二季度	2019年第三季度
前8名收入合计	1 647	1 924	2 152
行业总收入	12 325	14 592	14 836
CR4	10.39%	9.97%	10.62%
CR8	13.36%	13.19%	14.51%

2019年第三季度是江西铜业并购恒邦股份后的第一个季度。该季度无论是CR4还是CR8均相对于第二季度有了较大提高,且都达到了2019年度来的最高值,其中可能存在江西铜业出于产业整合逻辑的并购战略的功劳。

五、未来可期——打造多金属矿业龙头

江西铜业作为国内最大的综合性铜生产企业,以及最大的伴生金、银生产基地,是国内铜行业的龙头企业。江西铜业主要产品的产销量处于国内领先水平,尤其是阴极铜的产销量,2018年铜精矿含铜超过20万吨,阴极铜产能超过140万吨/年,年加工铜产品超过200万吨,铜生产能力毋庸置疑。在业务方面,要想寻求新的增长点,则只能在黄金、白银和硫酸的生产上找突破口,而恒邦股份正好可以满足其要求。恒邦股份在业务上能满足江西铜业扩大规模经济的需求,江西铜业此次收购能迅速容纳其冶炼黄金、白银的能力,并且进一步巩固铜的冶炼地位,同时拓展冶炼铅的市场。恒邦股份的主要产品黄金,无论在产量上还是盈利能力上都是远超江西铜业原有水平的。并购能迅速增强江西铜业黄金细分领域的生产与盈利水平,产生规模效应与协同效应。同时,江西铜业可以将本企业及其控股股东旗下优质的黄金板块资产注入恒邦股份,整合所有黄金资源形成一个新的优质黄金平台,提高黄金领域在行业内的地位与竞争优势,提高优势黄金资源的集中度。

另外,创新与绿色发展是有色金属行业未来发展的趋势与方向,恒邦股份恰好非常注重这两方面的投入与建设,在研发创新与综合利用、节能环保方面处于行业领先水平。江西铜业并购恒邦股份不仅能迅速带来产能上的提高,更重要的是能利用其技术创新和资源综合回收的优势,增强企业核心竞争力。

虽然江西铜业此次并购已经带来了一定的产业整合效果,但是对于其企业本身带来的协同效应还没有完全显示出来。在经营协同方面业务经营方面仍需加强整合以实现利润的明显提升。在管理协同效应方面管理仍有整合的空间以提高管理效率。在财务协同效应方面,无论是短期偿债能力还是长期偿债能力,都还没有体现出期望的协同效应。未来,江西铜业能否在经营方面的同业竞争与后续管理两方面进一步加强整合

还值得期待。

❓ 启发思考题

（1）请结合江西铜业的内外部环境，分析江西铜业实施并购的动因是什么？

（2）基于长期战略视角，分析江西铜业并购恒邦集团的具体流程，并探讨江西铜业为何选择恒邦股份作为并购标的公司。

（3）此次并购重组是否达到了协同效应？为了增强协同效应，接下来江西铜业该如何整合管理？

（4）从产业整合的视角，通过江西铜业并购恒邦股份这一案例分析产业整合和企业并购的关系，为其他企业提供并购战略的建议。

第二部分 案例使用说明

一、教学目的与用途

1. 适用课程

本案例适用于"企业并购与重组"课程的学习。

2. 适用对象

本案例适用对象为 MBA、MPAcc、工商管理学科相关专业的研究生及本科生等。

3. 教学目的

本案例主要介绍了江西铜业并购恒邦股份的动因、具体收购流程以及通过此次并购给江西铜业和恒邦股份带来的影响。通过对本案例的阅读与讨论分析,旨在达成以下教学目标:

（1）结合当前的时代背景,引导学生总结江西铜业与恒邦股份此次并购的动因。

（2）按照江西铜业的并购历程与方案,引导学生掌握并购重组的概念及类型。

（3）结合江西铜业并购重组的初衷,引导学生思考江西铜业并购重组后产生的效果。

（4）根据江西铜业并购重组后的变化,引导学生识别并购后企业可能面临的风险以及如何防范并购后的风险。

二、分析思路

本案例反映的是江西铜业如何在产业结构亟须更新的背景下,选择通过并购整合以更好地增强江西铜业的业务范围与盈利能力,并实现快速成长打造多金属矿业龙头的战略目标。在教学使用过程中,将企业并购整合及其协同效应与案例内容紧密结合,由浅入深,层层递进,引导学生逐步找到江西铜业成功进行并购整合并发展壮大的路径。本案例的分析思路如图 5-2 所示,教师可以在该逻辑路径的基础上,灵活根据自己的教学目标来使用此案例。

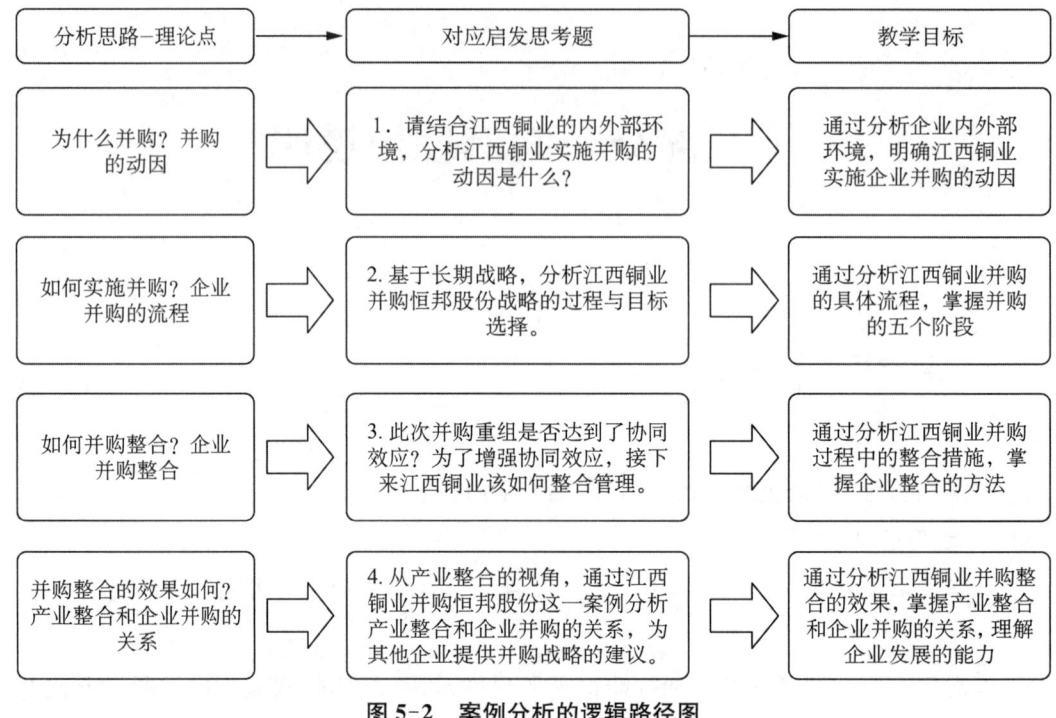

图 5-2 案例分析的逻辑路径图

三、启发思考题理论依据及分析

思考题1：请结合江西铜业的内外部环境，分析江西铜业实施并购的动因是什么？

【理论依据】

1. 企业并购的动因

企业并购的动因是在分析企业发展的内外环境基础上识别并总结对企业并购都会起到影响的因素，主要包括发展动机、发挥协同效应、增加市场竞争力、获取价值被低估的公司和降低经营风险五个方面，如图5-3所示。

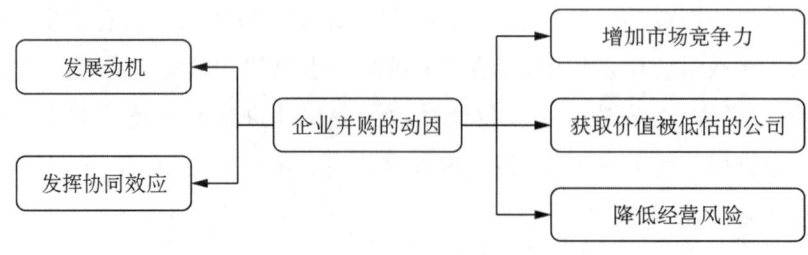

图 5-3 企业并购的动因

1) 发展动机

并购可以让企业迅速实现规模扩张。企业的经营与发展处于动态的环境之中,在企业发展的同时,其竞争对手也在谋求发展。因此在发展过程中企业必须把握好时机,尽可能抢在竞争对手之前获取有利的地位。如果企业采取内部投资的方式,将会受到项目的建设周期、资源的获取以及配置方面的限制,从而制约企业的发展速度。通过并购的方式,企业可以在较短的时间内实现规模扩张,提高竞争能力,将竞争对手击败。尤其是在进入新行业的情况下,通过并购可以获得原材料、销售渠道、声誉等方面的优势,在行业内迅速处于领先地位。

并购可以突破进入壁垒和规模的限制,实现迅速发展。企业进入一个新的行业会遇到各种各样的壁垒,包括资金、技术、渠道、顾客、经验等。这些壁垒增加了企业进入某一行业的难度,提高了进入的成本和风险。如果企业采用并购的方式,控制该行业的原有企业,则可以绕开这一系列的壁垒,使企业以较低的成本和风险迅速进入某一行业。另外,有些行业具有规模限制,企业进入这一行业必须达到一定的规模。这必将导致新的企业进入后,出现生产能力过剩、行业竞争加剧的现象,产品价格也可能会迅速降低。如果需求不相应提高,企业的进入将会破坏这一行业原有的盈利能力,而通过并购的方式进入某一行业,不会导致生产能力的大幅度扩张,从而使进入的企业获得收益。

并购可以帮助企业主动应对外部环境变化。随着经济全球化进程的加快,更多企业有机会进入国际市场,为应对国际市场的竞争压力,企业往往也要考虑并购这一特殊途径。企业通过国外直接投资和非股权投资进一步发展全球化经营,开发新市场或者利用生产要素优势建立国际生产网,在市场需求下降、生产能力过剩的情况下,抢占市场份额,有效应对外部环境的变化。

2) 发挥协同效应

协同效应主要来自以下领域:生产领域,可产生规模经济性,可接受新技术,可减少供给短缺的可能性,可充分利用未使用的生产能力;市场及分配领域,同样可产生规模经济性,是进入新市场的途径,扩展现存分布网,增加产品市场控制力;财务领域,充分利用未使用的税收利益,开发未使用的债务能力;人事领域,吸收关键的管理技能,使多种研究与开发部门融合。

3) 加强市场竞争力

在横向并购中,通过并购可以获取竞争对手的市场份额,迅速扩大市场占有率,增强企业在市场上的竞争能力。另外,由于减少了竞争对手,尤其在市场竞争者不多的情况下,企业可以增加议价能力,以更低的价格获取原材料以更高的价格向市场出售产品,从而扩大盈利水平。

4) 获取价值被低估的公司

证券市场中企业股票的市价总额应当等同于企业的实际价值,但是由于环境因素、信息不对称和未来的不确定性等方面的影响,上市企业的价值经常被低估。如果企业认为可以比被并购企业原来的经营者管理得更好,则将收购价值被低估的企业通过改善其经营管理后重新出售,可以在短期内获得巨额收益。

5) 降低经营风险

企业在追求效益的同时还需要控制风险。控制风险的一种有效方式就是多元化经营。多元化经营既可以通过企业并购来实现,也可以通过内部的成长而达成。但通过并购其他企业,收购方可以迅速实现多元化经营,从而达到降低投资组合风险、实现综合收益的目的。

【案例分析】

江西铜业作为上市企业,不再看重恒邦股份同样具有的上市企业这个"壳"的价值,真正吸引他进行并购的是恒邦股份的内在价值和产业整合价值,加之国家政策的引导与市场机遇的出现,构成江西铜业并购的主要动机。

1. 把握国家政策,顺应行业发展规律

1) 国家政策:鼓励并购推动产业整合

国家认可并购对于产业整合的重要性与积极作用。在国家一系列的鼓励与引导政策下,有色金属行业发生了一系列并购重组事件,也正是在这种国家政策环境下,江西铜业积极展开并购,转变并购思路,进一步增加有色金属冶炼的规模与技术优势,进而可能会倒逼落后产能的企业退出。

2) 有色金属行业:亟须优化产业结构

有色金属行业本身具有强周期性、资金密集性、固定资产投资比例大、规模经济显著的特征。但我国有色金属行业的现状却存在产业结构不合理、产能过剩、企业规模不大且分散、集中度低的问题,面临着节能减排、环境保护的挑战。面对这样一系列行业发展过程中存在的问题,企业并购势在必行。江西铜业并购恒邦股份,能够快速获取规模经济,提高市场份额与市场集中程度,顺应行业发展规律。

2. 抓住市场机遇,看准时机展开并购

1) 市场下行,并购成本降低

自 2018 年以来,由于受到去杠杆化和贸易战的影响,A 股市场持续恶化,市场下行。恒邦股份股价自 2018 年初出现剧烈波动后一直处在低于 10 元/股的价格,是低于 2018 年前围绕 12 元/股波动的水平的。江西铜业在市场下行趋势下,很可能发现恒邦股份的股价趋于显示出企业的真实价值,抓住这一机遇进行并购可以以较低成本获取优质企业的控制权,进而实现产业整合的战略。

简单运用市盈率估值法对恒邦股份进行估值。根据各机构预测,恒邦股份 2019 年预期的每股收益为 0.52 元。选取 A 股部分黄金、白银、铜、铅行业的矿山及冶炼企业作为可比企业。可比企业 2019 年一致性预期 PE 的平均值为 23.85 倍。由此本文给予恒邦股份 2019 年 22~24 倍的市盈率,得到预测估值为 11.44~12.48。考虑到黄金的收入具有周期性,市盈率波动较大,市盈率估值法的适用性可能受到影响,因此再运用市净率估值法对恒邦股份在并购时点进行估值。根据 2018 年财务报告,2018 年年底归属于母公司的所有者权益为 4 356 631 770.73 元,已上市流通股股数为 910 400 000 股,得到 2018 年每股净资产 4.785 4 元。根据东方财富网对所处行业的分析,测算出行业平均市净率 2.52,得到预测估值为 12.06 元/股。

此次交易转让单价为 10.90 元/股,低于市盈率估值法和市净率估值法得到的预测估值,较恒邦股份停牌前(即 2019 年 3 月 1 日)股价 10.00 元/股,溢价 9%,合计转让价格为 29.76 亿元,以此价格协议并买入其实是以较低的成本取得了优质的标的。由此也可以证明,在资本市场下行时,利用较低的合理价格并购恒邦股份也是江西铜业进行并购的动机之一。

2) 恒邦股份股权质押压力巨大

在市场下行压力下,大量上市企业的控股股东选择通过股权质押的方式来缓解资金压力,股权质押的存在使企业流动性风险问题凸显。此时,公司控股股东更多地将希望寄托于企业控制权的转移,恒邦股份的控股股东也不例外。

恒邦股份控股股东恒邦集团及实际控制人王信恩的股权质押比例都相对较高。年报显示,截至 2018 年年底,恒邦集团累计质押的企业股份占其所持有企业股份数的 97.37%;截至 2019 年 1 月 5 日,王信恩累计质押的企业股份占其所持有企业股份数的 100%。2020 年 1 月,王信恩为其所持的部分企业股份办理了质押延期购回,将原本于 1 月份到期的股份质押延期至 7 月份。在此巨大的质押还款压力下,流动性风险巨大,此时江西铜业伸出并购的"橄榄枝"为其缓解流动性风险起到巨大作用。

根据《股份转让协议》约定,在协议签署后,江西铜业将向交易对方支付诚意金累计共 6 亿元并获得交易对方累计约 11 007.5 万股股票的质押;在本次交易取得深交所出具的办理标的股份协议转让过户手续所需的股份协议转让确认书后,江西铜业将向交易对方支付首期交易对价 15 亿元并获得交易对方剩余全部标的股份的质押。

股东如此高的股权质押率,如果突遇市场价格大幅下降的极端情况,那么控股股东很有可能面临爆仓的危机。此次股份转让对于恒邦股份控股股东和实际控制人无疑是缓解质押爆仓与流动性风险的绝佳机会。出于此考虑，江西铜业在此时提出并购无疑能减少协议收购失败的风险。

思考题 2：基于长期战略角度，分析江西铜业并购恒邦股份的具体流程，并探讨江西铜业为何选择恒邦股份作为并购标的公司。

【理论依据】

一次成功的并购必然经过一系列完整的流程，如图 5-4 所示。并购企业需要制订适当的并购方案，选择合适的并购目标企业，组建并购小组，聘请各方中介对并购目标企业进行尽职调查，分析并购的风险和价值，经过多方多次谈判，对并购重要条款达成一致，签署并购协议并完成目标企业的交接和整合。

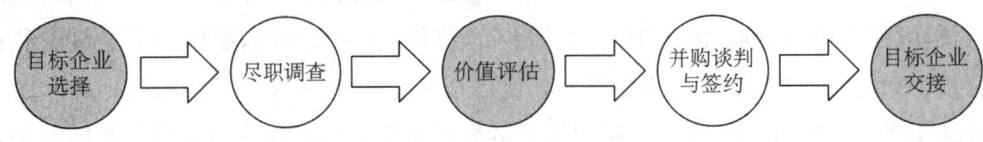

图 5-4　企业并购的流程

1. 目标企业选择

并购目标的选定是并购成功的基础工作。选择并购目标的工作是一个理智的、科学的、严密的分析评价过程。在市场经济条件下的众多企业中，选择一个适合本企业的并购目标作为并购对象，必须做好：进行广泛的调查和分析并收集与并购有关的各种信息、科学制定并购目标、实事求是地评估企业的自身状况和备选目标企业的基本情况、分析并购的可能性。

2. 尽职调查

企业根据被并购企业的行业趋势、财务状况、资产质量、规模和产品品牌、经营管理、技术水平、人力资源状况、法律问题、经济区位等考核指标，结合本企业的综合状况对目标企业群进行定性和定量的综合比较分析。尽职调查的主要参与人员有并购企业相关主管人员和外部中介机构的专家。尽职调查的目的是确保被并购企业各项指标的真实可靠，以便确定被并购企业的价值、并购方式和支付方式，制订初步的整合计划，同时发现潜在的问题，避免并购风险，确保并购的顺利实施。

3. 价值评估

在企业并购中，交易双方可能对目标企业的估价有很大的差异，价格底线相距甚远，由此导致双方的谈判难以进行。对并购目标进行价值评估就显得至关重要。价值评估是交易双方共同的需求，它为交易双方提供了一个协商作价的基础。

4. 并购谈判与签约

并购谈判在整个并购当中虽然是从交易开始的,比如客户在酝酿当中就会涉及谈判,谈判是双方权利义务的博弈,但是一个好的谈判在并购交易当中会促成这个交易,使交易双方能够达成协议,实现各自的商业目的。

5. 目标企业交接

签订并购协议后,并购双方就要根据协议中的约定,履行并购协议,办理各种交接手续,主要包括产权交接、财务交接、管理权移交、员工安置、变更登记、发布公告等事宜。

【案例分析】

1) 目标企业选择

江西铜业组建了调查小组对恒邦股份的信息进行广泛的收集和分析,了解到恒邦股份具有较好的管理、人才、技术等资源。接着,江西铜业还了解到恒邦股份以黄金探采选、冶炼及化工生产为主营业务,在国家黄金冶炼细分领域占据重要地位。考虑到通过并购可以尽快获取资源和经验,满足自身发展的需求,因此江西铜业把恒邦股份作为并购的不二选择。

2) 尽职调查

在对恒邦股份并购前,江西铜业还需要从地域、经营范围、盈利情况等角度进行具体评估,详细地调查恒邦股份的规模、经营管理、技术水平、人力资源状况、经济区位等因素,最终通过综合比较确定选择。

此外,恒邦股份不断追求主营黄金产品及其他贵金属的冶炼技术,在此基础上同样重视综合回收能力的提升,经验不断累积,技术不断成熟,生产效率随之提高。因此,并购后江西铜业可以借助其技术优势快速提升自身的专业技术能力。而在经营方面,多年来恒邦股份将目光转向多金属回收的资源综合利用方面,并不断发展先进的生产工艺,将其发展为企业优势,实现了对金、银等贵金属和铜、铅、锌等有价元素的综合回收,并购后可以对企业内项目实现无缝衔接,还可以通过拓展地域优势开展集团外项目合作,实现多元化经营。因此,经过调查江西铜业可以确定恒邦股份符合江西铜业的并购需求。

3) 价值评估

江西铜业围绕恒邦股份的业务、技术、地域、人才等多方面进行价值评估。并购后江西铜业能够以恒邦股份为实施主体,借助其在黄金主业方面的技术优势,加快承接实施江西铜业内部急需发展的黄金冶炼项目。此外,还可以借助恒邦股份现有人才队伍,帮助江西铜业在短时间内迅速培养起自己的人才和技术队伍,加快完成黄金冶炼领域的供给侧能力建设。并购将促进双方建立长期战略合作关系,未来可共同在已有技术的基础上开展黄金冶炼方面技术研发、推广和应用。对恒邦股份而言,考虑到自身具有的资源优势和并购后企业未来的发展前景,将不断提升对资产评估的预期价格,并以此为由与江西铜业展开多次协商。而作为央企,江西铜业的价值评估还需要上级进行审批,因此评估流程较为复杂和慎重。双方的博弈使恒邦股份的评估价格一再上升,最终高达注册资本的一半。

4) 谈判与签约

江西铜业在对恒邦股份并购的过程中,也展现了高超的谈判技巧。双方为并购的具体定价进行了多次谈判,考虑到恒邦股份各项资源的价值,江西铜业提出了合理定价的方法和董事会制度。一方面在谈判中给出优厚的价格,确保能够获得恒邦股份的认同感;另一方面也通过董事会制度,保障恒邦股份和江西铜业双方在企业治理过程中的权利和义务。经过博弈,双方在实现互利共赢的基础上顺利签署协议,在保证公平交易的同时也简化了谈判流程。

可以看出,江西铜业在并购的过程中每一步都经过深思熟虑,确保并购万无一失,成功促进企业在完成并购后一次又一次地实现飞速发展。相比于普通企业的并购,江西铜业在并购前和谈判过程中会更多考量双方的合作性,对于定价也会慎之又慎,既促成双方企业的利益最大化,又维护了国有资产的价值,实现可持续发展。

5) 目标企业交接

在恒邦股份加入江西铜业后,江西铜业将保持恒邦股份现有经营管理团队的稳定,并加大对恒邦股份的研发支持,将恒邦股份打造成为有色金属行业的专业化投资运营服务平台。

思考题 3:此次并购重组是否达到了协同效应?为了增强协同效应,接下来江西铜业该如何整合管理?

【理论依据】

1. 企业并购整合

企业并购整合可以分为文化整合、人员整合、战略整合、品牌整合、财务整合等方面,具体整合内容如图 5-5 所示。

1) 文化整合

文化整合是企业并购整合的基础。文化整合具体有四种模式:吸纳式、渗透式、分离式、消亡式,并购企业应该根据自身发展需求进行选择,如表 5-14 所示。

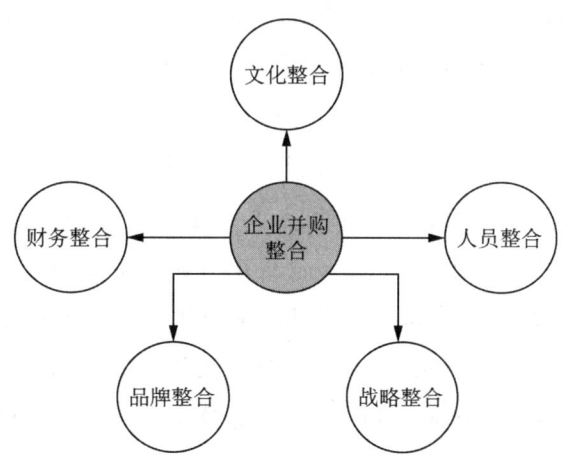

图 5-5　企业并购整合的五大方面

表 5-14　文化整合模式

模式	内容	模式	内容
吸纳式	被并购方全盘接受并购方的企业文化，使并购方获得完全的企业控制权。这种模式只适用于并购方的文化非常强大且极其优秀，同时被并购企业原有文化又很弱的情况	渗透式	指并购双方在文化上互相渗透，都进行不同程度的调整。这种文化整合模式适用于并购双方的企业文化强度相似，愿意调整原有文化中的一些弊端的情况
分离式	在这种模式中被并购方的原有文化保持独立。运用这种模式的前提是并购双方均具有较强的优质企业文化	消亡式	被并购方既不能接纳并购企业的文化，又放弃了自己原有的文化，从而处于文化迷茫的整合情况。可能是文化整合失败导致的结果

文化整合通过将不同的文化特质，经过合并、拆分、增强和减弱等方式，形成一种新的文化特质。企业文化整合的过程，是企业群体的共同意识，共同价值观调整、再造的过程。整合遵循求同存异和加强沟通两个原则。文化整合的策略主要为：①选择科学的整合模式和程序，并尽早制订周密的整合计划；②引入专职的整合人员；③加强沟通。

2）人员整合

市场竞争归根结底是人才的竞争，人力资本特别是其中的优秀人才是每家企业的无形资产。留住和不断吸引优秀人才是任何一家企业运作成功的根本，企业内部的致命缺陷主要是由于企业核心员工的流失。并购使人力资本重新整合，是否能促进人力资本的合理有效配置和优化组合，提高人力资本的配置效率是企业并购能否取得成功的主要原因。

并购过程中的人员整合主要工作有：①有效评估当前的人力资源；②确定留用人员及重新安排人员计划，建立企业人才数据库；③保持管理队伍的连续性；④建立完善的管理激励体系;⑤有针对性地开展人力资源培训;⑥创造员工接受指导与改进管理的机会;⑦评价员工工作的适应性,评估工作动力;⑧心理整合。

3）战略整合

企业的战略整合是通过战略的运用达到各种资源、能力之间的协同效应。企业并购后总战略的制定要审慎地将企业的活动与其特定的未来环境联系起来,企业的活动能力与其外部环境两者都是不断发展的,企业并购后又有诸多的变化因素,因此战略本身不应该以现状为依据,战略常常要寻机利用未来状况的不确定性,从而使这种战略本身的协同处于一种动态平衡的状态。因此,企业在并购中对总战略的重新评价和调整是必要的,并购企业必须把企业目前的运行状况及正在出现的新机会和潜在威胁纳入战略调整的考虑之内。

战略整合的主要内容为：企业使命与目标的整合、企业总体战略的整合、企业经营战略的整合、企业职能战略的整合。企业的战略整合主要步骤为：①制定基本战略导向；②战略的重新定位；③对目标企业执行战略。

4）品牌整合

品牌整合是指企业为了维持和提高长期竞争优势,明确企业旗帜品牌与产品品牌的关系,使品牌家族成员能够相互支持；充分利用企业现有品牌的价值和影响力,进行品牌扩张。品牌整合的步骤为：明确重组企业的品牌战略；打造重组企业的旗帜品牌；建立品牌之间的适当联系。

品牌整合的实质为：①品牌整合属于品牌战略层面的问题,要求企业高层管理者从战略的高度对待品牌整合；②建立企业旗帜品牌与产品品牌的合理关系,并将现有成功品牌扩展到新的产品或新的市场,拓展品牌的作用范围；③将更多的资源投向企业旗帜品牌的建设,同时要保证整个品牌家族有一个统一的形象；④建立企业旗帜品牌的关键是使企业品牌形象能够代表品牌的实质,并且这种品牌实质能够在产品品牌中得到体现并传达给企业的利益相关者。

5）财务整合

财务整合是指并购方对被并购方的财务制度体系、会计核算体系进行统一管理和监控。一般包括以下几个方面：以企业价值最大化为中心,对公司的经营、投资、融资等活动的管理,包括财务管理目标导向的整合、财务管理制度体系的整合、会计核算体系的整合、存量资产的整合、业绩考核体系的整合和现金流转内部控制的整合。并购企业要对被并购企业的生产经营实施有效控制,重要的前提就是具有充分的信息。财务具有信息功能,它是并购方获取被并购方信息的重要途径。因此财务整合是实施有效控制的根本途径,是实现并购的重要保障。

【案例分析】

1. 经营协同效应

盈利能力是衡量企业通过运营获取资产增值能力的指标，因此也是反映并购带来的经营协同效应的重要指标。同时，企业并购后的未来经营发展趋势及其成长性也是企业并购应评判的绩效之一。

销售毛利率是企业衡量企业盈利最直接的指标，反映企业销售产品获得的收益水平。江西铜业并购后的毛利率大于4%，高于2018年度水平，也高于2019年上半年整体水平。通过该指标可以发现江西铜业通过并购恒邦股份使得销售产品获得的毛利水平提高，这是符合并购预期的，因为恒邦股份黄金和白银的毛利率一直远远高于江西铜业的毛利率水平。而营业净利率、总资产净利率和权益净利率均在第二季度下降，第三季度回升的趋势，虽然第三季度指标没能达到第一季度的水平，可能是因为并购完成初期经营协同还未发挥出应有的作用，但是可以预期未来较长时间内并购带来的优势会在利润水平上渐渐显现出来。

2. 管理协同效应

并购带来的管理协同效应一般体现在费用的缩减和营运能力的提高上。只有合理高效地将管理资源从并购优势的一方通过整合惠及能力弱的一方，并购才能带来管理协同效应并进一步提高核心竞争力，实现产业整合的战略目标。

自2019年开始，销售费用逐季度增长。销售费用占营业收入的比重2019年度整体高于2018年度，第一、二季度比较稳定，到第三季度增长了8个百分点。说明销售费用的增加超过了营业收入的增长水平，主要是由于并购后投入了大量的人力、物力用以支持新的销售市场。管理费用绝对值虽然也是增长的，但是占营业收入的比重整体变化不明显，相对于2019年第一季度，第三季度占比略有下降。随着并购的逐渐完成，管理费用的占比略有下降，管理能力开始整合均衡，但管理费用短期内的管理协同效应还没有得到显著体现。

> **思考题 4：** 从产业整合的视角，通过江西铜业并购恒邦股份这一案例分析产业整合和企业并购的关系，为其他企业提供并购战略的建议。

【理论依据】

并购整合会产生"1+1>2"的效果，即协同效应。并购整合产生的协同效应可以分为：技术协同效应、财务协同效应、管理协同效应、经营协同效应，如图5-6所示。

1. 技术协同效应

并购后，原有企业的人才、技术可以共享，充分发挥人才、技术的作用，增强企业的

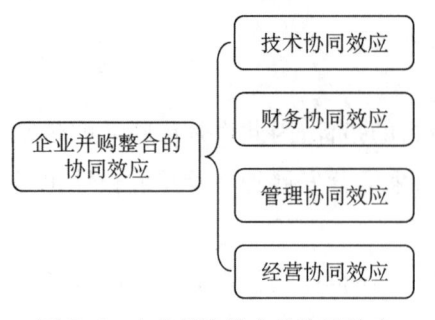

图 5-6　企业并购整合的协同效应

竞争力。企业通过其他方法很难获得专有技术,但通过并购,企业获得了对被并购企业的控制,从而获得相关专利或技术,促进企业的发展。

2. 财务协同效应

财务协同效应是指并购给企业财务方面带来的种种效益,这种效益的取得不是由于经营活动效率的提高而引起的,而是由于税法、会计处理准则以及证券交易等内在规定的作用而产生的一种纯现金流量上的收益。其主要表现在三个方面:①通过合并可以在一定程度上取得合并方企业享有的税收优势,减少企业的现金流出量;②企业可以利用税法中亏损递延条款来合理减少纳税数额;③并购中的预期效应会使并购后企业的股价上涨,增加股东财富。

3. 管理协同效应

管理协同效应是指并购使企业经营管理水平得以提高,剩余管理能力得以充分利用而产生的效益。这种效应产生的前提假定是:其一,并购方的管理层比被并购公司的管理层更称职且更有效率,通过并购,目标公司使并购方的管理效率得到了提高;其二,要求并购方的剩余管理能力是可以转移的。并购方的管理能力过剩,目标公司的管理能力相对匮乏,通过并购使并购方的管理能力转移到目标公司的经营中去,使管理能力作为一种资源的分布趋于合理和均衡。

4. 经营协同效应

经营协同效应是指并购给企业生产经营活动在效率方面带来的变化及效率的提高所产生的效益。

协同效应主要是通过这种规模经济和范围经济获取的。建立在经营协同基础上的理论假定在行业中存在着规模经济,且在并购之前,公司的经营活动水平达不到实现规模经济的潜在要求。规模经济是指由于某些生产成本的不可分性,随着生产规模的扩大,单位产品成本得以显著降低的现象。例如,对于大型设备制造企业而言,管理成本(如一般管理和经营管理)在更多单位产品上摊薄后,单位产品的成本将下降。同时,生产规模的扩大有助于提升劳动和管理的专业化水平,从而进一步提高生产效率。横向并购可以扩大企业的生产规模,并且通过资源互补达到最佳经济规模的要求,从而能够降低生产成本,提高生产效率。经营协同效应的另一个来源就是范围经济。范围经济的产生要依托这些共享的生产要素,具有不完全可分性,所以某一系列产品的生产在某个阶段会产生剩余生产能力。当并购企业在某些产品的生产能力上存在着剩余生产能力,并购企业与目标企业共同生产该产品的成本低于两者单独生产时的成本时,范围经济就产生了。

并购将同行业中处于不同发展阶段的公司联合在一起,由于减少了相关的联络费用和各种形式的交易费用,并降低了交易中的不确定性,也能获得较有效的协同效应,从而使企业比其竞争对手更加具有成本优势。

【案例分析】

通过对江西铜业并购的市场反应分析和对江西铜业并购前后市场份额与产业集中度对比分析,江西铜业此次并购得到市场正面回应,且对于产业整合已经显示出一定的积极作用。因此归纳出以下两点启示。

1. 基于长期战略,注重企业内在价值

1) 并购战略的确定

并购战略的确定是企业进行并购的开端,如果并购战略不符合企业经营战略,不符合市场发展方向,则很可能导致并购无用,甚至浪费并购资源。因此一个企业在并购前一定要合理确定并购战略,如江西铜业的并购战略是建立在对企业自身实力的了解与市场结构变化的基础上形成的产业整合战略。同时,基于对江西铜业案例的分析,产业整合战略也会成为未来资产市场并购的趋势,为更多企业提供借鉴。

企业在确定并购战略时,应该要全方面考虑。首先,并购战略作为整个企业经营战略的一部分,应该符合企业整体发展战略。在确定战略前应当对企业自身核心竞争力、行业竞争水平、国家政策制度有全面的了解。江西铜业并购战略是遵循产业结构调整大背景,有色金属行业去除落后产能趋势,并结合本企业铜生产在行业中已确定优势地位的综合环境下做出的。其次,并购战略不能脱离企业核心竞争力的布局。基于产业整合逻辑的并购最看重的是企业并购预期带来的协同效应,而协同效应能否实现主要关注目标企业的资源、技术、核心竞争力能否匹配企业自身的竞争力与发展规划。这启示着更多公司在并购前要充分了解自身实力,在全面了解企业自身水平的基础上确立并购战略。最后,并购战略的确定可能还会受到管理层有限理性条件的影响,例如管理层对于风险的态度,对于公司全局的把握。因此,管理层在做出并购战略时如果能站在更长远的角度,从企业长期竞争力出发,而不是短期绩效,可能更符合增加企业价值,实现产业整合的目标。在这种情况下,无论是江西铜业还是其他企业,都会更关注并购能带来的长期内在价值,而不是迅速扩大规模或者获取上市企业地位的短期效果。

2) 并购目标的选择

确立并购战略后,紧接着需要对并购目标进行选择。并购目标的选择需要多方面综合考量。基于案例公司,江西铜业在选取恒邦股份作为并购目标时,考虑的内容包括企业规模、资源和竞争力、企业文化等内在价值,引申到对资本市场其他需要进行并购的企业,并购目标的选择也会呈现越来越注重内在价值的趋势。核心竞争资源对于初创企业可以迅速增加价值,而核心资源的多元性能对企业产生更大的积极作用。

恒邦股份作为上市企业,不仅拥有上市企业的外壳,而且内在核心竞争力十分强大,不仅能满足江西铜业对于黄金和白银生产的需求,而且能带来创新的生产技术与完善的环境保护与综合利用资源的体系和制度。选择恒邦股份作为并购目标,具备上市企业资格与黄金冶炼行业第一的优势;资源与能力上,无论是黄金产量还是技术开发,都能为江西铜业带来协同效应、具有互补性的核心竞争力;企业文化上,"企业不消灭污染,污染将消灭企业"的环保理念和"遵守法律法规,综合治理达标,资源循环利用,企业环境优良"的环境方针不仅符合有色金属行业现阶段以及未来长时间内的目标,而且能为江西铜业在环保方面的管理带来协同效应。目标企业的规模、资源和综合实力、企业文化等都构成企业的核心竞争力与内在价值,应该成为选择并购目标时的主要关注点。内在价值及其预期带来的协同效应会帮助并购发挥产业整合的作用。

2. 加强后续整合管理,增强协同效应

虽然江西铜业此次并购已经带来了一定的产业整合效果,但是对于企业本身带来的协同效应还没有完全显示出来。在经营协同方面,毛利率提升与资产规模扩大效果显著,但是净利润与净利率指标还没有出现明显的改善,在业务经营方面仍需加强整合以实现利润的明显提升。在管理协同效应方面,销售费用的占比明显增大,管理费用占比虽已有所降低但仍高于2018年的水平,对于管理仍有整合的空间以提高管理效率。在财务协同效应方面,无论是短期偿债能力还是长期偿债能力,都还没有体现出期望的协同效应。因此,江西铜业在经营方面的同业竞争与后续管理两方面还需要进一步加强整合,具体建议如下。

1)整合同业竞争

由于横向并购与整合发生在同一行业内部,并购方与被并购方难以避免存在相同或相似业务,可能存在竞争关系与利益冲突。随着同行业内细分市场越来越明确,同业竞争风险可能会减小,但是依然存在。并购后同业竞争会使企业投资效率降低,损害被并购企业利益等负面影响。因此,江西铜业应在并购过程中充分评估潜在的竞争风险,制定详细的整合计划,避免资源的重复投入和业务的内耗。通过优化业务结构、明确各自的市场定位以及加强协同合作,可以有效降低同业竞争带来的负面影响,提升整体投资效益和竞争力。

2)加强后续整合

并购能够发挥协同效应,实现产业整合,关键在于后续整合的有效执行。后续整合是并购过程中的最后一环,往往也是最容易被忽视的环节。其内容涵盖文化整合、市场整合、管理整合和人力资源整合等多个方面。在案例中,江西铜业虽然明确提出了对管理层的整合计划,但对于其他领域的整合措施尚未做出具体安排。通过短期协同效应分析,虽然初步呈现了管理协同效应,但经营协同和财务协同效应尚未显现,这表明企业在整合过程中仍面临较大的挑战。为此,江西铜业需要在并购后加大整合力度,明确整合方向和实施路径,尤其要注重跨企业文化的融合、资源的优化配置以及信息系统的整合,以确保不同业务单元能够充分协同,最终实现并购的长期价值。

四、背景信息

(一) 企业背景信息

江西铜业成立于1997年,是国内铜行业龙头企业,拥有国家铜基地的重要战略地位。江西铜业自2013年首次入选世界500强以来已连续7年上榜,至2019年7月,位列358名。其主营业务包括铜的采选、冶炼和加工,贵金属和稀散金属的提取与加工,硫化工,以及金融、贸易等领域。江西铜业在铜以及相关有色金属领域已经建立起从勘探到采矿、选矿、冶炼、加工的完善的产业链,在国家铜、金、银和硫化工的生产中占据重要地位。江西铜业产品丰富,共50多种产品,以阴极铜、黄金、白银和硫酸为代表。

恒邦股份以黄金探采选、冶炼及化工生产为主营业务,在国家黄金冶炼细分领域占据重要地位。恒邦股份不断追求主营黄金产品及其他贵金属的冶炼技术,在此基础上同样重视综合回收能力的提升,经验不断累积,技术不断成熟,使生产效率随之提高。除了黄金主业的不断改进,恒邦股份将目光转向多金属回收的资源综合利用方面,并不断发展先进的生产工艺,将其发展为公司优势,实现了对金、银等贵金属和铜、铅、锌等有价元素的综合回收。因此恒邦股份经济效益不断提升,形成了行业内独特的具有综合回收核心竞争力的企业。中国黄金协会数据统计显示,恒邦股份的黄金产量在全国冶炼行业中多年保持排名前列,且连续9年入围中国500强企业,至2019年7月位列392名。

(二) 行业背景信息

江西铜业与恒邦股份是同属有色金属冶炼及压延加工行业的上市企业。根据国家统计局的界定,有色金属行业分为两大类,具体划分情况如图5-7所示。

产能过剩是我国有色金属行业存在的一个重要问题,在行业粗放式飞速发展下,铜、铝、铅等有色金属的生产规模不断扩大,生产能力大于市场实际需求导致产能过剩。十种有色金属产销率情况如图5-8所示,每年期末库存比期初增长情况如图5-9所示。

我国10种有色金属产销率基本小于1,表示存在供大于求的闲置产能情况。在

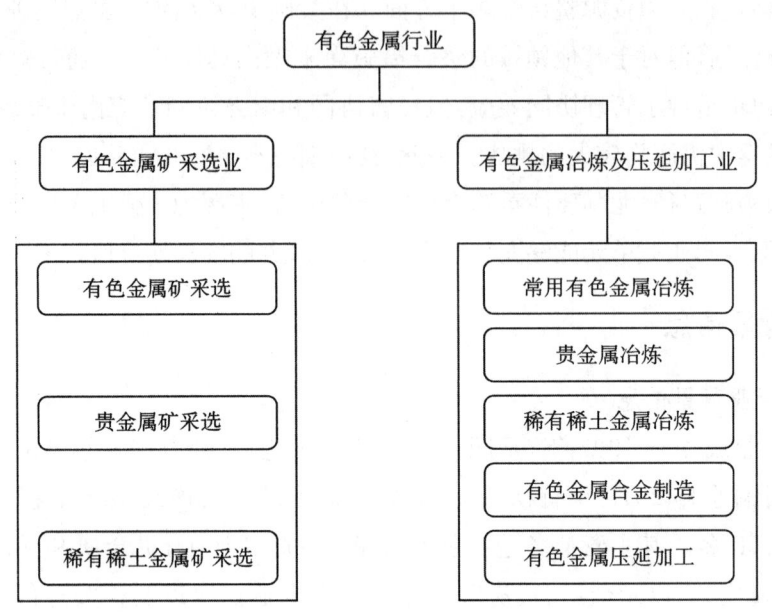

图 5-7　有色金属行业分类图

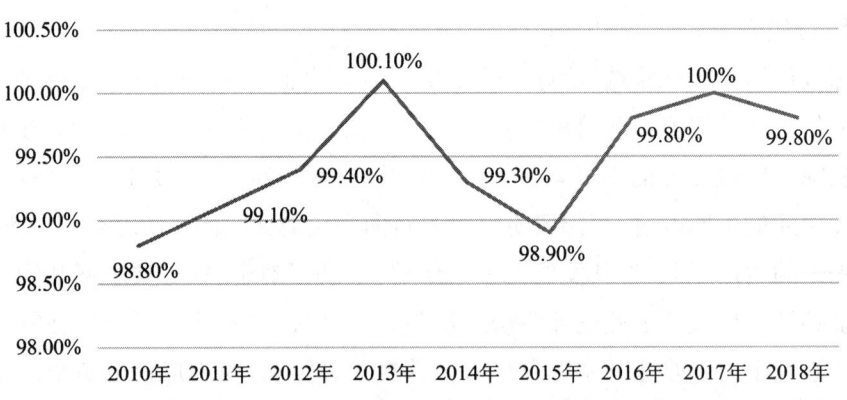

图 5-8　2010—2018 年我国十种有色金属产销率趋势图

2016 年前,10 种有色金属的期末库存量相对于期初均有所增加。在国家去产能、调整产业结构的政策引导下,这 10 种有色金属的库存情况在 2016 年出现减少的情况,2017—2018 年虽有增加但增加的比例明显降低,说明去产能已经有一定成效,但是有色金属行业的产能过剩情况仍存在,优化产业结构势在必行。国家也一直十分注重有色金属行业的产业结构问题,积极推进供给侧结构性改革。淘汰落后产能,做优增量和存量,不断改造创新技术,加强综合利用与降低污染成为有色金属行业未来发展目标与趋势。

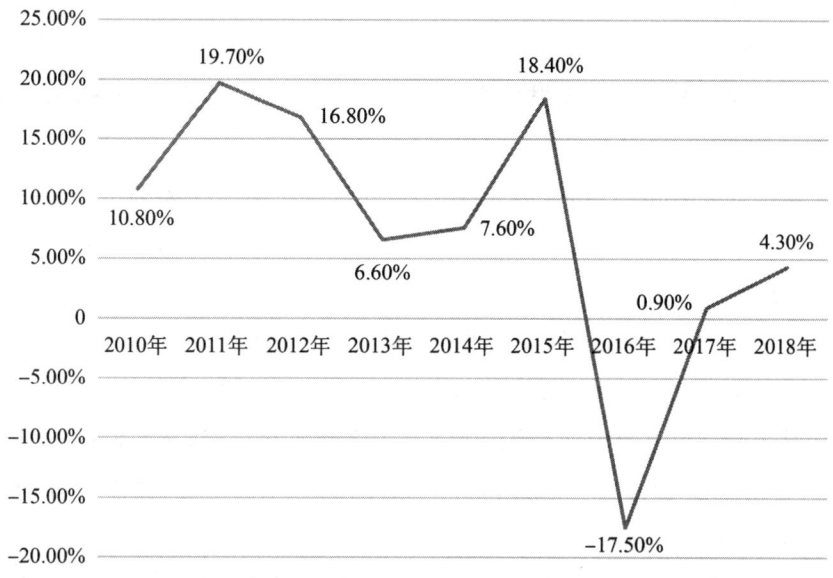

图 5-9 2010—2018 年我国十种有色金属年库存增长情况图

五、关键要点

在本篇案例分析中,教师进行课堂教学的关键点有以下两点:第一是务必要将理论依据与案例正文内容紧密结合,以保证学生对理论基础的充分理解,并能灵活运用企业并购的动因、并购的流程、并购整合及协同效应发挥对企业生产经营环节及内外部环境进行深入分析;第二是在案例教学的过程中,务必要做到由浅入深,层层递进,以生动的案例内容与引导性的问题为基础,帮助学生积极思考、主动分析,以达到"企业并购与重组"课程的教学目的。

(1)关键知识点在于:企业并购的动因理解;企业并购的流程分析;企业并购整合过程及其产生的协同效应;企业并购整合的全过程"并购的动因→并购的流程→并购整合→协同效应"。

(2)能力点在于:理解理论模型概念的能力;利用并购的动因分析企业内外部影响因素;利用并购的流程分析企业并购的具体步骤;利用并购整合及其协同效应分析企业快速成长的能力,并提出企业保持可持续发展的能力。

六、建议课堂计划

本案例可以作为专门的案例讨论课来进行,也可以随课堂内容作为讲解案例。以下是按照 90 分钟的课堂时间进度提供的课堂计划建议,仅供参考。

整个案例讨论课的时间应控制在两个课时内(每个课时 45 分钟)。

1. 课前教学准备

(1) 提前一周将案例资料下发给所有学生,并提出 4 个启发思考题,请学生在课前完成案例的阅读,并查找相关的资料,进行初步思考。

(2) 根据班级人数多少,将学生进行分组,并让学生站在本案例主人公的角度进行思考。每一个小组按规定主讲一个启发思考题,发言人在课上随机产生。

2. 课中讨论阶段

(1) 教师用 PPT 介绍江西铜业的相关企业背景、政策和产业信息,引导学生产生兴趣、深入思考,并明确学生发言的要求和重点(5~10 分钟)。

(2) 针对案例问题开展分组讨论,让每个小组聚集在一起,按案例的发展过程进行交流和分析,之后针对启发思考题进行讨论,鼓励学生积极发言,并形成各个小组的具体看法和结论(15~25 分钟)。

(3) 随机选取第一组的学生针对课前承担的问题进行主题发言(10 分钟),其余小组进行提问和交流(15 分钟)。

(4) 根据各小组的发言,引导全班深入讨论,并进行归纳总结。教师就学生讨论情况对各组进行点评,重点围绕逻辑思路和理论知识点去分析,引导学生运用恰当的理论观点,并对解决实际问题提供建议(25~30 分钟)。

3. 课后学习计划

针对企业并购整合全过程分析,要求每个学生结合自己所在行业或企业,将本案例的学习心得进行书面总结,独立完成一份案例分析报告。

案例六

赣锋锂业

——全产业链锂生态系统独领风骚

随着经济全球化的不断演变,锂企业发展迎来了新机遇。为顺应国际国内经济发展趋势,众多企业进行战略转型以寻求可持续发展。赣锋锂业股份有限公司(以下简称赣锋锂业)立足上游资源,布局下游业务,在短短10年内实现了全产业链锂生态系统。本案例详细梳理了赣锋锂业10年以来的战略发展之路,以上下游作为切入点,对赣锋锂业实施的战略决策进行深入剖析,帮助学生理解企业进行战略决策的动机及实施路径。本案例也可以为矿业行业其他企业提供发展的新思路,对处于经营困惑、生存危机的企业提供借鉴意义。

第一部分 案例介绍

引言

优秀的学生总是提前交卷,在新能源行业躲躲闪闪,恨不得迟点交年报的时候,2022年3月30日,赣锋锂业公布了2021年的年报业绩:2021年,赣锋锂业全年实现营业收入111.6亿元,同比增长102.07%;归属于母公司股东净利润达到52.28亿元,同比增长410.26%,归属上市公司股东扣除非经常性损益后的净利润为29.07亿元,同比增长622.76%。对于这喜人的业绩,董事长李良彬深感欣慰。赣锋锂业之所以能够交出这份满意的答卷,全产业链战略功不可没。

赣锋锂业成立于2000年,2010年上市后开始布局海外锂资源。随着2015年新能源产业的兴起,赣锋锂业进一步打造全产业链战略并进行快速扩张,由生产锂化合物逐步扩张到锂资源的提取、锂电池的生产与回收等环节,打造出"矿源—锂加工—电池制造—回收"完整产业链条并形成锂生态系统闭环,由一家小型公司逐渐成长为打通锂电全产业链的实力龙头企业,实现总资产与营业收入规模快速上升。赣锋锂业全产业链目标确立以来,引发了社会各界的热烈关注。媒体的报道、客户的认可、员工的支持还有政府的赞扬都让李良彬更加坚定自己选择的道路。回顾赣锋锂业的全产业链一体化之路,10年风雨征程,李良彬领导着赣锋锂业在激烈的行业竞争中坚毅前行,而这一幕幕仿佛就发生在昨天……

一、白手起家,成功创业

1988年,宜春学院化学系专业毕业的李良彬此时还寂寂无名,毕业后他被分配到江西锂场科研所工作,从事锂盐产品研制和开发。凭借自身的努力李良彬一路从技术员升到溴化锂分厂的厂长。1997年,智利化工矿业有限公司(Sociedad Quimica y Minera de Chile S. A.,SQM)在智利阿塔卡玛盐湖成功提锂,碳酸锂细粉末的纯度达到99%。而国内一批企业还在用传统硬盐提锂方法。1997年,改革开放的春风吹遍大江南北,李良彬人生转折点就在这年悄然而至。面对国内外的技术差异,李良彬对于手头企业的改革无能为力,在慎重考虑之后,李良彬做出了一个大胆的选择——辞去厂长职务,带领4个志同道合的同事共同创业。在那个激情燃烧的岁月,年轻人们背上行囊、踏上火车来到南方沿海城市,寻梦想找出路,成为时代的弄潮儿。

在偶然的一次谈话中,他了解到江西省河下镇正在大力招商引资并提供许多优惠政策。依靠政府投资的80万元,李良彬带着团队开始建设企业,很快就建立了第一条10吨的金属锂生产线。初次创业并不顺利,由于缺乏经验和经营理念不统一,公司经营困难、濒临破产,甚至走到公司被拍卖的地步。李良彬仍坚持自己的梦想,以总负债114万元、分期付款的代价换来了一座风雨飘摇的锂厂,不过希望也蕴藏在风雨之中。

改制后的赣锋金属锂厂,依靠90万元的资产,重新开始艰难起步。李良彬同时担任着技术员、工资核算员、采购员,更是销售主力。公司的经营状况逐渐好转。随着锂厂走上正轨,2000年,李良彬与赣锋金属锂厂签订资产转让协议,将锂厂转变成一家具有现代企业制度的有限公司,赣锋锂业通过改良创新,形成一批重要的核心技术。由于当时碳酸锂在传统行业中主要用于陶瓷、玻璃、润滑脂等产品的制造,市场仍然十分小,需求总量长期徘徊在10万吨/年,全球从事锂产品生产的企业只有20多家,国内市场也仅有10家左右。靠着工业级金属锂(主要在医药、石化、精细化工等领域用作催化剂)、工业级碳酸锂(用于制玻璃、熔块和陶瓷等)、工业级氯化锂(冶金助焊剂、催化剂等)、氟化锂(助焊剂)等基础锂产品,赣锋锂业完成了原始积累。2007年,赣锋锂业销售收入达到2亿元,净利润超过4 000万元人民币,金属锂、丁基(聚合催化剂、烃化剂)、氟化锂销量全国第一,其中氟化锂占据国内市场56.36%的份额。

早期赣锋锂业的迅猛发展势头引来了资本的关注,2007年4月,中比基金联合南昌创业投资有限公司(以下简称南昌创投)以及中国五矿集团有限公司(以下简称中国五矿),向赣锋锂业投资3 000万元人民币,投资完成后,中比基金占赣锋锂业10%的股份,南昌创投和中国五矿各占5%的股份。2007年10月,赣锋锂业完成股份制改革,李良彬持有39.25%的股份,为公司最大股东。

二、审时度势:市场波动成为赣锋转型契机

(一) 打江山易,守江山难

一切看似都稳步发展,直到2008年全球金融危机。此时,基础锂产品技术门槛并不高,众多企业纷纷涌入,市场需求却未有大幅增加。饱和的市场和萧条的经济让当时的赣锋锂业连续一个季度营业收入骤减,面临亏损。为扭转局面,在公司各级的齐心协力下,赣锋锂业采取了一系列措施。在其他企业纷纷降价,寄希望于低价抛售时,李良彬却另辟蹊径,将目标放在了电池级金属锂、电池级碳酸锂市场,收缩传统工业级金属锂产能。研发新品、新建生产线,仅仅两个月新产品便顺利研发并成功上市,6个月内

新生产线已稳定运行。当金融危机接近尾声时，电池级锂系列产品市场空白、需求激增，赣锋锂业成功抢占市场，改善了原本的营收局面。

尽管赣锋锂业此次在行业内一战成名，但在市场波动的风险依然存在。李良彬深知，赣锋锂业仍有诸多不足，比如产品单一、原料供应受制于人、市场需求不稳定、核心竞争优势仍未形成……经历过这次的行业洗礼，众多同业竞争企业销声匿迹，这让李良彬事后想起仍然后怕，也让他开始反思，如何才能增强公司应对危机的能力？

（二）纾困解难：初步确立全产业链战略

2008年，李良彬与几位高管在公司董事会内部会议上进行了前瞻性的讨论：当前，无论选择何种单一环节的补救措施，都无法完善规模与回报最大化的问题，无法实现自身价值的创造能力，更不能保证企业的持续性发展。无论外部竞争环境如何变幻莫测，都必须深耕资源和产品这两个会产生长期价值的领域。如果企业追求长期价值，就必须确保打造可持续发展的产业链条。

"当前锂资源不仅集中分布在智利、澳大利亚等9个国家，所有权也掌握在智利SQM、Chemetall等外国企业手上，赣锋锂业需要从其他矿产公司手上大量采购锂矿石，原材料无法得到稳定保障。此外，赣锋锂业目前以金属锂制造为主，无论是工业级金属锂还是电池级金属锂，一旦市价跳水，就会面临严重的财务危机，可见单一的产品无法满足赣锋锂业持续发展的战略目标。且与其将金属锂或化合物产品销售至工业企业进行下一步加工，那么为何不能直接跳过工业企业自己生产下游电池产品呢？"

在一系列意见交锋后，大家得出了一致的答案：确保产品价值的优质产业链就是企业的核心竞争优势。试想，如果赣锋锂业是一家集上游矿源、中游丰富锂化合物制造、下游电池生产的公司，不仅可能孵化出更多的锂产品品类，而且会随着时间的积累营生出更多价值。"全产业链的战略发展模式不正是如此吗！"李良彬一拍桌子，兴奋地说道。全产业链的业务模式需要长期的历史积累、庞大的资产规模和产业布局基础，而赣锋锂业此时风头正盛，正是全力进行战略转型的好时机。一旦长时间去做，产业链的各环节互相连接，便能集中各环节的业务竞争力实现战略转型，未来这将是长期且强有力的核心竞争力。当董事会内部会议落下帷幕时，赣锋锂业打造全产业链的战略便全面展开。

三、上下求索，双驱动全产业战略全面开展

2009年补贴新能源汽车产业的相关政策一经发布，公司上下十分欣喜，这对于赣锋锂业布局全产业链战略无疑是一个绝佳的机遇。李良彬的初步设想是：围绕"锂"，采取内涵式与外延式相结合的双驱动战略，同时也是紧密型多元化与纵向一体化结合的产业链延伸模式，途径包括兼并收购、投资自建、产业整合或搭建战略联盟等。

李良彬将具体的双驱动战略的初步设想向下传达：在内部增长中，赣锋锂业采用紧

密型多元化模式。当前赣锋锂业已构建出国内唯一一条"卤水、含锂回收料至碳酸锂、氯化锂至金属锂至丁基锂、电池级金属锂至锂系合金"的产品链条,面对锂化合物产品需求量快速上升期的市场机遇,赣锋锂业能否以技术研发为重点,对锂化合物的提取技术、锂回收技术、固态锂电池研发领域进行投资,促进中游制造多元化发展。在外延扩张方面,能否采用纵向一体化延伸策略,积极对上游锂矿资源进行布局,以确保原材料的稳定供应和定价话语权。同时延伸产业链下游高附加值的产业,如锂电池制造等。自创业以来,李良彬扎实的专业知识与果断的胆识都为公司员工所钦佩,这一具体设想一经提出,立即得到了公司上下的支持,大家齐心协力准备打赢这场战略转型之战。

对标当前锂盐企业采用的传统锂制造产业链,如图 6-1 所示。赣锋锂业构建了自己的全产业链架构图,如图 6-2 所示。

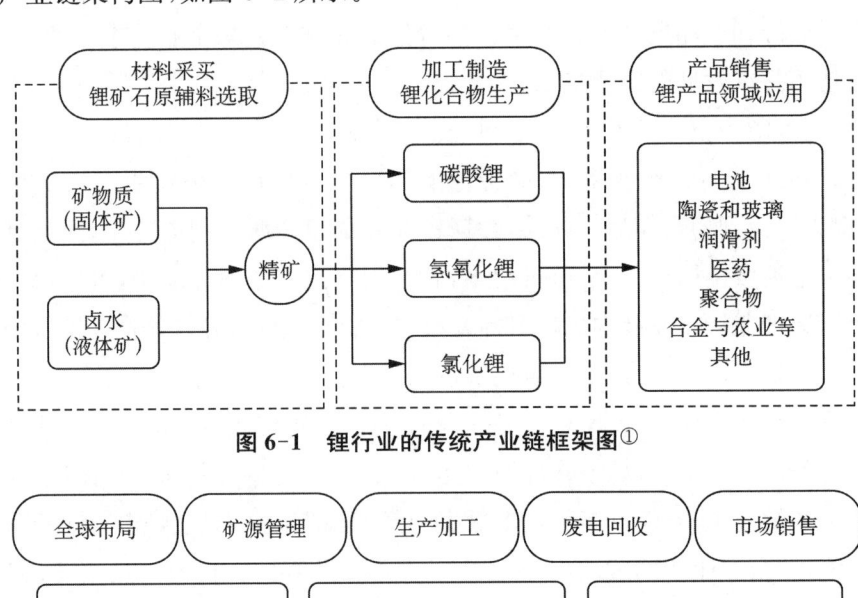

图 6-1 锂行业的传统产业链框架图[①]

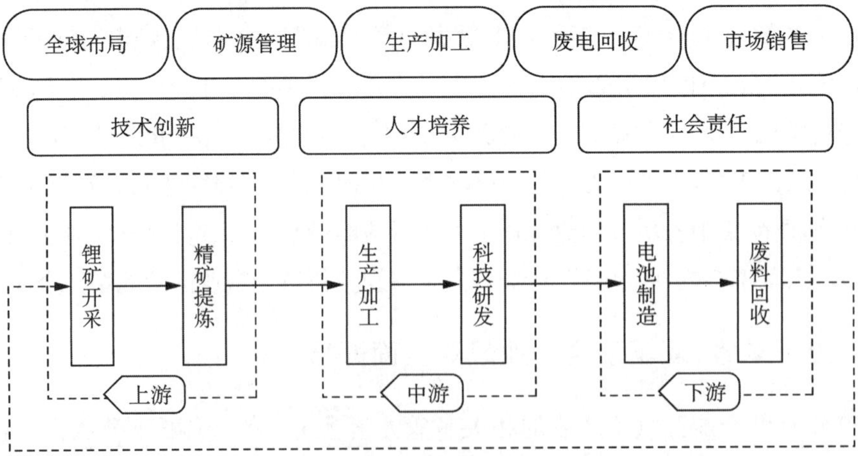

图 6-2 赣锋锂业的全产业链架构图[②]

---

① 图片来源:根据赣锋锂业官网业务概述绘制。
② 图片来源:根据赣锋锂业官网业务概述绘制。

(一)追本溯源:"参股+包销"布局上游锂矿资源

作为产业链的基础环节,锂矿中金属锂的纯度决定了锂矿的提取难度,纯度越高提取难度越低、经济价值越高。如果能够拥有优质的矿山和盐湖,就能够降低开采成本。而全球锂矿分布区域高度集中,全球近91%的储量主要分布在智利、阿根廷等国家,如图6-3所示,且锂矿所有权又掌握在外国企业手里。因此,为掌握市场竞争中的主动权,延长锂产业链,保证在锂电产业需求如此旺盛的时刻不受制于人,李良彬与决策团队共同决定:买矿。

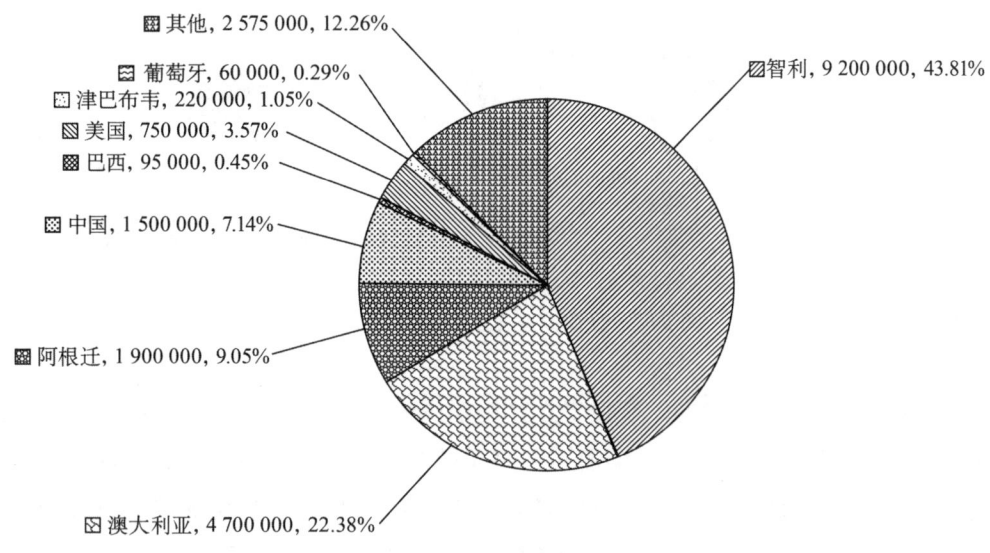

图6-3 全球锂储量分布图[①]

走上资本市场的赣锋锂业,如同按下了"加速键"。从2011年以来,赣锋锂业陆续完成对加拿大、澳大利亚、阿根廷等多地锂资源公司的收购,逐渐掌握原材料成本优势,如图6-4所示。虽然掌握上游锂矿能够获得稳定的原料供应,但一旦锂盐价格暴跌,也会对公司资金流转造成很大压力。好在赣锋锂业一直采取稳中求进的运营策略,李良彬并没有重仓押注某一两座矿山或盐湖,而是广撒网。首先,通过公开或非公开方式发行股票募集资金,然后使用募集资金参股海外优质锂矿资源企业;其次,赣锋锂业还会与相关企业签署包销协议或设立股权期权等来获得矿产资源,其中签订的包销比例远高于持股比例;最后,实现对上游资源的控制,以参股、签订包销协议和股权期权相结合的创新方式,能够达到以较少的资源投入而获取更多的上游资源的目的,为上游精炼锂以及中、下游产能的扩张保证原材料的供应。

涉猎上游锂矿资源后,为保证锂供应链的安全稳定,赣锋锂业开始研究自己的供应

---

① 图片来源:根据赣锋锂业官网2021年年报数据整理而来。

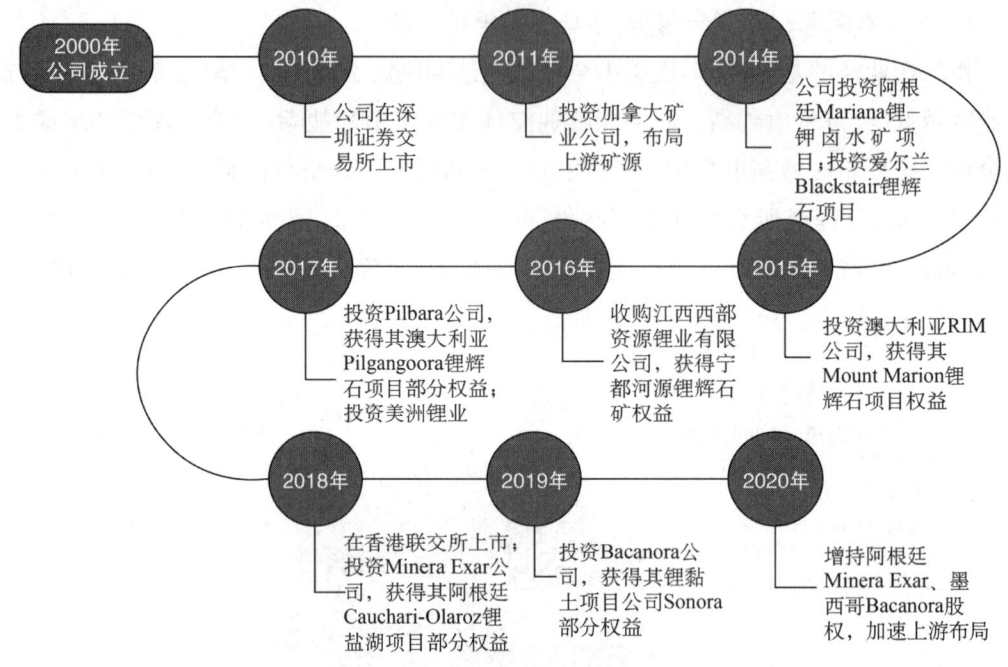

图 6-4 赣锋锂业上游业务布局历程①

链,以达到可持续发展的目的。李良彬立刻组建供应链尽责管理小组制定《供应商行为准则》对供应商的行为进行引导和规范,并将可持续发展的理念纳入采购流程。坚持以可持续发展为责任供应链的决策导向,降低社会风险与环保风险,确保产业经济价值与环境价值的平衡同步实现。同时,赣锋锂业还承诺遵循《供应链尽职调查指南》等文件的要求。在供应链尽责管理小组对供应链制度的不断完善下,进一步制定出赣锋"五步法",如图 6-5 所示。按照"五步法"对锂供应链进行管理,定期对上游供应商信息进行核实检查,保障锂矿开采、运输、加工等各个环节的安全。

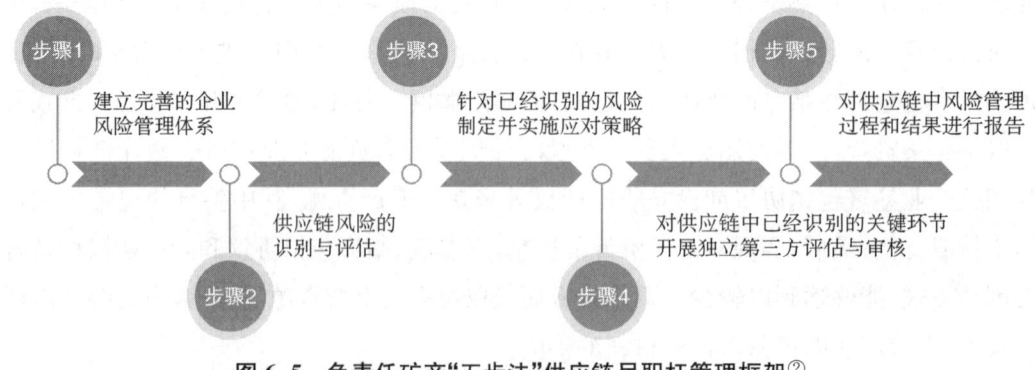

图 6-5 负责任矿产"五步法"供应链尽职杠管理框架②

---
① 图片来源:根据赣锋锂业官网发展历程绘制。
② 图片来源:摘自赣锋锂业官网。

(二)深耕终端:并购与自建进入下游电池新领域

想要建成一条完整的产业链,所需的远远不止是上游的繁荣。依托于资源及冶炼端的巨大优势,公司具备延长下游产业链的重要原材料基础。除了在上游大力买矿,赣锋锂业还加大了对产业下游动力电池的投入,继续朝打造"赣锋生态圈"的蓝图迈进。2011年收购江苏优派,取得了三元前驱体材料的核心技术。并于2014年投资设立赣锋电池科技有限公司,正式布局固态电池。2016年,赣锋锂业设立了固态电池研发中心,兼顾固态技术的研发与商业化。数年间,赣锋锂业陆续设立多家锂电池相关企业,进军高附加值下游产业端,如图6-6所示。

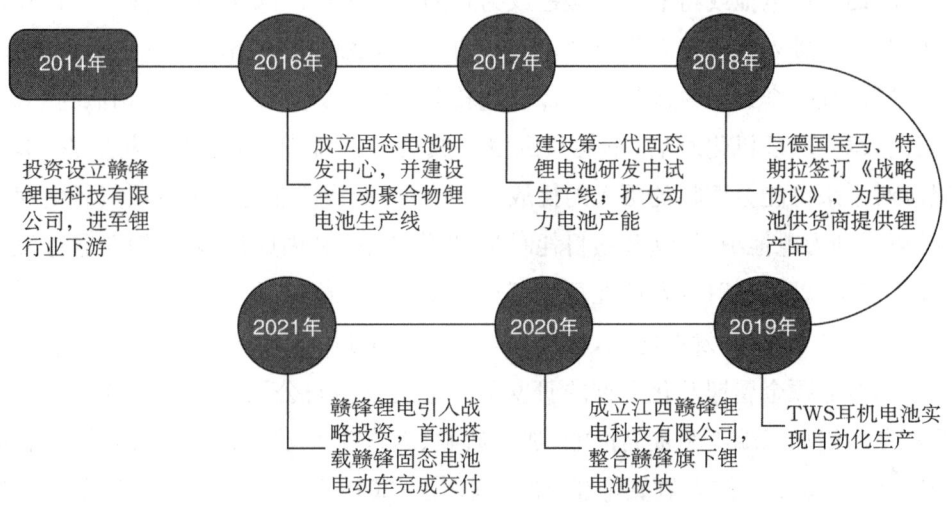

图6-6 赣锋锂业下游业务布局历程①

向上包销、参股锁定矿源,向下并购、自建拓展业务,赣锋锂业的全产业链战略进行得如火如荼。但李良彬却觉得还差点什么。锂产业作为绿色产业是我国贯彻绿色环保发展理念的重要布局,但废旧、退役电池的回收处理仍是行业难题。2016年的一天,李良彬在办公室随意浏览着新闻,心中思考着:那么是否要立即涉猎电池回收领域呢?这时,一条新闻报道映入眼帘:"十三五"规划顶层设计,电池回收政策导向明晰。新能源汽车及动力电池政策是新能源汽车行业发展的重要风向标。这给了李良彬信心与决心,要涉猎产业链的最终环节:电池回收,完成全产业链的闭环。

从原生资源冶炼再到下游应用场景的产业链中,赣锋锂业凭借领先的资源冶炼布局已具备显著的竞争优势,同时公司在电池回收布局上亦具备较高的市场地位。电池回收不仅可以提升关键电池原材料的供应,特别是公司电池一体化需要的镍钴原料,而

---

① 图片来源:根据赣锋锂业官网发展历程绘制。

且在未来以下游为责任主体的回收体系中,赣锋锂业在回收领域的发展有望与自身一体化至电池端的战略形成密切的协同效应。为解决未来退役大潮下的电池处理问题,赣锋锂业于2016年成立赣锋循环科技有限公司,对废旧电池中的取锂、钴、镍等化合物、前驱体等产品进行提取再利用,除回收外,公司也积极参股镍钴资源,为下游电池提供关键原材料。

(三)不忘初心:多元化巩固中游锂制造

受下游锂电池产业需求爆发式增长,2016年国内电池级碳酸锂价格持续上涨、行业产能持续提升。就在众多企业持续投产电池级碳酸锂时,李良彬却认为碳酸锂市场即将饱和,而高镍电池或将取代碳酸锂成为新的行业风口。同年,赣锋锂业将目标转向氢氧化锂,早早进入一线车企供应链。2017年年末,碳酸锂价格骤降,而氢氧化锂产品价格却逆势上涨,李良彬再次带领赣锋锂业转危为机。历史经常展露出相似的一面,李良彬明白,每一次危机化解后,不能只沉浸在成功的喜悦中,而是要不断反思、不断完善,以应对未来可能会面临的更大的挑战。这一年,赣锋锂业建立了多项氢氧化锂以及容量锂离子动力电池项目,这些项目耗时长、投资大、获利周期长,赣锋锂业通过发行可转债筹集资金,以较低财务费用在行业下行时完成了产能提升。

无论是买矿还是研发锂电池,赣锋锂业从未忘记过自己的老本行。在布局上下游产业的同时,兼顾金属锂及化合物的研发与产能提升。与公司不断增厚的锂资源相对应,赣锋在冶炼加工端不断提高产能、加大研发、新设生产基地、建立合作,锂产业链版图日渐清晰。2017年扩大氢氧化锂、碳酸锂产能;2018年开始与新能源汽车企业建立合作,为其提供锂化工产品;2020年进行马洪工厂三期项目投产,新增5万吨电池级氢氧化锂年产能……

四、如日方升:赣锋锂业枝繁叶茂

(一)板块协同:锂生态系统世界领先

从锂电产业链节点来看,其核心业务锂资源的开发、锂盐深加工以及金属锂冶炼业务等属于锂电产业链上游,赣锋锂业因此成为锂电产业链上游的龙头企业。赣锋锂业从这里起步,通过垂直整合,将产业链延伸至中游锂电池负极材料生产、锂电池制造以及下游废弃锂电池的综合回收利用,即锂电全产业链业务模式,如图6-7所示。经过20多年的努力,赣锋锂业已实现全产业链的闭环。如今上游锂矿资源遍布全球多个国家及地区,拥有优质锂矿、卤水资源;锂化合物、金属锂产能居全球前列;可为新能源汽车、电子设备等厂商提供从原材料供应至电池定制至退役电池回收全方位的服务。赣锋锂业建立的可循环锂电产业链,各板块业务相互连接,发挥各板块之间的协同作用,提升了行业进入门槛,稳固了企业市场地位。协同效应的产生,提升了赣锋锂业产业链整体运作效率,盈利能力提升,营运能力增强,提高了企业的可持续增长能力。

图 6-7　赣锋锂业的"锂循环"①

(二) 全面服务:个性定制建立多方合作

全球锂行业拥有高行业准入壁垒,包括充足、稳定、优质的锂原材料供应、专业技术与强有力的研发能力、与多元的蓝筹客户稳定合作、充足的初始资本、管理经验和人才储备。既要有矿、专业技术和科研团队、充足的资金、管理团队,还要有稳定的客户解决销路。赣锋锂业运用生产板块的丰富性、产业协同与产业价值链向顾客提供个性化的定制服务,能够协助客户降低交易费用、缩短生产周期以及降低产品成本。正是因为赣锋锂业强大的技术支持、高产能和全面的服务,才能够与特斯拉、大众、宝马等众多知名新能源汽车企业建立合作,如表 6-1 所示。

表 6-1　赣锋锂业与新能源汽车企业合作情况②

客户名称	协议签署日期	合作内容
韩国 LG 化学	2018 年 8 月	2019—2025 年,由公司及赣锋国际向 LG 化学销售氢氧化锂及碳酸锂产品
特斯拉	2018 年 9 月	2018—2020 年(可展期 3 年),特斯拉指定其电池供货商向公司及赣锋锂业全资子公司赣锋国际采购电池级氢氧化锂产品,年采购数量约为公司该产品当年总产能的 20%
德国大众	2019 年 4 月	约定未来 10 年将向德国大众及其供应商供应锂化工产品,在锂材料供应协议之外,德国大众还将与公司在电池回收和固态电池等未来议题上进行合作
德国宝马	2019 年 12 月	公司及赣锋国际将于 2020—2024 年(之后双方同意可延长)向德国宝马指定的电池或锂化工产品

---

① 图片来源:摘自赣锋锂业官方网站。
② 数据来源:根据新浪财经网整理而来。

(续表)

客户名称	协议签署日期	合作内容
优美科	2021年10月	2022—2026年(双方协商确认后可自动延长1年),向优美科供应电池级碳酸锂及电池级单水氢氧化锂,具体数量和产品品种按客户要求发货,价格依据市场价格变化调整

(三)优质矿源:资源自给降低成本

获得充足的优质原材料供应对实现业务规模及产品行业的增长至关重要,上游锂金属涨价会直接导致众多锂加工企业陷入困境。而当前赣锋锂业拥有多处优质矿产资源,能更好地把控原材料的价格。国内分布于青海省、江西省等地,国外分布于澳大利亚、阿根廷、墨西哥等地。不仅矿源众多,赣锋锂业所拥有的锂资源类型完备。其中包括投产国内外锂辉石矿源以及推进锂盐水矿床项目。在布局矿源的同时,赣锋锂业完善卤水提锂技术降低制造成本,参与黏土项目,进一步挖掘锂资源。通过布局锂矿资源,获取了稳定优质的原材料供应,并逐步形成了稳定、优质、多元化的原材料供应体系,保障了公司的业务运营、缩减了成本。这一优势使赣锋锂业的行业地位进一步稳固,不断领先于同业,成为赣锋的核心竞争力。

(四)市场占比:行业首位远超对手

锂化合物氢氧化锂是赣锋锂业的重要产品,2021年其产能份额与产量份额在产品市场中领先竞争对手,产品竞争力高。三元锂电池是现阶段新能源汽车电池的主流应用,氢氧化锂是三元锂电池的重要化合物,市场产能增加的同时,赣锋锂业氢氧化锂产能释放。2021年赣锋锂业在全球氢氧化锂产能份额中占比22%,已超越Albermarle位列第一;产量份额为28%,远超其他竞争企业,如图6-8所示。

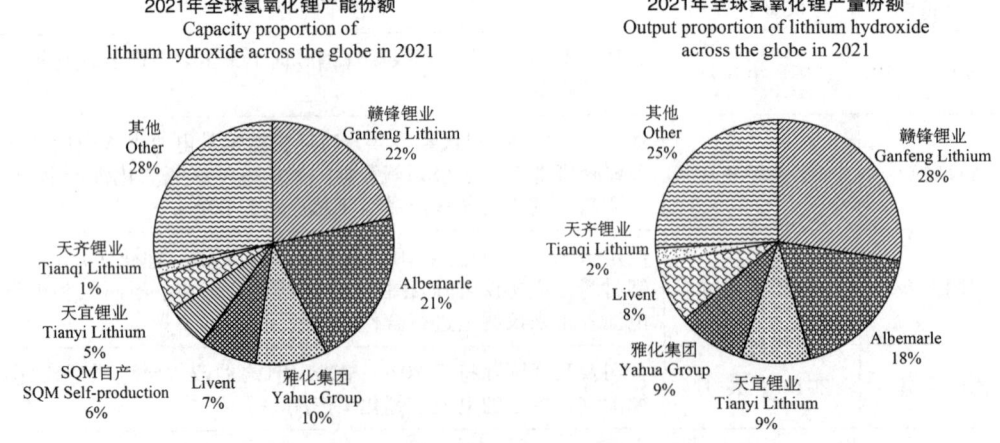

图6-8 2021年全球氢氧化锂产能份额与产量份额①

---

① 图片来源:摘自赣锋锂业官网2021年年报。

(五) 经营业绩:快速扩张稳步增长

依据赣锋锂业财报披露的重要数据分析,近10年来其总资产、营业收入快速增长。截至2021年12月31日,营业收入由2011年的4.75亿元增长至2021年的110.43亿元,增长约23倍。净利润从2011年的0.54亿元增长至2021年的52.25亿元,增长幅度约为96倍,如图6-9所示。营业收入在2015年快速上升,是由于新能源汽车行业带动市场需求,赣锋锂业产能释放,市场销售量提高,主营业务收入快速上升,2015年后赣锋锂业持续加速扩张,收购国内外矿业资源企业,构建大型锂化合物生产项目并向下游收购、自建与锂电池相关企业,但在2017年后营业收入的增长逐步趋于平缓。

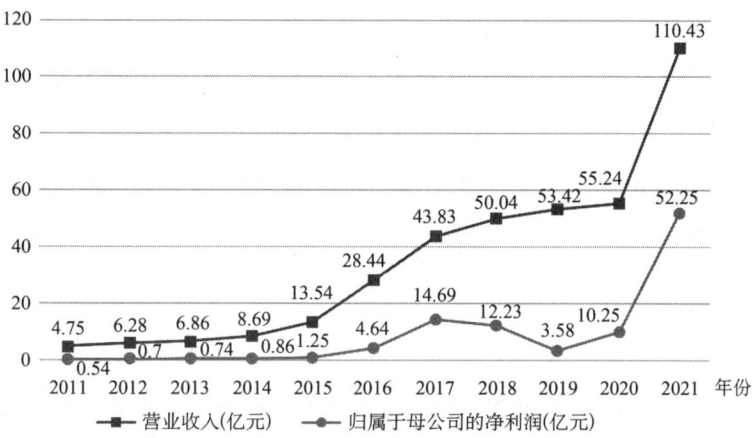

图6-9 赣锋锂业2011—2021年营业收入与净利润①

赣锋锂业2021年基本每股收益为3.73元,呈现先上升后下降的趋势,2021年达到最高,同比增长472.15%,如图6-10所示。净资产收益同每股收益的趋势相同,净

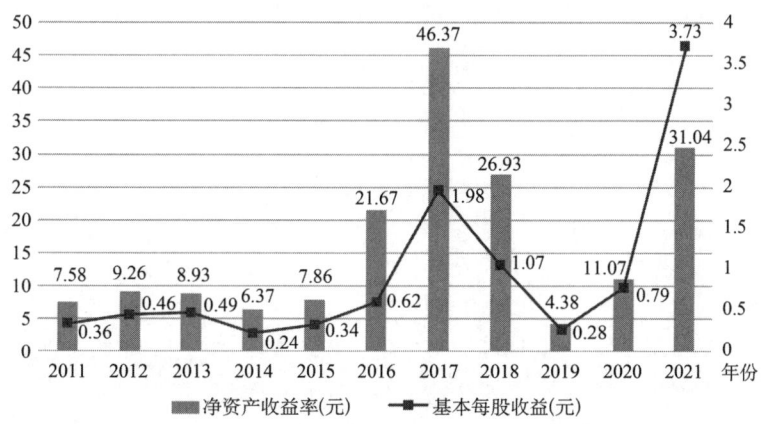

图6-10 赣锋锂业2011—2021年每股收益与净资产收益率②

---
① 数据来源:根据赣锋锂业官网2021年年报数据整理而来。
② 数据来源:根据赣锋锂业官网2021年年报数据整理而来。

资产收益率与企业的可持续增长能力相关。

尾 声

  赣锋锂业亮丽的业绩一定程度上依赖涨价红利,下游产品需求火热导致产品供不应求。作为锂电池的重要原材料,碳酸锂与氢氧化锂的价格2020年起出现周期性反转。2021年受疫情影响供应链紧张加剧,加之新能源汽车需求激增,价格进一步上涨。如此红利能够维持多久?锂价是否能够继续上涨?此外,国家补贴政策原计划至2020年年底前完全退出,但为避免产业出现断层,在2020—2022年设置补贴退坡缓冲器,每年逐渐退坡10%。政策的帮助减退,意味着赣锋锂业今后发展的盲目性与不确定性增加,需要全凭自身判断来把握行业发展方向。

  回首来路,李良彬带领着赣锋锂业乘风破浪;展望去处,赣锋锂业将继续前行。赣锋锂业全产业链战略未来长久成效如何,求索之路上会诞生哪些有价值的实践意义抑或经验教训,让我们拭目以待。

启发思考题

  (1) 结合全产业链战略的动因,分析赣锋锂业选择全产业链战略的原因。

  (2) 赣锋锂业实现全产业链战略转型的方式、实施手段有哪些?

  (3) 通过全产业链战略的实施,当前赣锋锂业获得了哪些竞争优势?

  (4) 除了案例中所提到的,赣锋锂业未来还会面临哪些风险与挑战?当前的全产业链模式又该如何进行调整?

第二部分　案例使用说明

一、教学目的与用途

1. 适用课程

本案例主要适用于"战略管理"课程中"战略决策""战略转型""战略分析"等相关章节的教学，也可作为"战略管理"课程相关章节的延伸阅读案例。

2. 适用对象

本案例的适用对象包括 MBA、财会专业本科生等。

3. 教学目的

在全球化的趋势下，锂矿业企业身处复杂多变的价值链条中，如何进行战略选择把握价值链上的核心环节，增强企业的竞争力和产品附加值，一直是锂矿企业所面临的实践难题。本案例详细描述了赣锋锂从单一中游锂制造业务到上中下游一体化全产业链实现。本案例的阅读和讨论，旨在引导学生了解全产业链战略选择过程中的关键环节与打造全产业链的意义。

二、分析思路

教师可以根据自己的教学目标来灵活使用本案例。这里提出本案例的分析思路，如图 6-11 所示。

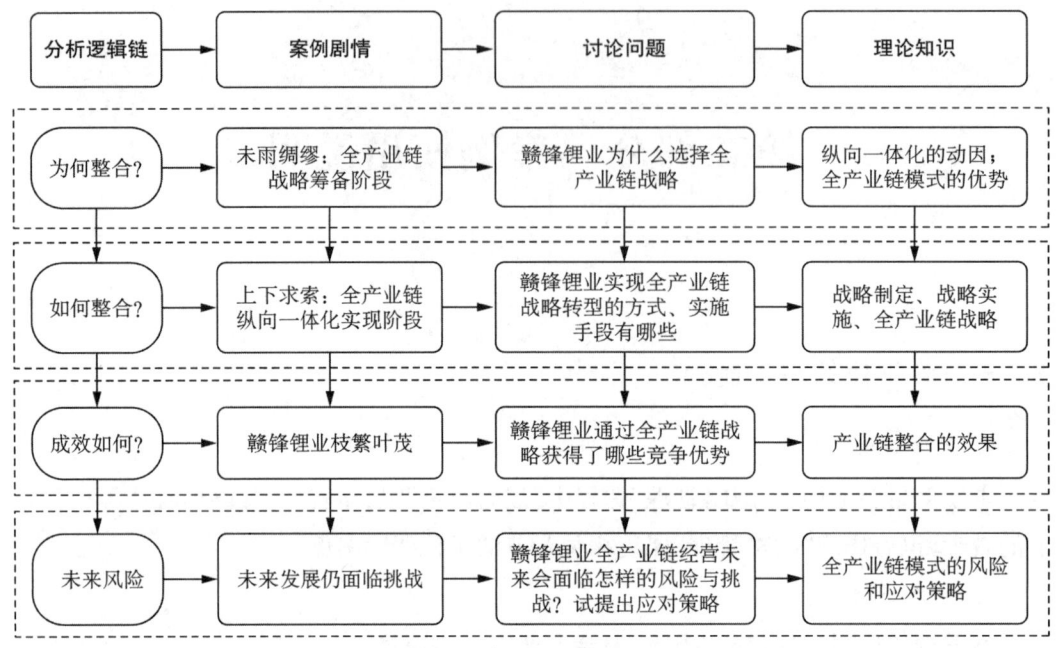

图 6-11　案例分析思路导图

三、理论依据及分析

思考题 1：结合全产业链战略的动因，分析赣锋锂业选择全产业链战略的原因。

【理论依据】

全产业链战略的三大动因分别是降低交易费用、实现协同效应和增加企业市场份额。

1. 降低交易费用

罗纳德科斯在《企业的性质》中首次提出市场交易存在成本，企业组织的出现是为了节约某些市场运作成本。这些运作成本可能由信息阻塞、机会主义与市场不确定性形成，是企业的管理成本。交易成本的比较决定了市场与企业的替代边界，其中交易效率决定两者的替代，当市场交易效率低，人们会偏向选择企业组织；企业规模也会影响市场与企业替代，当市场中现存的、潜在的交易费用越高，资产专用程度越高，企业越倾向于纵向一体化发展，在"联合"与"一体化"扩张时，企业交易成本可能下降。纵向一体化伴随着产业链整合，企业打破生产、规模、管理等边界，推进产业链向有序演化，旨在降低交易费用形成最优资产组合。农产品企业运用收购、控股与兼并重组等手段形成纵向延伸型产业链，形成利益共同体，可以降低交易的不确定性、资产专用性与交易次数，从而降低交易费用。河南省志元食品有限公司、国联水产开发股份有限公司是我国实力雄厚的农业企业,两者实施目的为降低交易费用、增强行业竞争力;电力企业在实施产业链垂直整合战略中发现交易费用被有效降低。

2. 实现协同效应

企业生产需要知识与技术的积累,知识与技术水平越高,资源越具有深度,企业提供平台利于资源与能力不断整合与搭建,旨在产生协同效应,创造出额外价值。协同理念是指企业合并后整体价值大于原分散企业的价值之和,协同是企业间匹配关系的理想状态。产业链纵向整合将内外部知识进行整合与提升,不但能促进产业链的整体运作效率也能达到管理、经营与财务三方面协同,从而提高生产收益、提升企业价值。有学者在分析产业链价值创造路径时,结合中粮集团案例,阐述了价值创造路径是企业基于自身的核心竞争优势,动态调整管理方式,将战略活动更好地转化为集聚效应,在降低交易费用的同时产生知识、业务的协同效应,保证价值创造的持续性,提高企业价值。协同效应作为企业构建全产业链的重要动因,但也是最难实现的,因为企业在上下游产业整合的过程中,由于不同的公司、部门与单元的分工不同,地点不同,所处权益不同,实际治理中众多板块经过整理与规划形成一个高效整体,将要面临很大的挑战。

3. 增加企业市场份额

垄断企业依靠其市场势力,通过制定高于市场平均成本的价格从而获得垄断利润,而产业链的构建整合被认为是企业取得垄断价格的实现路径,通过横向整合提高市场集中度或通过垂直整合提升市场话语权。无论是水平一体化还是垂直一体化,都是为了获得竞争优势,获得市场份额。

企业在市场交易中往往面临不确定的需求环境,合作方出现的潜在机会很可能为企业带来一定风险,这种市场不确定性风险可以通过纵向一体化战略来降低。通过对产业链每个节点的控制,从上游的原材料稳定供应到中游的价值链环节的质量把控以及终端的信息及时反馈需求来调整产品的生产与服务。另外,创新也是产业链垂直整合的动因之一。产业链整合是资源驱动向知识驱动的转变,只有资本与知识积攒到一定程度,才能实现企业规模的延伸,资源空间的扩大,竞争优势的增强,信息技术也会推动产业链的垂直整合。产业链垂直整合会在企业内外部创新驱动和协同创新之间搭建桥梁,产业链的整合程度越大,创新对企业绩效的正向影响越大。

【案例分析】

在本案例中,赣锋锂业既布局上游锂矿资源,又将业务拓展到下游锂电池产业和电池回收上,形成全产业链布局,如图6-12所示。赣锋锂业进行后向一体化主要是出于把握市场机遇、顺应政策调整、打造全产业链竞争优势的主观诉求,前向一体化主要基于保障原料稳定供应、应对市场波动的客观需要。下面分别从重要性与必要性对赣锋锂业纵向扩张的背景和动机进行分析。

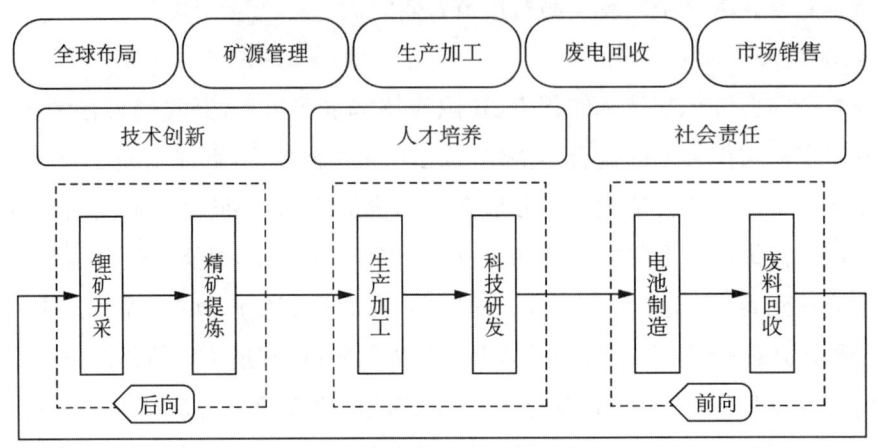

图 6-12　赣锋锂业全产业链模式

1. 重要性分析

后向一体化：原材料市场波动与受制于外国企业是赣锋锂业实施后向一体化的主要推动力。一方面，锂矿分布区域高度集中，全球近 91% 的储量主要分布在智利、阿根廷、澳大利亚等国家，且锂矿所有权又掌握在外国企业手里。赣锋锂业起初主要从事锂产品加工业务，上游锂矿石供应的不稳定直接导致了生产存在较大的隐患。另一方面，我国锂矿提炼技术落后于他国，原材料提炼损耗大、效能低。为保障产品质量，实现长远发展，赣锋锂业主动布局上游锂矿开采与精矿提炼环节。在买矿的同时通过标准化的基地建设、规范化的责任管理、有效的质量控制，保证锂资源的安全、有效、稳定、可控。赣锋锂业通过对上游的整合，大大降低了由于原料供应的不确定性所带来的风险，降低了搜索成本、监督成本和谈判成本；加上赣锋锂业以内部价格获得更稳定的锂资源供应，降低了整体生产和供应成本。

前向一体化：在原料供应得到保证后，赣锋锂业开始实施前向一体化，把价值链拓展到下游端。随着国家提出双碳的目标，并相继出台对新能源行业的支持性政策，以及锂产品市场需求持续稳定增加，锂电池市场前景广阔，商机巨大；同时，通过布局下游，提高品牌知名度，拉动锂产品的销售。为了布局下游赣锋锂业主要采用两种方式：并购与自建，一是收购锂电池企业，掌握核心技术；二是设立研发中心与生产线，兼顾固态技术的研发与商业化。

2. 必要性分析

2010 年前我国锂矿行业的宏观环境如表 6-2 所示，由此可以发现，我国对锂矿产品质量标准、准入门槛要求等。随着国内金属锂快速扩张，锂矿资源供求矛盾日渐突出。且锂矿分布区域高度集中,全球近91%的储量主要分布在智利、阿根廷、澳大利亚等国家。预计至2025年,锂矿的供给缺口仍达到8.8万吨,在如此之大的缺口下,能拥有优质锂矿资源,无疑能成为"锂界王者"。而保障矿源安全稳定则成为锂盐企业品控中最为关键的环节。

表6-2 2010年前我国锂矿行业的宏观环境

制约因素-P	经济因素-E
• 我国优质锂矿资源不够丰富 • 矿业管理步入法治轨道 • 矿业整顿和振兴规划纲要的出台	• 工业发展,对锂的需求量增加 • 行业起步晚,发展水平低
社会因素-S	技术因素-T
• 对锂电池等锂产品的需求增加 • 人们对新能源产品的认可度增加 • 消费者不够理性	• 国内总体锂生产技术水平落后 • 部分技术处于研发阶段

从企业内部视角来看,对上游进行一体化整合需要投入大量的人、财、物,故要从VRIO四个方面评价掌握上游环节对赣锋锂业来说是否意味着获取有竞争力的、有价值的资源,以及是否有利于赣锋锂业建立长期的竞争优势。

价值(value):通过投资锂矿资源,公司能够获得稳定优质的锂原材料供应,现有的包销协议可支持公司当前产能及现有扩产计划的锂原材料需求。长期优质、稳定的锂原料供应保障了公司的业务营运,成本优势将提高公司竞争力、改善盈利能力及巩固行业领先地位。

稀缺性(rarity):很多加工锂的企业,会因为上游锂金属涨价而陷入困境。赣锋整合上游产业链能够控制矿源的品质与供应量,而整个行业目前最为缺乏的便是高品质的矿源和稳定的供应关系。

难以模仿性(inimitability):赣锋锂业在行业中技术领先,拥有五大类逾40种锂化合物及金属锂产品的生产能力。整合上游产业链属于重资产项目,资金耗费大,进入壁垒高,竞争对手难以短期模仿。

组织(organization):李良彬科班出身,从小就接触锂制造化学工业,且具有强大的领导力。原始创业团队一直追随李良彬,经验丰富,因此赣锋锂业团队拥有强大的执行力。这在赣锋的产业链整合过程中能够发挥出更大效用。

从上述四个方面分析,整合上游环节会给赣锋锂业带来兼顾价值、稀缺性、难以模仿性及组织性的独特资源,也能够发挥赣锋锂业强大的团队执行力,有助于赣锋锂业在市场竞争中进一步提高经济效益,并构筑较高的行业竞争壁垒。同时,整合上游也符合行业发展的未来趋势,也有助于企业规避安全生产风险,从而建立长效竞争优势。故从企业内外部综合分析,整合上游具备必要性。

综合上述重要性与必要性分析,赣锋锂业全产业链战略实施动因总结如下。

1. 战略定位的需要

赣锋锂业通过紧密型多元化与纵向一体化结合的产业链延伸模式实施全产业链战略,当企业规模扩大产生规模经济效应时,一方面可以降低企业单位产品成本,另一方面可以提升生产效率。但是企业资源是有限的,全产业链的建立会使得企业资源配置不均衡。而垄断竞争理论与有效理论为企业的规模经济与资源合理配置之间的平衡打下了理论基础。因此赣锋锂业从战略定位角度出发,掌控上游锂资源、中游重要锂化合物生产、下游锂电池,从而获得较强话语权,打造垄断优势,构筑企业护城河,提升企业竞争力,扩大市场份额。

2. 提高资源自给能力

由于锂资源自给率不足,赣锋锂业毛利率显著被压低,2011年至2015年毛利率在20%上下徘徊,低于同行业水平。根据可持续增长理论,企业毛利率提升,盈利能力增强,在收入规模不变的条件下,企业获得利润增加,内源资金增加,有助于企业扩大生产规模,增强研发力度,实现企业的可持续增长。

3. 应对政策退坡

2015年新能源汽车补贴政策推广至全国,锂电池需求量快速上升,锂盐价格暴涨,公司营业收入随之上涨。2018年锂化合物产能逐渐释放,价格下降,又由于新能源汽车行业补贴政策退坡,企业主营锂系列产品毛利率被压缩,收入增长速度放缓。此时,新能源汽车产业转向市场导向,企业竞争加剧。2019年后补贴政策进一步细化,倾向于高端技术产品,所以低等锂电池逐渐被淘汰。锂电企业易受政策影响,因此赣锋锂业一方面通过实施全产业链战略,掌握上游锂资源,降低行业政策带来的价格影响;另一方面积极收购或建立锂电池企业,加大研发投入,跟随政策引导方向,研发固态锂电池等高科技电池及材料,增强市场竞争。

4. 实现板块协同

产生协同效应是赣锋锂业实施全产业链战略的重要动因。协同效应理论普遍认为企业合并整合后整体价值更大,通过集聚效应,降低交易费用,产生知识、业务的协同。赣锋锂业建立的可循环锂电产业链,旨在连接各板块业务,发挥各板块之间的协同作用,提升行业进入门槛,稳固企业市场地位。协同效应的产生,可以提升产业链整体运作效率,企业盈利能力的提升,营运能力增强,提高企业的可持续增长能力。

思考题 2：赣锋锂业实现全产业链战略转型的方式、实施手段有哪些？

【理论依据】

战略制定：战略制定是指确定企业任务，认定企业的外部机会与威胁，认定企业内部优势与弱点，建立长期目标，制定供选择战略，选择特定的实施战略。战略制定是战略计划的形成过程，是企业基础管理的一个组成部分，需不断完善。

战略实施：战略实施是战略管理过程第三阶段活动，是把战略制定阶段所确定的意图性战略转化为具体的组织行动，保障战略实现预定目标。新战略的实施常常要求一个组织在组织结构、经营过程、能力建设、资源配置、企业文化、激励制度、治理机制等方面做出相应的变化和采取相应的行动。

【案例分析】

1. 参股与包销结合打造锂矿龙头企业

2011 年以来，赣锋锂业已完成对 7 项海外锂矿资源项目与 1 家国内锂资源有限公司的收购。赣锋锂业目前锂原材料的主要来源是澳大利亚的 Mount Marion 项目，非洲马里 Goulamina 锂辉石项目、青海锦泰项目、青海一里坪项目等项目均在建设或勘探中。赣锋锂业先通过公开或非公开方式发行股票募集资金，然后使用募集资金参股海外优质锂矿资源企业，此外，赣锋锂业还会与相关企业签署包销协议或设立股权期权等来获得矿产资源，其中签订的包销比例远高于持股比例，实现对上游资源的控制。在锂电行业中，赣锋锂业以参股、签订包销协议和股权期权相结合的创新方式，达到了以较少的资源投入而获取更多的上游资源的目的，为上游精炼锂以及中、下游产能的扩张保证原材料的供应。

2. 可转换债券助力产能扩张

受下游锂电池产业需求爆发式增长，2016 年国内电池级碳酸锂、氢氧化锂价格持续上涨。赣锋锂业建立了多项电池级碳酸锂与氢氧化锂以及容量锂离子动力电池的项目，这些项目耗时长、投资大、获利周期长，赣锋锂业通过发行可转换债券筹集资金，以较低财务费用在行业下行时完成了产能提升。

3. 并购与自建进入新领域

赣锋锂业进入下游锂电池领域，2011 年收购江苏优派，获取了三元前驱体材料的核心技术；2014 年 9 月，通过发行股票与现金支付收购深圳美拜，2016 年美拜电子两次起火，最终停产。美拜电子的主要资产与技术支持迁移至东莞赣锋，同时企业贷款投资建立了全自动聚合物锂电池生产线项目。2017—2020 年，赣锋锂业设立多家锂电池相关企业，进军高附加值下游产业端。

> **思考题 3**：通过全产业链战略的实施，当前赣锋锂业获得了哪些竞争优势？

【理论依据】

目前，食品、新能源、农业、医药、媒体等众多领域均有企业实施全产业链战略。ADM、邦吉、嘉吉和路易达孚是国际四大粮商，这些企业将纵向一体化延伸与紧密型多元化扩张作为核心战略，打造了具有协同效应的全产业链模式，是农业产业化的创新案例。"浙江寿仙谷"利用当地资源，整合链条间优势资产，不仅解决了企业收益低下的问题，更提高了农民收入，提升了经济效益，对社会乃至生态起到了正向作用。钢铁企业、食品制造业和化工行业实施全产业链战略不但能够带动更多企业的参与，也能在不断整合中创造价值，且整合程度越高，财务绩效越好。产业链整合通过正向调节企业内外部创新的关系影响创新绩效，我国代表性建筑工业化企业经过产业链整合发现产业链整合与创新协同、创新绩效呈显著正相关。万达商业地产公司打造涵盖上游技术研发与设计、中游房屋建造再到下游的市场营销、运营管理的全产业链模式，既保证项目前期建设的可行性，又增强了资源投入的可衔接性以及获取市场需求的敏感性，同时提升了企业的核心竞争力与价值创造力。

【案例分析】

现如今赣锋锂业能够提供涵盖五个主要类别逾 40 种锂化合物及金属锂产品。业务贯穿资源开采、提炼加工、电池制造回收全产业链，产品被广泛应用于电动汽车、储能、3C 产品、化学品及制药等领域。从中游锂化合物及金属锂制造商成功扩大到产业价值链的上游及下游，取得了有竞争力的锂原材料供应、确保成本及营运效益、在多个业务线间取得协同效应。全产业链布局如图 6-13 所示。

上游锂资源：赣锋锂业通过在全球范围内的锂矿资源布局，覆盖锂辉石、卤水、黏土资源，分别在澳大利亚、阿根廷、爱尔兰、墨西哥、马里和我国青海、江西等地，掌控了多块优质锂矿资源。

中游化合物及金属：锂化合物。赣锋锂业生态系统的核心为锂化合物业务板块，主要产品包括电池级氢氧化锂、电池级碳酸锂、氯化锂、氟化锂等，广泛应用于电动汽车、便携式电子设备等锂电池材料及化学及制药领域；锂金属及合金系列。赣锋锂业的金属锂产品产能排名全球第一。赣锋锂业能够根据客户需要生产不同规格型号及厚度的金属锂锭、锂箔、锂棒、锂粒子、锂合金粉及铜锂或锂铝合金箔，主要用于锂电池负极材料、医药反应催化剂、合金及其他工业品材料。

下游锂电池：赣锋锂业大部分使用自锂化合物业务板块的客户处采购的负极材料、正极材料及电解液生产锂离子电池，主要用于电动汽车、各种储能设备及各种消费型电子设备，包括手机、平板、笔记本电脑、TWS 耳机、无人机等。

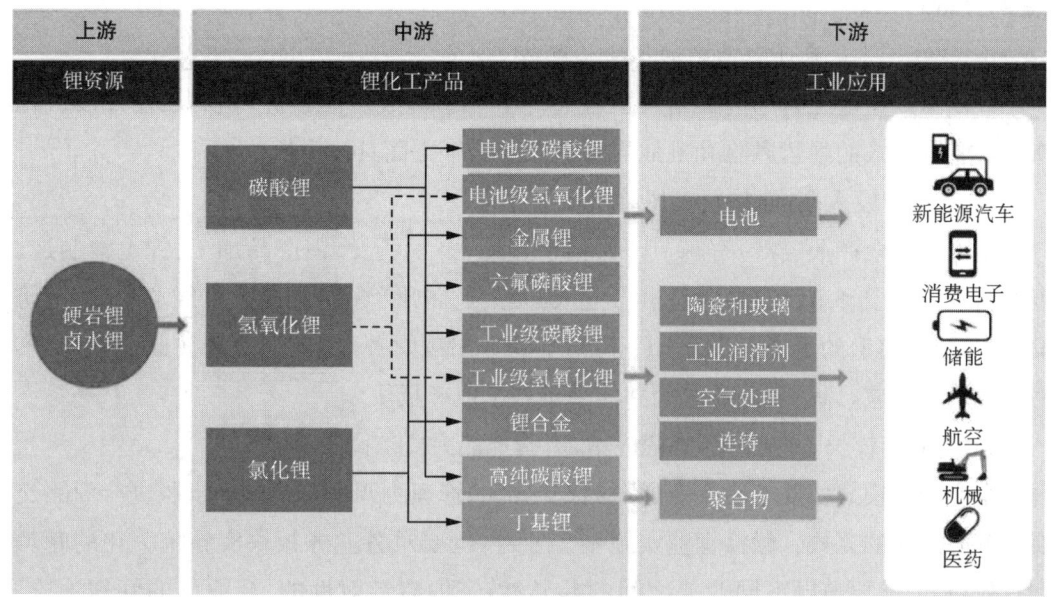

图6-13 锂产业链全景图

废旧锂电池回收：电动汽车及消费型电子产品的使用必将带动退役锂电池处理的社会需求不断增加，公司开展锂电池回收业务市场前景广阔，经济潜力巨大，并可进一步丰富锂原料的多元化供应渠道，实现锂、镍、钴、锰等金属的资源综合循环利用。

> **思考题4：** 除了案例中所提到的，赣锋锂业未来还会面临哪些风险与挑战？当前的全产业链模式又该如何进行调整？

【理论依据】

全产业链模式的主要风险：

(1) 管理风险：全产业链涉及多个不同的业务领域和环节，每个环节都有其独特的运营模式、技术要求和市场环境，管理复杂度高；

(2) 资金风险：全产业链模式一般涉及的投资数额较大且资产专用性较强，增加了企业在该产业的退出成本；

(3) 技术风险：不同产业链环节可能依赖不同的技术，且这些技术都在不断发展。企业如果不能及时跟上技术更新的步伐，就可能在某个环节失去竞争力；

(4) 市场风险：市场需求波动大，全产业链企业的产品或服务覆盖多个环节，其受到市场需求波动的影响范围更广，且市场竞争激烈。

【案例分析】

1. 赣锋锂业未来还会面临的风险与挑战

进行全产业链经营的前提是价值链各环节能够形成协同效应，做到均衡发展。赣锋全产业链模式的经营风险和挑战可以从以下四个方面具体分析。

1）重资产投入多，面临财务风险

赣锋锂业全产业链涉及锂矿开采、精矿提炼、技术研发、锂产品加工、锂电池制造、废电回收。每个环节都需要大量资金投入，尤其是提升产能需扩建生产线、建立生产研发基地，更是典型的重资产投入。一旦某个环节出现财务危机，上下游彼此关联，很容易产生连锁反应，风险会迅速放大并传递到各个业务板块。

2）产业链较长，增加内部协调成本，对管控能力要求高

全产业链模式实质上是企业通过组织内部的管理协调来替代市场机制进行商品交换和资源配置的方式。赣锋锂业实施全产业链，既要对各业务板块实施统一化的管理和有效协同，又要兼顾不同业务之间的差异性，采取有针对性的、专业化的管理手段。这对赣锋锂业的管控能力提出了很高的要求。如果企业自身管理能力不强，管控措施不到位，就会出现各业务板块之间各自为政，竞相争夺资源等情况。此外，产业链战线过长，也会导致产业链中信息传导变慢，导致企业执行力降低，管理效率低下。

3）补贴速度放缓，未来发展恐无保障

我国早在2009年就针对新能源行业发布相关政策，从2016年起，财政补贴开始逐渐下降。2017年开始，国家调整了政策，落实双积分政策，补贴大幅度减少，中下游企业的利润空间被迫压缩，新能源汽车车企价格面临压力。2019年补贴下降最为剧烈，整体行业进入后补贴时代，补贴在每年基础上平均退坡50%，并从电源能量密度、安全性等方面提升了补贴政策门槛，锂电行业向市场驱动转型。国家补贴政策原计划至2020年底前完全退出，没有了政策的保障，新能源企业的发展未来又增风险。

4）产能释放恐遇过剩危机

2022年3月16日，"两会"政策要求"产业链上下游企业要加强供需对接，协力形成长期、稳定的战略协作关系，共同引导锂盐价格理性回归，加大力度保障市场供应，更好支撑我国新能源汽车等战略性新兴产业健康发展。"可见政策会引导锂价恢复平衡。随着疫情缓解、全球供应链恢复，不管是矿山还是锂盐，产能都在不断释放。从政策引导、供应释放、不正当竞争来看，锂价的高位回落，或许就在不远处。在众多竞争对手大笔投资的背后，也意味着锂产能可能存在过剩的风险。

2. 试提出应对策略

赣锋锂业应如何应对风险和挑战为开放式问题，旨在要求学生查阅相关行业资料，结合锂行业的发展趋势和赣锋锂业的具体情况，提出合理的建议。教师应引导学生从

不同的角度进行延伸思考,以下思路仅供参考:

第一,剥离非核心业务,运营模式由重资产转变为轻资产;

第二,利用大数据、云计算、人工智能、区块链等智慧科技为全产业链赋能;

第三,业务聚焦于研发和标准制定,把标准输出作为盈利方式;

第四,适时调整战略发展模式。

四、背景信息

(一) 赣锋锂业概况

赣锋锂业地处江西新余经济开发区,是江西省科技厅认定的专业从事于稀有金属研发和生产的综合性高新技术企业,成立于2000年,当时公司注册资本为7 500万元人民币,20多年来企业发展良好,资产规模已逾200亿元,经过几年的发展,一跃成为新能源动力电池领域龙头企业。赣锋锂业于2010年8月在深交所中小板A股挂牌上市以来,资本市场反馈良好。赣锋锂业有着得天独厚的技术优势,拥有三个生产基地以及一个省级企业技术中心,建立了自己的产品产业链,产品的开发和制造均达到了全球领先水准。目前国内动力电池产业产销量集中程度高,仅宁德时代一家企业市场份额占到将近25%。在这种环境中,赣锋锂业不断提高自身的创新研发能力,近5年,所占市场份额稳步提高,已经成为全球金属锂最大的产销商之一。截至2021年年底,企业共获授权的国家专利431项,135项为国家发明专利,291项为实用新型,拥有"赣锋锂电""赣锋循环""赣锋新能源"等子品牌。也正是因为企业的创新能力突出,曾经获得"江西省重点新产品""国家级新产品"等荣誉称号,企业多个项目获得了国家或者地区的资金支持。赣锋锂业20年来的发展历程以及发展成果证明了企业要发展必须走创新之路。赣锋锂业不忘初衷,坚守对科学发展的最初追求,以严格认真的工作作风,持续开拓与创新,精益求精,从最初的锂行业中的小型企业做到如今综合实力较强的龙头企业,赣锋锂业不仅仅只是一个知名供应商品牌,更是全球市场中的优秀中国企业。

(二) 赣锋锂业业务开展情况

赣锋锂业为世界领先的金属材料锂生态集团,企业主营业务范围是研究开发与制造加工各种金属材料锂制品,综合能力位居国内外加工各种金属材料锂生产领域的首位,已具备五大类超过40种锂化合物和各种金属材料锂化工产品的加工能力,齐全的生产供应组合可以满足顾客特殊而多样的需求。赣锋锂业品种覆盖金属材料锂(生产级、动力电池级)、碳酸锂(动力电池级)、氯化锂(生产级、动力级)、丁基锂、氟化锂(生产级、动力电池级)等二十几种。多个分类品种在市场占有率上居于业内前列,当中金属材料锂、丁基锂、氟化锂在2007年、2008年的销售额均居于业内首位;而动力电池类金属锂和动力电池类碳酸锂的销售额均位居业内领军行列。赣锋锂业从中游锂化合物及金属锂制造起步,成功地拓展至整个行业价值链的中下游,现已建立了垂直整合的经营管理模式,主营业务范围涵盖上游锂资源开采、上游锂盐加工及各种金属锂熔炼、下游镍氢电池生产加工和退役镍氢电池的综合处理利用等,是目前业内唯一形成了卤水、含锂回收料—碳酸锂、氯化锂—各种金属锂丁基锂、电池级各种金属锂—锂系合金等完整生产链的民营企业,同时更是目前国内外对锂产业唯一实行完全供应商链竞争的企业。企业各个经营板块之间合理利用协同效应,以提高经营效益和盈利能力,稳固市场地位,以获取最新市场资讯以及发展顶尖科技。赣锋锂业产品应用于电动汽车、宇航、功能材料和生物制药等领域,众多客户均为各自行业的全球领军者。

(三) 赣锋锂业经营情况

赣锋锂业自 2010 年深交所中小板 A 股正式挂牌上市以来,发展势头强劲,生产规模持续性扩张,企业综合能力提升,在全球市场的竞争力不断攀升,其发展速度有目共睹。赣锋锂业抓住新能源行业发展的契机,发挥一流的技术水平,在动力电池产业逐步占据一席之地。2015—2021 年,赣锋锂业经营成果喜人,营业收入连续 6 年增长,尤其是 2017 年、2018 年两年达到一个业绩增长高峰时期,同比增长率分别为 110.04%、54.11%。归属于上市公司股东的净利润在 2015—2017 年大致呈同样的上涨趋势,但在 2018 年能看到下滑的趋势,当年净利润为 12.24 亿元,比起上一年 14.69 亿元同比下降 16 个百分点,到 2019 年时的净利润出现了大幅度下滑,同比下降 71.16%。当年净利润下滑的主要原因是政府补贴开始出现大幅退坡,而 2020 年净利润又开始重新上涨,且上涨幅度不小。所以,从赣锋锂业过去 6 年的业绩状况看来,公司的运营业绩基本呈现了健康发展态势,尽管由于财政补贴退坡等原因对公司经营形成了一定的负面影响,不过公司很快进行了调整,重新回归了正常利润水平,也反映出公司近年来运营状况较好。

五、关键要点

(一) 关键点

本案例详细梳理了赣锋锂业 10 年以来的战略发展之路,以上下游作为切入点,对赣锋锂业实施的战略决策进行深入剖析,帮助学生理解企业进行战略决策的动机、实施路径以及风险应对。

(二) 关键知识点

(1) 产业链整合的动因。
(2) 产业链整合的手段。
(3) 产业链整合的效果以及实际意义。
(4) 战略模式风险的识别与应对。

(三) 关键能力点

本案例侧重于训练学生的综合管理能力,它要求学生具有强大的分析与综合能力、决策及解决实际问题的能力。

(四) 关键思政元素

(1) 通过了解赣锋锂业战略管理的全过程,培养学生用理性、发展的眼光看待事物的变化;培养学生的团队合作意识和自我管理意识。

(2) 了解赣锋锂业所处的内外部环境,及时、准确和动态把握企业内外部环境分析中的关键因素。事物是普遍联系的,要以联系的角度看问题外因对内因的作用。增强学生坚定社会主义道路,培养理论自信、制度自信的信念。

(3) 通过了解赣锋锂业战略转型的动因及手段,培养学生的自身能力和创新意识,适应社会发展,提升竞争优势。

六、建议课堂计划

本案例可以作为专门的案例讨论课来进行。如下是按照时间进度提供的课堂计划建议,仅供参考,整个案例课的课堂时间控制在80~90分钟,可分为两个课时来进行,一个课时45分钟。

1. 课前计划

第一,授课教师制订详细教学计划,包括案例讨论的形式、步骤,每个讨论点的时间划分;

第二,授课教师根据整理的讨论点及教学大纲要求制作PPT;

第三,提前一周发放案例相关资料和启发思考题,请学生在课前完成阅读和初步思考,对中国锂盐行业的基本情况、相关政策以及赣锋锂业的产业链整合的相关情况形成一个基本的认知。

2. 课中计划

课中计划可以分为以下五个部分,具体如表6-3所示。

表6-3 课中计划表

课中计划	教学内容	时间
课堂前言	教师简要介绍案例主题,带领学生回顾案例内容,展示启发思考题	10分钟
分析问题环节	思考题1:引导学生利用相关理论模型思考全产业链整合意义并进行随机提问、选择性追问与小结 思考题2:引导学生讨论并判断全产业链整合的最佳时机,并进行随机提问、选择性追问与小结	30分钟

（续表）

课中计划	教学内容	时间
情境模拟及解决问题环节	思考题3：将学生带入具体问题的决策背景中，并组织学生在小组内进行角色扮演并讨论具体行动方案，通过组间汇报与点评，明确核心要点，讨论出最具实践意义的解决方案	30分钟
案例总结	教师借助PPT展示与板书相结合，围绕故事线与问题线对本堂课程的讨论过程进行梳理，并围绕知识线对涉及的知识点及其背后所蕴含的管理理论进行总结提炼	10分钟

3. 课后计划

本案例的课后使用计划主要是为了加深学生对案例的理解，以及掌握课堂学习的理论。此案例包含全产业链整合的多方面知识，教师可按照问题对学生分组，要求学生以小组为单位，结合上课所学理论提交深度问题分析报告，加深巩固学生对案例知识要点的理解。教师亦可通过微信群等多种途径征询学生的课堂教学反馈意见，提高案例的课堂使用效果。

案例七

"贵人"遇"难":为疯狂扩张买单的ST贵人还能再次起飞吗

贵人鸟股份有限公司(以下简称贵人鸟)始创于1987年,是一家集运动鞋、服及配套产品研发、生产、营销于一体的综合性企业,长期占据着市场的主要地位。2014年贵人鸟登陆A股,为实现多品牌、多渠道、多市场的战略发展,2015年以来陆续展开10余次收购,市值曾一度超400亿元。然而,作为曾经的"A股体育第一股",截至2020年8月贵人鸟市值仅剩下11亿元,不仅陷入"债务缠身"和"业绩巨亏"的两"难"之中,而且面临着保壳的压力。本案例通过对贵人鸟扩张之路的回顾,详细描述贵人鸟因为企业扩张一步一步走入两"难"泥潭的过程,并分析贵人鸟为缓解其债务危机而做出的应对措施,引导学生以案例信息为背景,判断该应对措施能否帮助贵人鸟缓解债务压力,并引起学生对企业多元化扩张及其后果的深入思考。

第一部分　案例介绍

> **引　言**
>
> 市场的瞬息万变促使大部分成熟企业采取多元化扩张战略,以达到规避单一经营风险并提高市场份额的目的。然而,有的企业虽进行了多元化扩张战略转型,却未能达到预期效果,不但给企业带来负效应,甚至进一步致使企业走向衰落。
>
> "一家企业从创立到鼎盛需要多久?一家市值400亿元的公司陨落又需要多久?"贵人鸟给出的答案是:10年和5年。
>
> "银行账户遭冻结、股份被流拍,贵人鸟深陷债务旋涡无力自救""贵人鸟未兑付定向债务融资本金利息被提起仲裁""国民运动品牌'衰落',400亿元市值变一地'鸡毛',净利润成负值""超10亿元资产被冻结,贵人鸟陷债务连锁危机""逾14亿元贷款逾期,退市风险悬顶""突发!知名鞋厂遭券商追债8 000万元"……自2018年起,接踵而来的此类负面消息已经在贵人鸟的"翅膀"上盖满了大红章,贵人鸟也戴上了"ST"(special treatment,特别处理)这顶沉重的帽子,摇身一变,成了众人口中的"ST贵人"。从2014年上市以来众星捧月的贵人鸟到2020年披"债"戴"帽"的"ST贵人",到底发生了什么?面临退市警告的ST贵人,在2020年又能否乘风破浪摆脱退市危机?

一、公司前期发展情况

贵人鸟始创于1987年,总部坐落于闻名全球的"鞋都"——福建省晋江市陈埭镇。作为一家综合性企业,贵人鸟是2005—2014年成长最为迅速的民族体育运动品牌,先后荣获"中国名牌产品""国家免检产品""中国驰名商标""纳税AAA级企业"等荣誉称号。2014年1月贵人鸟成功在上交所上市(股票代码:603555),当年在A股市场上,它是第一家也是唯一一家运动品牌,这个以鞋业起家的企业,一度被冠以"鞋王"的美誉。

2002年,贵人鸟正式开始发展"贵人鸟"品牌。在创建贵人鸟品牌初期,贵人鸟董事长林天福就突破以往营销模式,请来大牌明星代言压阵,其中包括刘德华、张柏芝等,在三四线城市市场中打响了名气,吸引了大量的消费者。

2005年,贵人鸟开始向专业体育运动领域进军,进一步提升品牌价值。

2007年,借鉴之前成功的营销经验,贵人鸟赞助《快乐男声》《我型我秀》等选秀节目,随着节目的爆火,"贵人鸟"品牌就此名声大噪。

2008年,北京奥运会掀起了"体育热",贵人鸟正好赶上了体育产业的大好时代,贵人鸟品牌在5年内增加了近4000家的门店。

2010年,贵人鸟大力宣传推广"快乐运动"的品牌理念,入围2010年度中国纺织产品行业"十大新锐品牌",上榜中国纺织产品企业竞争力500强,企业知名度和影响力又上了一个台阶。

2012年,运动鞋服行业整体遭遇库存危机,然而贵人鸟的营业收入却并未大幅下降,与当期的李宁、特步等运动品牌相比,增长速度反而更快。

2014年,贵人鸟登陆A股,迎来了企业的高光时刻,市值一度超过400亿元,林天福个人身家也达到了190亿元,募集现金及发行可转换债券所获资金超过16亿元,偿还债务后当年年底仍有12亿元现金储备。

与市场一起膨胀的,还有贵人鸟的野心。于是,便有了接下来的故事……

二、自信满满——扩张路

(一)买买买,不差钱

2014年之后,贵人鸟将战略规划定为"全能体育",画下"国内体育产业第一公司"这幅蓝图,提出由"传统运动鞋服行业经营"向"以体育服饰制造为基础,多种体育产业形态协调发展的体育产业化集团"的转型,随后几年里,贵人鸟便开始步入"买买买"的扩张之路,主要投资情况如表7-1所示。

表7-1 贵人鸟2015—2018年主要投资情况①

年份	投资对象	投资额	具体情况
2015年	虎扑体育	2.39亿元	曲线入股虎扑体育,间接持有其16.11%股权
	动域资本	4亿元	与虎扑体育共同设立动域资本
	BOY	2000万欧元	直接投资,持有其30.77%股权
	康湃思体育	1.35亿元	增资,增资后持有其37%股权
	康湃思咨询	811.42万元	直接投资,持有其37%股权
	康湃思网络	6525万元	增资,增资后持有其30%股权

① 资料来源:根据贵人鸟2015—2018年年报整理所得。

（续表）

年份	投资对象	投资额	具体情况
2016 年	动域资本	1 亿元	继续资本投入
	竞动域	1.3 亿元	与虎扑体育共同设立竞动域投资中心
	杰之行	3.83 亿元	直接投资,持有其 50.01% 股权,成为控股股东
	名鞋库	3.825 亿元	直接投资,收购其 51% 股权,成为控股股东
	安康保险	2.6 亿元	直接投资,持有其 13% 股权
	邦恒保险	1.5 亿元	直接投资,持有其 24.9% 股权
	AND1	2 600 万美元	出资获得 AND1 品牌的商标及标示的独家授权
2017 年	星友科技	1 亿元	认购其 45% 股权,成为控股股东
	名鞋库	3.68 亿元	收购其剩余 49% 股权,成为其唯一控股股东
	ALL—ROUND SPORTS	3 亿韩元	在韩国设立该全资孙公司
	PRINCE	2 000 万美元	买断中国和韩国区域 PRINCE 商标所有权
	湖北胜道体育	1.5 亿元	通过杰之行出资,间接持有其 45.45% 股权
2018 年	PRINCE	2 000 万元	在上海设立公司用于运营 PRINCE
	AND1	2 000 万元	在上海设立公司用于运营 AND1

由表 7-1 可知,2015—2017 年,贵人鸟接二连三地大手笔投资布局泛体育产业,先后投资了虎扑、西班牙足球经纪公司 BOY、康湃思体育、杰之行和名鞋库,购买美国篮球装备品牌 AND1 品牌在中国市场的授权等,累计耗资超过 20 亿元。贵人鸟先后总计花费近 50 亿元进行多元化投资,其所涉及的泛体育领域,不管是收购的互联网企业,还是涉及的赛事主办、经纪、保险、游戏。表面上看起来是贵人鸟绘画出了一个良好的生态圈,在这样的布局之下,未来的业绩似乎也会欣欣向荣。那这盘棋到底下得如何?

(二)"钱"从何而来

2015—2018 年,贵人鸟花费近 50 亿元进行多次并购以达到扩张的目的,如此庞大的资金究竟从何而来?

1. 发行债券

为解决疯狂投资所带来的资金不足问题,自 2014 年上市以来,贵人鸟除了上市时首次公开发行股票外,在 2016 年进行了一次股权融资,非公开发行股票 1 460 万股,筹集资金净额为 3.82 亿元,其他资金需求更多的是通过债权融资获得,具体情况如表 7-2 所示。

表 7-2 贵人鸟 2014—2018 年发行债券情况表①

债券简称	债券类型	起息日	到期日	发行规模（亿元）	票面利率
14 贵人鸟	一般公司债	2014-12-03	2019-12-03	8.00	7.00％
15 贵人鸟 CP001	一般短期融资券	2015-10-14	2016-10-14	4.00	4.04％
16 贵人鸟 CP001	一般短期融资券	2016-01-03	2017-01-13	2.00	3.97％
16 贵人鸟 CP002	一般短期融资券	2016-01-03	2017-01-13	2.00	3.97％
16 贵人鸟 SCP001	超短期融资债券	2016-09-14	2017-06-11	3.00	3.50％
16 贵人鸟 SCP002	超短期融资债券	2016-09-29	2017-06-26	3.00	3.48％
16 贵人鸟 PPN001	定向工具	2016-11-11	2019-11-11	5.00	5.00％
17 贵人鸟 SCP001	超短期融资债券	2017-01-02	2017-10-09	2.00	4.90％
17 贵人鸟 SCP002	超短期融资债券	2017-04-27	2018-01-22	3.00	6.50％
17 贵人鸟 SCP003	超短期融资债券	2017-06-15	2017-12-02	3.00	7.00％
17 贵人鸟 SCP004	超短期融资债券	2017-08-21	2018-05-18	3.00	6.80％
17 贵人鸟 SCP005	超短期融资债券	2017-11-10	2018-08-07	3.00	7.20％
17 贵人鸟 SCP006	超短期融资债券	2017-11-24	2018-08-21	3.00	7.30％
18 贵人鸟 SCP001	超短期融资债券	2018-01-23	2018-10-20	3.00	7.30％

由表 7-2 可知，在大规模并购期间贵人鸟也在不断地发行债券筹集资金。同时，通过观察这些年贵人鸟年报中的资产负债表，发现贵人鸟的负债构成中，流动负债占比一直远远高于长期负债占比，在 2014 年之前全部为流动负债，于 2014 年 12 月首次发行期限为 5 年的公开市场债券"14 贵人鸟"，才使得非流动负债占比有所提升，占比为 41.61％。此后，贵人鸟多以短期债券为主发行债券，流动负债的占比又开始逐年上升，长期流动负债占比逐年下滑。2017 年，长期流动负债占比下降至 29.5％，可以看出一直以来贵人鸟的短期债务压力较大。此外，根据表 7-2 可以发现在 2018 年贵人鸟部分短期债券集中到期，并且"14 贵人鸟"和"16 贵人鸟 PPN001"这两个长期债券于 2018 年会转为一年内到期的非流动负债，可知在 2018 年和 2019 年贵人鸟的债务压力不小。

2. 质押股权

只发行债券这一种融资方式并不能满足贵人鸟的资金需求。面对紧缺的资金时，其控股股东还选择了简便高效的股权质押方式。自 2014 年起，贵人鸟便开始了股权质押之路，2017 年 1 月至 2018 年 6 月，贵人鸟曾先后 5 次将流通股分别质押予渤海信托（7 400 万股）、中原信托（3 400 万股）、浙金信托（3 000 万股）、平安信托（1 450 万股）4 家

---

① 资料来源：巨潮资讯网。

信托公司,总额高达 15 250 股,具体情况如表 7-3 所示。

表 7-3　2014—2019 年贵人鸟集团股权质押次数统计表①

年份	股权质押次数	年份	股权质押次数
2014 年	3	2017 年	9
2015 年	4	2018 年	6
2016 年	8	2019 年	0

在这两种筹资方式下,该期间贵人鸟的债务融资总额毫无疑问呈现逐年递增的趋势。2014—2017 年,贵人鸟的负债总额从 19.7 亿元一路攀升,达到 49.56 亿元,同时债务融资额也迅速增加,由 19.02 亿元增至 47.95 亿元,增长幅度均超 150%,如表 7-4 所示。这一方面说明贵人鸟大规模进行投资需要大量资金,另一方面预示着贵人鸟有较大的偿还到期债务的压力,警示着债务融资带来的财务风险变得越来越大。2018 年和 2019 年贵人鸟债务融资总额虽有所下降,但是其在负债总额的占比仍然高居不下。

表 7-4　贵人鸟 2014—2019 年债务融资情况表②　　　　　　　　　单位:亿元

项目	2014 年	2015 年	2016 年	2017 年	2018 年	2019 年
债务融资总额	19.02	23.16	46.39	47.95	31.20	32.98
负债总额	19.70	24.43	47.91	49.56	32.23	34.27

发行债券和股权质押两条腿并行,在一定程度上满足了贵人鸟扩张的资金需求,使得贵人鸟在风风火火的扩张路上大步行走时并没有被"资金短缺"绊住脚跟,但同时也使得贵人鸟的双眼被蒙蔽,轻视财务风险这把铲子越挖越大的坑。

三、内外交困——折翅路

(一)一"难":债务缠身

1. 成双作对:债券、贷款双逾期

资金链紧张,危机出现。在 2018 年和 2019 年,债务集中到期并且规模较大,债务融资所带来的融资风险这个大沙包逐渐加在贵人鸟的肩上,虽然贵人鸟陆续出售资产,但在偿还完 2018 年债务后账面上的货币资金仅剩 1.48 亿元,货币资金严重不足最终导致 2019 年贵人鸟连续出现债券违约。在 2019 年年报所披露的相关债务事项进展中,公司未能按期兑付已到期的企业债券余额合计 11.47 亿元,包括:公司于 2014 年发

---

① 资料来源:巨潮资讯网。
② 数据来源:根据贵人鸟 2014—2019 年年报整理所得。

行的"14贵人鸟"公司债券本金余额6.47亿元,以及于2016年发行的"2016年度第一期非公开定向债务融资工具"(以下简称PPN)本金余额为5亿元。此外,"14贵人鸟"公司债券自2019年12月3日起,已申请在上海证券交易所固定收益证券综合电子平台停牌。

同时,由于流动性紧张,贵人鸟未能按期支付各家银行贷款利息,截至2020年6月23日,贵人鸟在各家银行的贷款本金合计14.10亿元已全部逾期,面临的逾期贷款及债券本金合计25.57亿元。债券规模较大的集中到期使得2018年的短期偿债压力明显提升,而贵人鸟在此之前所进行的并购活动未能给其带来良好的预期收益,这使得贵人鸟在面对2018年到期债务时,显得极其无力,贵人鸟在各家银行的贷款逾期余额如表7-5所示。

表7-5 贵人鸟在各家银行的贷款逾期余额①

序号	银行	贷款余额(万元)
1	建设银行	25 777
2	工商银行	9 870
3	中国银行	14 830
4	华润深国投	2 412.80
5	民生银行	24 099.66
6	华通银行	15 229
7	恒丰银行	4 436
8	中信银行	7 500
9	兴业银行	36 890
合计		141 044.46

2. 冰冻三尺:股权、银行账户、资产遭冻结

信用受损,危机加重。由于债务逾期,包括基本户在内的公司部分银行账户、部分股权投资基金和子公司股权、土地和房产等已被司法冻结。自2018年9月21日开始,贵人鸟陆续有股份、银行账户及资产遭冻结,共计8次。根据2019年年报中披露有关主要资产所有权和使用权受限的情况,贵人鸟公司货币资金有17.34亿元因债券违约和贷款逾期受限,固定资产和无形资产分别有2.93亿元和0.98亿元因借款抵押和债券违约受限,其他权益工具投资有5.60亿元因债券违约受限,如表7-6所示。

---

① 数据来源:贵人鸟公告。

表 7-6 贵人鸟相关资产被冻结具体情况①

公告日	冻结期限	具体情况
2018-09-21	2018-09-19 至 2021-09-18	因厦门国际信托有限公司与贵人鸟集团具有强制执行效力公证债权文书一案【(2018)闽02执5xx号】,贵人鸟集团所持有的公司10 169.50万股无限售流通股及孳息(其中:所冻结9 700万股已办理质押登记)已被厦门市中级人民法院司法冻结
2019-08-03	2019-08-01 至 2022-07-31	因中原信托有限公司与林天福、贵人鸟投资有限公司、贵人鸟集团(香港)有限公司借款合同纠纷一案【(2019)闽05执596号、618号】,贵人鸟集团所持有的股份32 485.23万股无限售流通股及孳息已被福建省泉州市中级人民法院司法冻结及轮候冻结(其中28 652.53万股被轮候冻结)
2019-12-18		公司部分银行账户被冻结,累计被冻结金额为90.94万元。被冻结原因主要系公司未能按期兑付"14贵人鸟"债券本息
2020-02-26		新增被冻结资产账面价值为87 897.34万元,占公司上年度资产总额的18.49%,公司累计被冻结资产账面价值88 086.34万元,占公司上年度资产总额18.53%。被冻结原因主要系公司未能按期兑付"贵人鸟股份有限公司2016年度第一期非公开定向债务融资工具"本息及"14贵人鸟"债券本息
2020-03-04		新增被冻结资产账面价值为22 715.26万元,占公司上年度资产总额的4.41%,公司累计被冻结资产账面价值为109 063.85万元,占公司上年度资产总额的22.95%。被冻结原因与公司未能按期兑付"14贵人鸟"债券本息有关
2020-03-20		新增被冻结资产的账面价值为8 426.688万元,占公司最近一期经审计资产总额的1.77%,公司累计被冻结资产账面价值为117 490.53万元,占公司最近一期经审计资产总额的24.72%。被冻结原因主要系公司未能按期于2019年11月12日向非公开定向债务融资工具持有人兑付本息
2020-04-03		新增被冻结资产10 504.21万元,占公司最近一期经审计资产总额的2.21%,累计被冻结资产账面价值127 994.74万元,占公司最近一期经审计资产总额的26.93%。被冻结原因主要系公司未能按期兑付"2016年度第一期非公开定向债务融资工具"本息及"14贵人鸟"债券本息
2020-06-13		新增部分子公司股权被冻结,本次被冻结资产的账面价值69 259.39万元,占公司最近一期经审计资产总额的17.61%,公司累计被冻结资产账面价值为165 540.041万元,占最近一期经审计资产总额的42.10%。被冻结原因主要系公司未能按期于2019年11月12日向非公开定向债务融资工具持有人兑付本息

此外,贵人鸟所持有的房产、土地、子公司和参股公司股权以及股权投资基金,由于

① 数据来源:巨潮资讯网。

债务违约已被债权人提起诉前财产保全,基本处于冻结状态,导致贵人鸟部分银行贷款到期后未能从银行再办理续贷业务。这也使得贵人鸟似乎陷入了"债券违约——财产冻结——贷款无法办理续贷业务——债券继续违约"这个死循环,如若未能早日找到出口,不久后在这个死胡同里的贵人鸟将弹尽粮绝。

3. 节节攀升:资产负债率

危机欲来,早有预示。2015—2017 年是贵人鸟疯狂并购的时期,如表 7-7 及图 7-1 所示,可以看出企业的资产规模在不断扩大,2016 年其资产更是高达 79.04 亿元,但如此庞大的资产体量背后,却是其居高不下的资产负债率的支撑。2018 年,行业的平均资产负债率为 53.4%,而贵人鸟的资产负债率却高达 67.81%,在 2019 年,行业平均资产负债率为 52.6%,贵人鸟的资产负债率却攀升至 87.20%。

表 7-7　2014—2019 年贵人鸟资产规模及资产负债情况①

项目	2014 年	2015 年	2016 年	2017 年	2018 年	2019 年
资产规模(亿元)	42.06	48.27	79.04	75.83	47.53	39.30
资产负债率	46.84%	50.60%	60.62%	65.36%	67.81%	87.20%

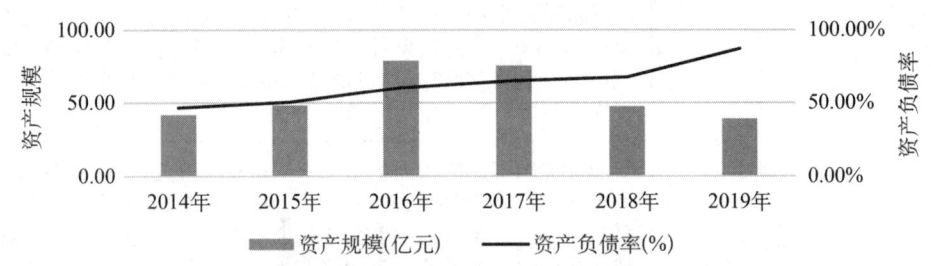

图 7-1　2014 年—2019 年贵人鸟资产规模及资产负债情况②

表 7-8 列示了国内五大纺织产品企业 2014 年至 2019 年的资产负债率,以 2014 年为基期,贵人鸟的资产负债率到 2019 年增幅高达 40.36%,远高于同行业的竞争对手的增幅,其中:安踏体育的增幅为 19.22%、李宁的增幅为 -20.86%、特步国际的增幅为 3.41%、361 度的增幅为 3%。增幅巨大的原因是在早期实行扩张时,贵人鸟投资的很多项目均为亏损状态,为平稳度过投资过渡期,贵人鸟采取大规模债务融资的举措以期扭亏为盈,这也正为现今苦不堪言的偿债路埋下了财务隐患。

---

① 数据来源:根据贵人鸟 2014—2019 年年报整理所得。
② 数据来源:根据贵人鸟 2014—2019 年年报整理所得。

表 7-8 国内五大纺织产品企业资产负债率统计表①

资产负债率	2014年	2015年	2016年	2017年	2018年	2019年
贵人鸟	46.84%	50.60%	60.62%	65.36%	67.81%	87.20%
安踏体育	29.68%	29.50%	30.42%	24.71%	32.22%	48.90%
李宁	64.08%	50.55%	41.05%	30.70%	33.32%	43.22%
特步国际	40.11%	39.96%	38.55%	40.35%	42.05%	43.52%
361度	40.98%	38.92%	48.35%	47.66%	50.74%	43.98%
行业平均值	42.97%	53.70%	52.20%	55.70%	53.40%	52.60%

(二) 二"难":业绩亏损

1. 一落千丈:总营收和净利润双双下滑

经审计,贵人鸟 2018 年和 2019 年年度归属于上市公司股东的净利润均为负值,根据《股票上市规则》第 14.1.1 条等相关规定,若 2020 年年度贵人鸟经审计的归属于上市公司股东的净利润仍为负值,贵人鸟股票将可能被暂停上市。

如图 7-2 所示,从盈利来看,2015—2017 年,贵人鸟的营业收入上升势头良好,这是因为 2014 年后运动鞋服行业整体走出调整期,而且贵人鸟自 2015 年起的一系列资本运作也使得总营收在表面上有所增长。事实上,2016 年的疯狂并购让当年的营收确实同比增长了 15.74%,但是根据贵人鸟年报发现,营业成本也同比增长了 25.50%,成本增幅远远超过收入增幅,因而以至于当年的并购不仅未让其业绩增色,反而出现了归

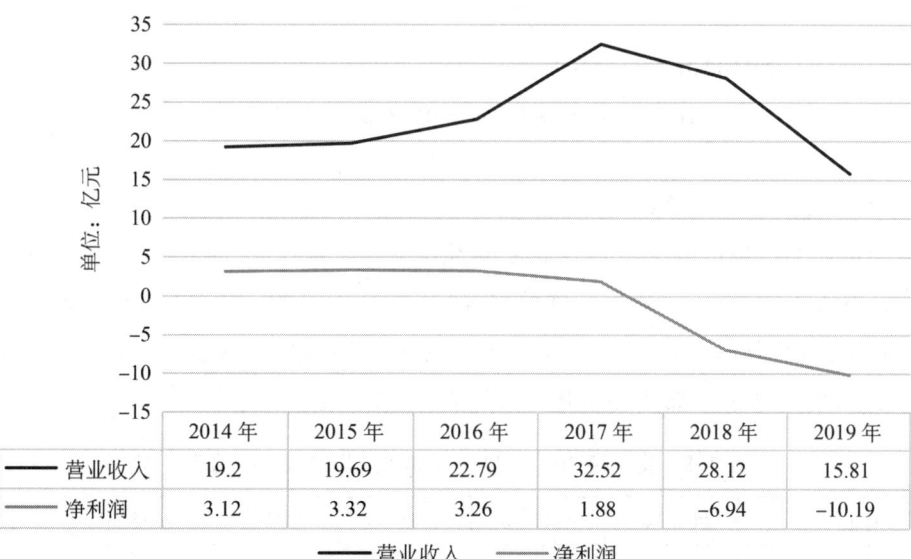

图 7-2 贵人鸟 2014—2019 年营业收入和净利润变化情况②

---
① 数据来源:根据各企业 2014—2019 年年报整理所得。
② 数据来源:根据贵人鸟 2014—2019 年年报整理所得。

属上市公司股东的净利润同比减少11.81%的情形。2014—2019年,贵人鸟的净利润除了2015年以外均在下降,自2016年起,贵人鸟净利润已经连续下降4年,从3.26亿元跌至−10.19亿元。在2018年和2019年,更是出现总营收和净利润双双下滑的景象,2019年同比2018年营业收入和净利润各下降了43.78%和46.83%。

2. 高开低走:股价持续走低

如图7-3所示,从市场表现看,在2014年贵人鸟上市初期,股票价格呈快速上升趋势,在2015年12月31日的收盘价高达35.43元,似乎一切都在欣欣向荣,仿佛预示着贵人鸟的未来一片光明。但事与愿违,由于贵人鸟的低成本战略使其传统鞋服业务的盈利在逐渐下滑,且贵人鸟从2014年开始实施多元化并购战略,进行了多次并购致使资金紧张,经营风险上升。从2014年8月开始,贵人鸟进行了多次股份质押,因而,其股价自2015年6月开始不断下跌,市场表现较差,市值严重缩水,股价一路下滑。在2018年底,贵人鸟的股价更跌至谷底,在2019年,该情况并未得到明显改善。

图7-3 贵人鸟2014—2019年股价变动情况①

3. 每况愈下——市场占有率下降

运动企业的市场占有率主要表现在零售终端的拥有数量、地区性的布局程度、产品销量上。贵人鸟在2014年年报中曾披露,截至2013年年底,贵人鸟已在全国自治区和直辖市遍布营销网络,拥有5 560家贵人鸟品牌零售终端且运营稳健。然而,自2014年1月上市后,贵人鸟每年都要关闭几百家门店,如表7-9所示。

表7-9 贵人鸟2014—2019年零售终端的增减数量表② 单位:家

项目	2014年	2015年	2016年	2017年	2018年	2019年
新开终端数	248	565	486	503	515	505

---

① 数据来源:巨潮资讯网。
② 数据来源:根据贵人鸟2014—2019年年报整理所得。

（续表）

项目	2014年	2015年	2016年	2017年	2018年	2019年
关闭终端数	782	1 126	845	879	1 372	799
终端净增长数	−534	−561	−359	−376	−857	−515

从贵人鸟开关零售终端店面的数量上来看，每年关闭的终端数量均大于新开的零售终端数量。2014—2019年，贵人鸟各年关闭的门店数量分别为534家、561家、359家、376家、857家和515家，可以发现2018年的关店数量（857家）达到了顶峰。这一年也是贵人鸟被盲目扩张彻底拖垮的一年。2019年其零售终端数量降至2 358家，相比于该公司上市之初的规模，不可同日而语。贵人鸟的"高光"似乎在两"难"泥潭中沾上了厚厚的泥巴。

四、举步维艰——自救路

（一）卖卖卖——就差钱

债券融资和股权质押带来的连锁反应——贵人鸟资不抵债的困境。2018年9月，因贷款违约，厦门信托抢先冻结贵人鸟股权。此后，股权冻结消息接踵而至，截至2019年4月，贵人鸟累计被冻结资产账面价值为12.8亿元，占最近一期经审计资产总额的26.93%，已违约债本金合计约12亿元。十几亿元的金额对于贵人鸟来说已然是天文数字。自2016年开始，贵人鸟净利润已经连续下降4年，从2.93亿元跌至−10.18亿元，通过盈利填补债务基本无望。无奈之下，贵人鸟只能靠变卖资产来回笼资金。

2018年7月，贵人鸟与九牧王股份有限公司（以下简称九牧王）签署协议，贵人鸟以6 008.09万元的价格将全资子公司贵人鸟（上海）体育用品有限公司100%股权转让给了九牧王。同年8月2日，贵人鸟发布公告表示，为达到优化资产结构、盘活存量资产以提升公司整体运营效率的目的，公司将持有的参股公司康湃思（北京）体育咨询有限公司和康湃思（北京）体育管理有限公司的股权分别以811.42万元和13 522.21万元全部转让，如图7-4所示。贵人鸟在这两家公司（以下均简称康湃思）的持股比例皆为37%，转让完成后，不再持有这两家公司的股权。此外，贵人鸟同意泉晟投资以6 525万元出售其所持有的康湃思网络30%股权，以确保公司核心品牌运动装备业务的良性运营。在出售这些股权并收回债权之后，贵人鸟获得超2亿元的资金用以填补资金。

短短4天后，贵人鸟再次将其所持有的虎扑13.66%的股权出售，并且同意泉晟投资将持有的虎扑13.66%的股权以27 328万元的价格转让。贵人鸟在相继将康湃思和虎扑这两家参股公司的股权出售后，共获得了将近5亿元的资金，用于补充现金流以谋求自救。

> **贵人鸟股份有限公司**
> **关于对外转让参股子公司股权的公告**
>
> > 本公司董事会及全体董事保证本公告内容不存在任何虚假记载、误导性陈述或者重大遗漏,并对其内容的真实性、准确性和完整性承担个别及连带责任。
>
> 重要内容提示:
> - 转让标的名称及金额:康湃思(北京)体育管理有限公司37%的股权,转让金额13 522.21万元;康湃思(北京)体育咨询有限公司37%的股权,转让金额811.42万元;
> - 本次交易不构成关联交易,亦不构成重大资产重组;
> - 本次交易实施不存在重大法律障碍;
> - 本次交易已经公司第三届董事会第十二次会议审议通过,无需提交股东大会审议。

图7-4　贵人鸟对外转让康湃思股权的公告[①]

2018年12月,贵人鸟与陈光雄签署协议,将其持有的杰之行50.01%的股权以3亿元人民币转让给陈光雄,其中:杰之行股权估值作价2亿元,业绩补偿权利作价1亿元,然而在支付了部分款项后,陈光雄并未将剩余款项按期支付给贵人鸟,以至于此项交易至今尚未完成。

(二)兜兜转转归主业

在重重难题之下,贵人鸟也意识到了经营风险。2018年年末,贵人鸟提出改革销售模式——将经销商独立运营转变为直营、类直营,购买了多个省级区域的贵人鸟品牌经销商的渠道资源,承接了该区域原经销商的再批发分销业务。同时,贵人鸟还在加速关闭缺乏活力的或者持续亏损的店铺,以减少没必要的开支。在这种转变和一系列操作之下,贵人鸟似乎迎来了一丝曙光。2018年的销售费用构成中,贵人鸟第一次出现销售返利、渠道回购费和促消费增加的现象,且该三项费用的增加额依次为1.22亿元、1.28亿元和1 346万元。接下来,贵人鸟中长期战略规划由2015年的"全能体育"调整为2019年的"回归主业"。为解决债务危机,克服资金流动性困难的问题,贵人鸟于2019年年报中称将采取多种手段,其中包括:加大应收款项催收力度、继续确保贵人鸟核心业务的可持续发展、精细化管理以降本增效以及争取溢价出售前期部分体育产业布局资产。这也就意味着在历经5年失败的泛体育布局后,贵人鸟最终将其幻想中所绘画下的蓝图放下,看清了摆在眼前棋盘上的那一堆乱子。

---

① 资料来源:巨潮资讯网。

案例七 "贵人"遇"难":为疯狂扩张买单的ST贵人还能再次起飞吗

在贵人鸟跌跌撞撞蒙眼狂奔的那几年,本处于落后形势的安踏和李宁等运动品牌却在运动赛道上越跑越快、越跳越高,将贵人鸟越甩越远。曾经不起眼的"小弟"安踏成了第一个市值千亿元的运动品牌,当时名不见经传李宁于2018年突破了总收入百亿元的大关,且两者都逐渐迈向国际化发展道路,对他们而言,未来可期。相比之下,贵人鸟还在为其之前疯狂扩张的行为买单,"未来"还能来吗?

对于贵人鸟而言,2020年是非常关键的一年,如果继续亏损,它将面临着退市风险;同时,2020年也是非常艰难的一年,疫情的突袭使得贵人鸟的门前"雪"愈积愈厚,融资借款和销售经营都受到极大影响,两只陷入泥潭的脚更是难以拔出。贵人鸟下一步究竟该如何落子?

尾 声

"'利润之上的追求',是长久性企业的核心价值理念;'保存核心,刺激进步',是长久性企业的基本演进逻辑理念。"吉姆·柯林斯曾在《基业长青》一书中这样写道。历史证明,大部分企业或许能做到闻名一时,但难以做到"基业长青",往往会因为各种原因走向衰落。如果企业不能预测和识别公司风险,无法规避威胁企业长期生存的内外部压力,那么将难以在风云多变的市场上站稳脚跟,逐渐走向衰落。然而,衰落并不一定就意味着走向灭亡,投之亡地然后存,陷之死地然后生,但愿卸掉那被盖满红章沉重的翅膀之后,贵人鸟还能再度起飞。

启发思考题

(1) 结合我国体育产品行业的发展情况,分析贵人鸟为何走向"买买买"的扩张路,并从财务绩效的角度出发分析其并购扩张绩效如何?

(2) 贵人鸟选择的融资方式是哪种?该种融资方式使得贵人鸟目前主要面临何种公司风险?结合杠杆系数加以说明。

(3) 案例中贵人鸟的融资安排对债务危机有何影响?

(4) 分析贵人鸟"卖资产、归主业"的举措能否解决其债务危机?如果你是贵人鸟的董事长,在当前的两"难"泥潭中,会采取什么策略或方法进行自救?

(5) 结合此次贵人鸟债务危机事件,你认为财务风险的识别是否重要?应当如何识别财务风险?对于市场上其他面临并购财务风险的企业你有何具体建议?

第二部分 案例使用说明

一、教学目的与用途

1. 适用课程

本案例主要适用于"公司战略与风险管理""财务管理"等相关课程中有关债务危机、财务风险等相关内容的教学和讨论,可用于"风险与风险管理""资本结构"等章节的学习。

2. 适用对象

本案例主要适用于具有一定工作经验的 MBA 和 MPAcc 学生的案例教学,同样适用于工商管理类相关专业本科生学习。

3. 教学目的

本案例通过讲述贵人鸟从疯狂扩张到陷入债务危机再到抛售资产以谋求自救的故事,引出对公司财务风险及债务危机的讨论。引导学生透过现象看本质,分析贵人鸟陷入债务危机背后的财务风险,并进一步探索贵人鸟在面对债务危机时所采取的应对措施,使学生了解债务融资风险及其后果,深化学生对财务风险方面知识的理解。本案例形式更具实用性,让学生们能够在学习理论之后增强对于理论知识在实践中应用的能力。

4. 本案例覆盖的知识点

(1) 并购绩效理论、财务指标对比研究法。

(2) 企业的融资方式和公司风险的计算及其分析。

(3) 资本成本和优序融资理论。

(4) 企业应对债务危机策略的理论及基本架构。

(5) 并购财务风险理论、财务风险的识别方法。

二、分析思路

根据图 7-5 的逻辑思路,教师可以根据自己的教学目标灵活使用本案例。为使案例的启发思考题、理论知识点、案例情节与教学目标相互对应,这里提出本案例的分析思路与步骤,仅供参考。通过案例正文情节的阅读,实现对贵人鸟陷入债务危机背后原因的探究,对财务风险和债务危机相关内容进行梳理,包括企业公司风险概念及其计算、债务危机和财务风险之间的联系等,结合相应理论知识点,引导学生分析案例中呈现的关键问题,以实现对应教学目标。

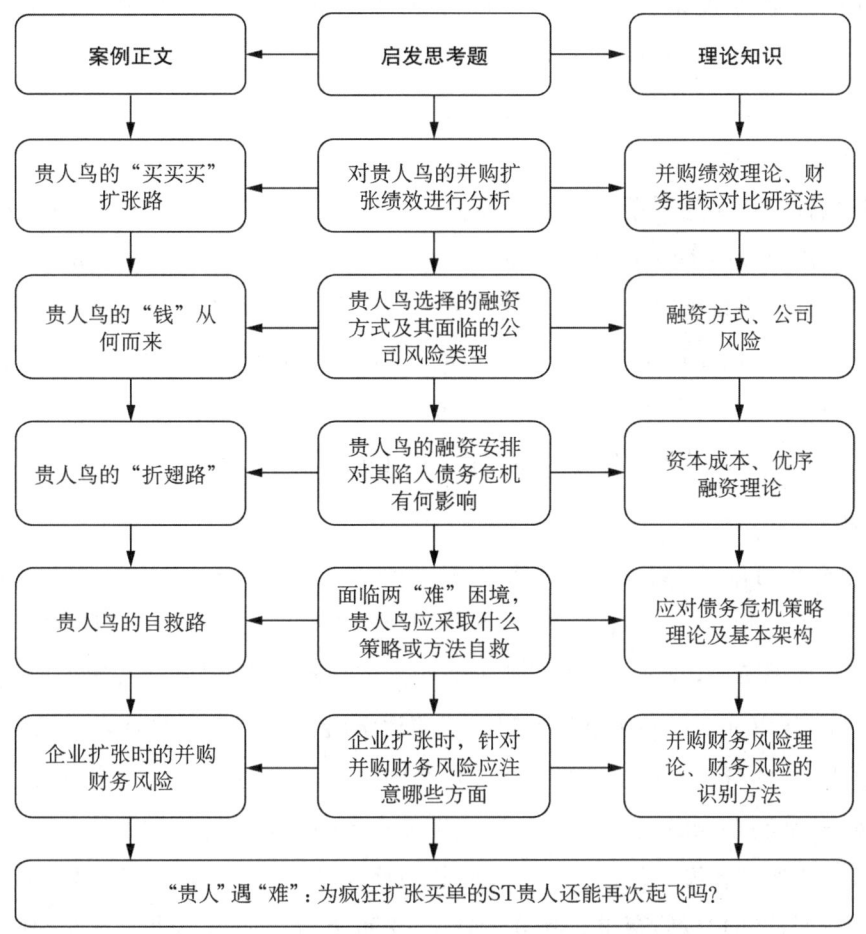

图 7-5 案例分析思路导图

三、理论依据及分析

思考题 1:结合我国体育产品行业的发展情况,分析贵人鸟为何走向"买买买"的扩张路,并从财务绩效的角度出发分析其并购绩效如何?

【理论依据】

1. 并购绩效理论

并购绩效是指并购后企业的经营业绩与经营效率,企业经营业绩主要表现在企业的盈利能力、成长能力,而经营效率则主要表现企业对资产负债的管理能力方面。从这两方面来理解,可以看出企业的并购绩效主要表现在其并购行为带来的企业在经营业绩及效率管理方面的变化,而这些变化主要反映在并购对企业财务指标和资本成本方面。对企业并购绩效的界定如下:并购活动帮助企业提高经营业绩,企业能从并购活动中产生协同效应,这既是企业并购的动机,也是将企业并购作为一项投资活动得到的收益。因此,我们可以将企业的并购绩效定义为并购行为能为企业带来的业绩提升及协同效应的实现程度,即并购活动对企业的经营业绩、管理水平和财务能力的综合影响。

2. 财务指标对比研究法

财务指标评价法是利用企业财务报表和会计信息对并购事件进行对比分析的方法。该方法以企业财务信息为基础,通过对财务指标前后变化的分析来衡量企业并购前后经营业绩的表现情况,以此来评价并购活动的绩效。财务指标法相对并购绩效理论而言,能够直观地反映企业并购后带来的业绩影响,并且使用的财务数据也容易取得。对比事件研究法,财务数据法更侧重考察并购长期的绩效,对并购前后企业的收入、成本、利润等财务数据指标化进行分析,来研究并购给企业经营绩效带来的影响。

【案例分析】

1. 结合我国体育产品行业的发展情况,分析贵人鸟为何走向"买买买"的扩张路

如图7-6所示,我国体育产品行业发展可划分为起步阶段、发展阶段、成熟阶段三个阶段。在成熟阶段,我国体育产品企业意识到产品和品牌才是消费者的需求重点,开始纷纷转型,从以往以产品价格为导向的战略逐渐转向以产品质量和自身品牌建设为导向的战略,在体育产品市场不断变化的环境中,由于不同企业对企业自身品牌的发展定位不同,战略转型也出现了较大差别,我国体育产品企业在这一时期的发展中逐渐拉开了距离。为实现转型,贵人鸟于2014年将战略规划定为"全能体育",提出由"传统运动鞋服行业经营"向"以体育服饰制造为基础,多种体育产业形态协调发展的体育产业

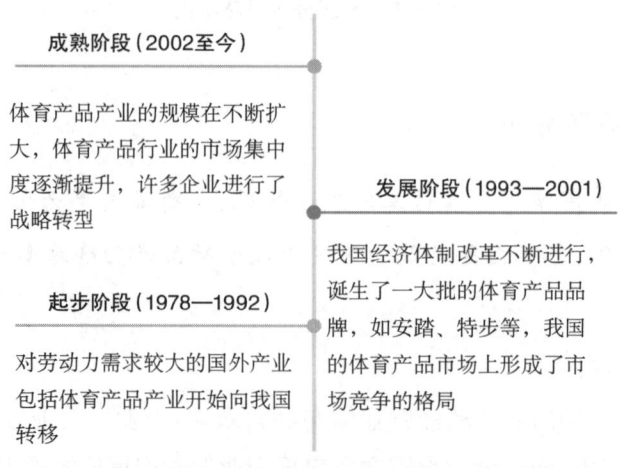

图7-6 中国体育产品行业的发展三阶段

化集团"的转型,从此便走上了"买买买"的扩张路。

2. 从财务绩效的角度出发分析其并购绩效

企业实施并购进行扩张,其效果主要表现为经营业绩、盈利能力、拓宽融资渠道以及资本效率等方面的变化。因而,本案例从财务绩效的角度出发,采用财务指标对比研究法,通过经营业绩和现金流量两方面对贵人鸟的扩张效果进行分析。

第一,经营业绩分析。

通过并购、入股投资等行为,企业可以获得更多的产业资源,从而提升企业经营业绩。本案例主要从资产总额、营业收入和净利润变动情况进行分析。

如表7-10所示,可以看出在并购开始的前几年,如2015年、2016年和2017年贵人鸟资产总额显著增加,尤其是在2016年收购了杰之行与名鞋库之后,资产总额达到2014年的2.9倍。但是从企业的营业收入和净利润分析,贵人鸟2015年涉足产业链上游的投资并未带动主营业务的发展。在2015年进行战略转型后,其营业收入曲线虽然开始稳步上升,但由于主营业务不能够创造足够的现金流量,贵人鸟营业收入的成长能力并不突出。在2018年贵人鸟运动鞋、服等用品的收入与净利润基本处于急速下降趋势中。同时,企业营业收入的波动性较强,说明企业经营状况不稳定,贵人鸟公司不具有明显稳定的核心竞争力。

表7-10 贵人鸟2014—2019年主要经营业绩分析 单位:万元

项目	2014年	2015年	2016年	2017年	2018年	2019年
资产总额	420 567.28	482 722.11	790 369.62	758 256.22	475 302.64	393 033.69
营业收入	191 965.04	196 902.20	227 902.02	325 207.56	281 246.05	158 147.83
净利润	31 224.18	33 183.70	32 599.92	18 776.02	-69 357.88	-101 855.82

第二,现金流量分析。

企业可以通过主营业务自主创造现金流,为企业的可持续性发展提供动力。如果经营活动产生的现金流入量明显大于现金流出量,说明企业拥有较强的盈利能力,对所有者权益和负债的依赖性较低。相反,如果经营活动产生的现金流出量大于现金流入量,并且差距较大,则表明企业自身盈利能力较弱,对所有者权益和负债的依赖性较高。表7-11列出了剔除经营规模因素(以销售收入为标志)影响后的2014—2019年贵人鸟自主创造现金流的能力。

表7-11 贵人鸟2014—2019年经营性现金流与销售收入之比

项目	2014年	2015年	2016年	2017年	2018年	2019年
经营活动现金流量(万元)	9 698.88	59 936.92	23 602.38	63 330.63	55 948.23	-53 599.82

（续表）

项目	2014年	2015年	2016年	2017年	2018年	2019年
经营活动现金流量在销售收入中的比重	5.05%	30.44%	10.36%	19.47%	19.89%	−33.89%

由表 7-11 可以看出贵人鸟 2014—2017 年经营性现金流占销售收入的比重波动幅度非常大，说明企业销售收入的现金含量变化大，即销售收入的质量不稳定。贵人鸟自主创造现金流的能力较弱，对所有者权益与负债的依赖性较高。由于债券到期偿付问题，截至 2019 年，贵人鸟有高达 11.5 亿元的债券需到期偿付，将会占用大量营运资金，加大企业财务风险。总的来看，并购期间企业的经营状况和销售收入质量都不稳定，贵人鸟的并购绩效和扩张效果并不好。

思考题 2：贵人鸟选择了哪种融资方式？该种融资方式使得贵人鸟目前主要面临何种公司风险？结合杠杆系数加以说明。

【理论依据】

1. 融资方式

融资方式是指企业融通资金的具体方式。融资方式越多表示企业选择的融资机会越多，这也是企业高信誉的一个表现。企业融资的渠道，它可以分为三类：债务性融资、权益性融资和内部融资。债务性融资包括银行贷款、发行债券和应付票据等。权益性融资包括公开发行股票融资、定向和非定向增发股票、换股并购和以权益为基础的融资等。内部融资主要指企业自有资金的使用。

2. 公司风险

公司风险主要的表现形式为经营风险和财务风险。经营风险是指企业进行商品生产、销售、供应等经营活动所带来的风险，受到产品需求稳定性、产品售价稳定性、产品成本稳定性、固定成本比重的影响。广义的财务风险是指企业系统中客观存在的、由于各种难以或无法预料和控制的因素作用，使企业实现的财务收益和预期财务收益发生背离，因而具有蒙受损失的机会或可能。狭义的财务风险是由企业负债引起的，即企业因负债经营可能会导致企业丧失偿债能力和股东收益的变动性，也就是筹资风险。

【案例分析】

1. 贵人鸟选择的融资方式

贵人鸟在面临疯狂投资所带来的资金不足问题时，主要选择的是发行债券，即债务性融资方式。

2. 该种融资方式使得贵人鸟目前主要面临的公司风险(结合杠杆系数加以说明)

1) 经营风险

一方面,原材料价格和劳动力成本上升。贵人鸟销售的产品主要包括运动鞋、运动产品及配饰,运动鞋以自产为主,向鞋材供应商采购原材料;运动产品和配饰则采用外包的形式。运动鞋服产品的主要原材料包括化工材料、合成皮革与纺织材料等,能源和棉花价格的波动会使这些原材料的价格受到影响,近些年随着原材料价格的持续上涨,成本的持续上升使贵人鸟面临成本控制方面的压力。同时,我国劳动力成本持续上升也对运动鞋服企业造成了不利影响。由于贵人鸟的运动鞋以自产为主,劳动力成本在鞋类产品生产成本中占比较高,劳动力成本的上升使得贵人鸟成本管控的压力进一步加剧。公司应当采取优化质量管理体系、提高生产效率等有效方式应对,否则贵人鸟在收入不佳的情况下,成本管控不到位很可能进一步加大其摆脱财务困境的难度。

另一方面,行业竞争压力加大,市场份额难以维持。在国内运动品牌的企业中,安踏持续占据第一名的位置。安踏在2018年国内运动鞋服市场中位列第三名,仅低于耐克和阿迪达斯,不仅各项经营指标连续保持高速增长,而且在门店数量方面也遥遥领先。此外,近年来李宁业绩复苏明显,公司收入自2014年起恢复增长,净利润2015年开始扭亏为盈。在2018年天猫双11的运动户外销量榜上,前四名分别是耐克、阿迪达斯、安踏和李宁,可见目前在国内运动品牌中,安踏和李宁在竞争中处于领先地位,紧随其后的便是特步和361度。在国际运动品牌的竞争方面,耐克一直以来都深受中国消费者的喜爱,稳居体育运动品牌的第一名,营业收入和净利润都远远高于其他企业。2018年,耐克仅在大中华区的营业收入就已经超过了安踏全年的营业收入。紧随其后的是阿迪达斯和彪马,而近年来出现的一些新品牌发展势头也较强,给国内的运动品牌带来了更大的竞争压力。在市场快速变化的今天,面对国内、国外运动品牌的激烈竞争,贵人鸟想要提升自身的竞争力,吸引更多的消费者,对其品牌定位、营销策略和商品的差异化等都提出了更高的要求。

2) 财务风险

贵人鸟在2014—2017年进行大规模扩张时投入的大量资金主要以债务方式筹资,直至2019年其资产负债率一直居高不下。2014—2019年其资产负债率为46.84%、50.60%、60.62%、65.36%、67.81%、87.20%,不难发现其负债率在2019年已经处于非正常水平,更是远高于同期同行业的其他企业的水平。这也使得贵人鸟在2020年面临众多的还款危机,可以说财务风险是使得贵人鸟进一步陷入债务危机的主要原因。

2014—2019年的财务杠杆如表7-12所示。

财务杠杆系数的计算公式如下:

$$DFL = (\Delta EPS/EPS)/(\Delta EBIT/EBIT)$$

其中：DFL＝财务杠杆系数，ΔEPS＝普通股每股收益变动额，$\Delta EBIT$＝息税前利润变动额。

表 7-12　贵人鸟 2014—2019 年财务杠杆

项目	2014 年	2015 年	2016 年	2017 年	2018 年	2019 年
EPS(元)	0.514 8	0.540 5	0.476 6	0.250 2	−1.090 0	−1.620 0
ΔEPS(元)	−0.291 8	0.025 7	−0.063 9	−0.226 4	−1.340 2	−0.530 0
EBIT(万元)	47 049.38	55 718.59	59 468.27	49 306.56	−39 829.96	−84 934.88
ΔEBIT(万元)	−14 349.33	8 669.21	3 749.68	−10 161.71	−89 136.52	−45 104.92
DFL	1.86	0.31	−2.13	4.39	0.55	0.62

根据表 7-12 不难看出贵人鸟在 2016 年和 2017 年存在过度使用财务杠杆的现象，财务风险较大，而在 2018 财务杠杆却骤降。这是由于 2018 年贵人鸟面临信用等问题，难以从第三方借入资金，使得其财务杠杆降低。这并不能说明其此时的财务风险低，反而需要重点关注其财务风险。

思考题 3：案例中贵人鸟的融资安排对债务危机有何影响？

【理论依据】

优序融资理论是关于公司资本结构的理论，以信息不对称理论为基础，并考虑交易成本的存在。该理论认为，公司为新项目融资时，将优先考虑使用内部的盈余，然后采用债券融资，最后才考虑股权融资。即遵循内部融资、外部债权融资、外部股权融资的顺序。

【案例分析】

贵人鸟的融资方式主要带来了以下两方面的影响：

第一，债务融资结构不合理。企业在进行债务融资时，一般有流动负债和非流动负债两种模式可以选择。流动负债虽具有灵活性和多样性，使企业的资本负债调整更方便，但也存在资金稳定性不足，风险较大等问题。2014—2017 年，贵人鸟并购规模不断扩大，资金需求进一步加大，因而其在债务融资时不得不大量选择发行短期债券，以期快速获得资金。但是，短期流动负债的资本成本较非流动负债是非常高的，流动负债比例过高必将导致贵人鸟的债务成本过大，并且加大在短期内的还款压力，最终会随着投资力度的加大渐渐无力偿还。

第二，股权质押严重，加大融资难度。贵人鸟在融资过程中，为提高融资信用，将大量股权和优质资产进行质押。这样的行为虽然能在一开始更快地进行融资，但是当大比例的资产受限后,贵人鸟的再融资能力就会下降,再融资难度较大。同时,质押比例过大,会使得在公司发生现金流危机时无法通过出售资产来缓解危机,加大债务违约的可能,造成了较大的债务危机。

> **思考题4**:分析贵人鸟"卖资产、归主业"的举措能否解决其债务危机?如果你是贵人鸟的董事长,在当前的两"难"泥潭中,会如何进行自救?

【理论依据】

面对债务危机,企业自身采取的策略可以划分为融资和经营两个方面。合理的应对措施可以使企业策略符合市场基本供需情况,预判债务危机发生的可能性,并在债务危机发生时及时采取相应的措施,防止企业陷入"现金流紧张—经营困难—收入下降—现金流更加紧张"的恶性循环。以下为融资策略和经营策略的理论及其架构。

1. 融资策略

第一,提高资金周转率。这主要指提高流动资金的周转率,衡量流动资金周转情况的指标主要是流动资产周转率,即企业在一定时期内销售收入净额与平均流动资产总额的比率。提高流动资产周转率,相当于增加了流动资产的投入,可以改善企业流动资金的使用状况,缓解企业财务压力。

第二,扩展融资渠道。企业的融资渠道总的来说可以分为两种,一种为权益性融资,另一种为债务性融资。权益性融资的方式主要是股权融资,通过公开方式或者私募方式出让部分股权来获取资金;债务性融资的方式主要有银行贷款、发行债券、应付账款等方式。企业在遭遇债务危机时,应当积极通过这两种途径筹集资金,只有拓宽融资渠道,才能使企业在短时间内拥有充足的现金流,从而规划企业的生产发展。

第三,处置资产。处置资产是企业在遭遇困境时不得已的选项。处置资产会对企业的日常经营管理造成很大的影响,甚至会使企业丧失生产能力,失去收入来源,陷入难以挽回的困境。对于企业来说,处置资产先是处置盈利状况较差的子公司资产,这样可以最大程度上保证母公司的安全。

第四,合理控制应收账款数额。企业为了提高销售收入,经常会采取赊销的销售方式。这一销售方式虽然可以使得企业增加账面上的销售收入,但是在当期企业没有现金的流入,所以企业应当将应收账款控制在合理的范围之内。

第五,债务重组。债务重组是指债权人在债务人无法偿还债务的情况下,通过协商做出让步来达到和解的过程。债务重组的方式主要有三种,一是出让资产抵偿债务;二是将债务转化为资本;三是通过减少偿还金额、降低利率等方式减轻债务方负担。债务重组的优势在于它为债权人和债务人提供了沟通平台,并在债务重组中,双方达成和解,保持着合作的基础。如果不通过债务重组的方式,债权人往往会选择法律诉讼,程序烦琐,双方合作关系也无法存续,即使最后诉讼胜出也要经过很长的时间才能收到货款,所以债务重组对于双方来说都是比较好的方式。

2. 经营策略

第一,产量控制。如果企业发生债务危机,处在一个产品产能过剩的市场环境中,企业应当联合其他企业合理控制生产产量,避免出现产品积压、价格下跌等进一步加深企业债务危机的情况。如果企业发生债务危机,市场处在一个生长期的状态,此时市场中产品供不应求,企业应当扩大生产提高产量,获取较高的利润来偿还债务。企业应尽可能地保证生产的连续性,可以减产,但应该尽量避免停产,因为企业一旦停产,造成的损失不仅仅是经济损失,对企业声誉和员工工作动力都会产生很大的影响。

第二,扩展销售市场。对于企业来说,产品积压往往是产生债务危机的直接原因之一。因为产品积压货款不能及时回流,会让企业面临一定的财务压力。扩展销售市场,主要是开发以前没有涉及的市场,如国外市场、容易被企业忽视的农村市场等,开发这些市场,可以提高销售收入,同时防止产品积压,可能会给企业发展带来转机。

第三,改善营销方式。企业的营销方式直接影响到企业产品的销售情况,同时企业的营销方式又受到国家政策、市场大环境的影响,所以企业应根据自身所处的环境和公司情况,采取恰当的营销方式,如使用线下线上多种销售渠道、尝试新的销售模式等。在债务危机中,企业改善营销方式可以从提高销售收入,扩大影响力、提高知名度等方面入手。

【案例分析】

1. 分析贵人鸟"卖资产、归主业"的举措能否解决其债务危机

对贵人鸟陷入债务危机过程进行分析,将贵人鸟2014—2019年的历程总结如下,如图7-7所示。2014—2017年,贵人鸟盲目扩张阶段所带来的资金链缺口巨大,2017—2019年,贵人鸟采取了"卖资产、归主业"手段以化解债务危机。对于贵人鸟而言,这两种手段似乎难以解决迫在眉睫的债务危机。截至2020年5月31日,贵人鸟在各银行累计14.1亿元贷款逾期难以偿还,除了流动资金贷款借款合同纠纷,贵人鸟还存在并购贷款借款合同纠纷。此外,根据贵人鸟6月22日公告中的内容,截至6月22日,其所面临的逾期贷款及债券本金合计25.57亿元,占公司上年度经审计资产总额的65.07%。

2. 如果你是贵人鸟的董事长,在当前的两"难"泥潭中,会如何进行自救

本题设计的目的是引导学生从公司管理者角度思考问题,开阔学生的思维,提升学生的综合分析和运用所学财务知识的能力。此题没有标准答案,解决方法合理即可。

案例七 "贵人"遇"难"：为疯狂扩张买单的 ST 贵人还能再次起飞吗

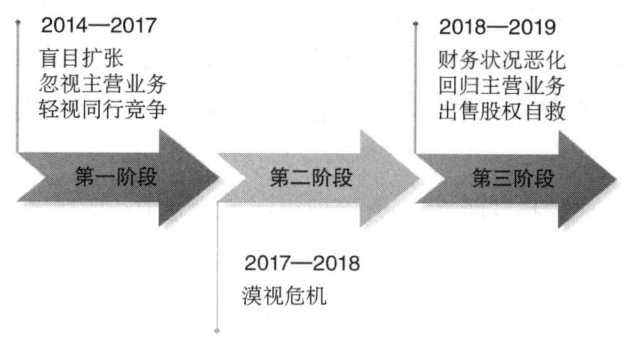

图 7-7　贵人鸟企业衰落三阶段

教师可提供以下几点可行思路。

第一，贵人鸟能否继续经营下去？

从财务报表可以看出贵人鸟的盈利状况，贵人鸟连续 2 年处于亏损状态，2020 年是否会继续亏损是一个未知数，而且 2020 年年初疫情突发，给贵人鸟带来了更沉重的打击，业绩估计难以回升。但在 2020 年 8 月 12 日贵人鸟已被债权人申请重整，贵人鸟表示：如果法院裁定企业进入重整，将会积极推进重整工作，在最大程度上优化企业资产负债结构，改善企业的经营状况，努力化解退市风险。可以看出贵人鸟在想办法继续经营下去，不想退市。

第二，如果进行了重整，应当如何克服企业的财务困境？

首先，在企业经营方面，应继续走归主业之路。但并不能仅仅是回归贵人鸟品牌的生产制造中，更应该紧随潮流发展趋势，注重研发，回归初心，真正精细地发展贵人鸟品牌，以期重新获得消费者的认可。贵人鸟可以通过以下三个方面更好地发展贵人鸟品牌：①对市场进行细分，通过市场调研等方式了解不同细分市场的消费者需求后，有针对性地设计相应产品，同时由于细分了市场，一旦消费者发生需求的改变可以迅速做出调整；②注重研发设计，根据潮流发展趋势进行相应的研发设计来满足消费者的需求；③在维持名鞋库销售的基础上，大力自主宣传"贵人鸟"品牌，有针对性地进行广告营销，以期提高消费者对于贵人鸟品牌的好感度。

其次，在企业财务方面，应优化资本结构。贵人鸟的融资方式主要以债权融资为主，并且短期负债占比很高，使得贵人鸟短期偿债压力大。由于大规模的扩张，贵人鸟的资金一直比较紧缺，再加上债务集中到期，最终出现连续两次债券违约的情形。贵人鸟要获得持续稳定的经营，应当优化资本结构，将股权融资和债权融资合理组合，不应过多依赖债权融资，同时应注意负债的结构，合理组合长期债务和短期债务，避免短期债务占比过高。要想更好地优化资本结构必须加强对资金的管理，完善的资金管理体系有助于企业拥有更充足的现金流,企业现金流量越充足,抵御财务困境的能力就越强,所以贵人鸟应当在优化资本结构的同时加强资金管理,尤其要加强对存货和应收账款的监管,提高资金的利用效率,避免由于现金流不足使得财务困境进一步恶化。

再次,在企业治理机制方面,应完善治理机制。建立中小股东董事制度以及扩大股东规模,贵人鸟第一大股东持股比例过高,使得第一大股东绝对控制企业的经营管理权,并且其将持有的股权超过99%都质押出去的行为明显损害了中小股东的利益,通过建立中小股东董事制度使得中小股东参与到企业的经营决策当中,可以站在中小股东的立场为企业经营提出建议,这也能对大股东起到一定的制约作用,降低大股东做出错误经营决策的风险,同时能及时了解企业目前各方面经营的情况,避免利益被大股东侵占。

最后,吸取此次债务危机的经验,健全财务风险预警系统。在贵人鸟已经面临财务风险的情况下,由于管理层风险意识薄弱,未能及时识别出财务风险并采取相应措施,最终公司财务状况不断恶化陷入财务困境。贵人鸟应根据自身的实际情况设定适合的财务风险预警模型,加强监控,一旦发现财务状况有恶化的趋势立即采取相应规避措施,避免公司的财务状况进一步恶化。

> **思考题5**:结合此次贵人鸟债务危机事件,你认为财务风险的识别是否重要?应当如何识别财务风险?对于市场上其他面并购财务风险的企业你有何具体建议?

【理论依据】

1. 并购财务风险理论

并购财务风险,一方面,是指并购中影响经营的各种问题的风险,这些风险既能带来一定的发展机会,也能对企业构成威胁;另一方面,是指在企业并购中由于财务杠杆等因素造成负债过高,加上人们对信息和事物的了解具有片面性和局限性,无法对所掌握的行业信息做出详细完备的了解。这种风险问题在企业中普遍存在,企业无法彻底避免这些问题,而企业经营管理者能做到的就是抓住主要矛盾,做出完备方案,进行分析解决,并采取合理手段予以攻克,然后寻找次要矛盾,进行处理解决。主要矛盾是指并购中的财务风险,解决处理好企业中的财务风险,才能使企业更加健康良性地生产经营发展。

2. 财务风险识别方法

会计研究方法中的质性研究方法,主要指在一定的情况下,研究者采用多样化手段收集资料,进行系统研究,构建理论体系获得解释性结论的一种方法。质性研究法分为定量研究和定性研究,对于风险识别方面,定性与定量研究可以应用到财务风险的识别中。

第一,定性分析。定性分析是用于研究物质具体组成的质性研究方法,确定之后,选择适用方法进行定量分析,通常应用于系统分析等方面。财务风险识别中的定性分析,主要用来评估识别发生风险的可能性,对于防范和应对风险有着积极作用。其主要包括:德尔菲法、案例分析法和财务报表分析法等质性研究方法。德尔菲法是指在财务风险识别时,根据公司具体情况设定问题,再采用通信或问卷调查的方式向有经验的专家提出问题,对专家反馈的意见后期汇总,再反馈给专家修改,递交多次之后,得出最终结论。案例分析法通常用于研究公司之前发生的相关实践案例进行识别研究,吸取经验教训,改善经营状况,提升企业经营业绩。财务报表分析法一般是从财务的角度上对并购公司的财务报表等资料中公布的数据进行系统的分析,通过分析经营状况和盈利能力等方面,发现其所存在的财务问题和财务风险。

第二,定量分析。定量分析一般于定性分析之后完成,是运用模型概率计算等方法,对要素进行数量关系变化进行分析的质性研究方法,属于成分分析实验中常用的方法。识别财务风险需要先定性分析研究,找出定性问题所在,再针对问题进行量化分析研究。重复多次定量分析能够更加确定风险问题,这是属于风险计划的一部分。其中包括单因素模型识别法、多元线性函数模型识别方法、主成分分析模型等方法。单因素模型识别法,包括企业财务指标采用模型计算,识别财务风险,帮助经营管理者找出问题,有利于提升企业财务效率。多元线性函数识别法是通过建立数据模型来对公司的财务风险进行分析计算,相对于单因素模型来说,多元线性函数具有一定复杂性,计算出来的结果更能体现公司的财务风险情况,具有一定的综合性质。主成分分析模型识别法,更多地反映财务风险的复杂多元性质,适用于并购后期整合阶段的分析,它反映了一定的综合变量,但因素之间没有复杂的交互性,从而简化过程,提高分析效率,促使财务风险的识别。

第三,财务风险定性定量的综合分析。质性中定量定性的综合分析方法也充分运用到企业财务中,如模糊综合评价法。模糊综合评价模型在企业财务风险分析中应用十分普遍,通常用于多方面因素造成的问题分析,属于综合评价问题的方法。并购的财务风险识别中通常采用此方法,设定调查问卷,访问专家,从而取得更为系统的财务风险评价。

【案例分析】

1. 识别财务风险的重要性及方法

通过案例分析,可以发现贵人鸟陷入债务危机的根本原因是未正确识别并购扩张时期的财务风险,忽视了财务风险的危害,以至于陷入现在的两"难"泥潭之中。贵人鸟的事件带给我们的启发是:企业在并购扩张期间一定要重视财务风险,准确识别财务风险,才有助于达到良好的并购扩张效果。

对于如何识别企业并购扩张的财务风险,结合财务风险识别方法中的定性与定量研究可以采用以下几种方法:

第一,成本收益分析法。对于企业并购来说,有多种方法可以识别计算分析,比如成本收益分析法,它主要是并购成本收益率,用来计算分析整个企业并购过程中的成本预算是否合理,比较简单快捷,方便操作。并购收益率(RCR):R代表预算收益,C代表预算成本,比率以1为分界。并购收益率小于1,则说明收益大于成本,适用于企业并购,可以考虑对目标企业进行并购;并购收益率大于1,则说明成本大于收入,企业应当慎重考虑对目标企业的收购。采用此方法比较适合粗略计算目标企业是否适合并购,尽可能规避并购所导致的比较明显的财务风险。

第二,单股收益分析法。在企业并购财务风险识别的方法中,单股收益分析考虑的是宏观大方向的风险分析,主要分析并购前后单只股票价格带给企业收益的变动情况。它从股东角度出发,考虑到了股东利益。单股股价分析变动幅度,影响企业并购成功率。若是并购后股价下跌,不如并购之前股价,说明此次并购没有使得企业经营总体发生变化,该企业的并购行为存在一定的风险,也会加重企业本身的财务问题。

第三,杠杆分析法。杠杆分析相对于单股收益分析来说是从经济微观角度出发的一种识别方法。在很多文献中可发现,许多学者都对财务杠杆进行过研究。许多企业发展本身就运用了财务杠杆这一手段,财务杠杆运用得好,对企业经营发展、利润增加都有好的推动作用。财务杠杆分析主要是分析息税前利润和每股收益之间关系,杠杆系数越高,说明企业并购受杠杆因素影响越大。太高的杠杆系数会给企业带来债务负担,再加之并购方企业本身就受杠杆因素的影响,资产负债率过高,加重了企业的偿债风险和债务压力,若是后期经营不善以及市场整体经营环境不稳定,都可能给企业造成严重的财务危机。所以对于企业判断识别并购财务风险,财务杠杆系数分析是一种较清晰明了的识别分析方法。

2. 对于市场上其他面临并购财务风险的企业的具体建议

首先,在并购前,应当对目标企业进行全面了解调查,包括财务方面和所处行业方面,例如查看企业过去的财务报表是否真实可靠,有没有加以粉饰,综合评价企业的财务状况、盈利能力和资产状况等,对于无法在财务报表中获取的信息,可以寻找专业机构加以调查了解,掌握完备后再寻找有相关经验的专业评估机构对被并购企业估值评价,并且结合自身和并购企业对财务状况充分了解,对其相关财务资料使用合适的会计方法进行审核,确定合理价格。在并购之前应当签订双方协议,用于预防因信息不对称所造成的法律风险和财务风险,尽可能地规避并购前因估值所造成的财务风险,保全自身利益。

其次,企业在进行融资时应当根据自身资本结构的情况选择合适的融资方式。制定合理的融资战略方针,应不局限于单一融资方式,采取多样化融资渠道以及创新融资方式,例如通过与国外基金组织和海外单位合作进行融资,用来分散融资风险,也可以通过进行产权转嫁于目标企业的方式对其控制。优化融资结构,根据自身公司状况确定融资比,分析出合理的资本构成,并对其优化完善,控制好负债问题。企业还要对融得资金进行规划,保证合理性,对权益成本、债务成本和边际成本进行分析,设计完备方案来降低成本。

再次,企业应当在支付时注重各项并购程序的安排,在并购之前需要拟定并购各环节所需资金,做好预测方案,确定好资金需求量和程序,做完备方案,从而减轻预算上和并购程序上的风险。在支付方式方面,由于并购需要大量的资金,支付方式显得尤为重要。企业在并购时考虑自身发展情况和资本结构来确定支付手段,根据风险的即时性和潜在性来制定,选择合理的支付方式,采用结合自身实际情况的多种支付方式,来分散风险,节约成本,缓解压力,完善资本结构,进而将企业并购过程中的支付风险尽可能地降低。

最后,并购后期的整合仍然不能忽视,若并购整合不好,再加上本身财务状况不好,会使情况加重。其中财务整合方面最为关键。企业在并购后应当制定合理完善的管理体系,建立全面预算体系和财务规章制度,实行统一的会计准则和经营管理模式;派遣管理层到被并购方企业管理层进行统一管理,加强内部监督和控制,实行有效的内部考核方式,制定符合企业的业绩评价体系,定期考核员工。此外,对于文化整合方面,应当加强企业战略和文化的渗透,加强双方企业关于思想文化方面的融合,消除因企业文化不同而带来的隔阂问题,努力使双方达到合作双赢的效果,从各方面致力于降低并购后续的整合风险,提高企业并购成功率。

四、关键要点

课堂教学中应重点把握如下知识点的引导和启发:
(1) 财务绩效指标的选择及其对并购扩张绩效的评价。
(2) 企业融资方式的选择,企业风险的计算和分析。
(3) 不同融资方式对债务危机的影响。
(4) 债务危机的应对策略和方法的运用。
(5) 如何识别企业的财务风险及防范或降低企业并购扩张中的财务风险。

五、背景信息

目前我国正积极推动体育产业的发展，鼓励全民健身已经上升为国家战略，并且随着居民消费水平的提高，人们对于健康的重视程度大幅增加，越来越多人选择参与各项体育运动，这些将直接带动运动鞋服行业的发展。与此同时，运动鞋服行业的竞争也日益激烈，国外运动品牌的大量涌入、产品同质化严重以及成本上升等因素都使得运动鞋服企业的竞争压力增加，但行业整体依然有较大的成长空间。

中国体育产品行业的发展并不是一帆风顺的，1997年的东南亚金融危机是我国体育产品行业发展经历的第一次转折，海外订单大幅锐减，这一时期我国体育产品企业以海外贴牌的外贸生意为主，因此大量体育产品企业倒闭。在此之后，我国体育产品企业开始建立自己的品牌，对自身品牌进行建设与宣传，并得到较好的发展。

2008年北京奥运会的举办使我国体育产品企业迎来了发展的良好时机，我国体育产品企业在这一时期进行了大幅扩张。在前期的发展中，贵人鸟于2002年开始发展自主品牌，采用了高频广告的形式进行品牌宣传，产生了良好的效果，在宣传后使品牌获得了一定的市场认可度。经营环境的变化促进了我国体育产品企业进行战略转型。2012年，我国国产品牌爆发库存危机，我国体育产品企业由于前期的快速扩张而面临激烈的市场竞争，各体育产品企业为稳定品牌和扩大市场进行了战略转型，逐渐开始升级商业模式和实施并购战略。贵人鸟也是在此背景下进行的战略转型。贵人鸟在发展初期成功运用营销策略，2002年利用娱乐明星和高频广告对自身品牌进行宣传。在之后的广告宣传中，贵人鸟抓住消费者的自我认同，采用普通民众代替明星的方式，推出"运动快乐"的理念，贵人鸟产品的时尚性迎合了新一代年轻消费者的内心需求，从而增强了品牌的认可度。面对2012年的库存危机，贵人鸟在战略转型中选择将销售渠道下沉，将品牌布局在三、四线城市。由于在这次库存危机中大部分体育产品企业均选择了渠道下沉，激烈的价格战争使贵人鸟的主营业务大幅缩水，品牌也受到了一定的影响。面对低成本战略的失利，2014年贵人鸟由"传统运动鞋服行业经营"向"以体育服饰用品制造为基础，多种体育产业形态协调发展的体育产业化集团"的战略升级，并且对其业务模式进行了创新，打破了从前单一品牌收入的格局，拓宽了收入来源。2015年贵人鸟投资虎扑、西班牙足球经纪公司；2016年投资体育保险、收购体育产品渠道零售商、投资游戏电竞等，从多个方面进行了多元化布局，试图通过多元化建立新的利润增长点。但多元化战略并未取得理想的效果，在2018年8月贵人鸟转让了虎扑体育13.66%股权和康湃思体育、康湃思体育咨询公司37%的股权，12月12日，贵人鸟发布《关于出售控股子公司股权及变更相关业绩承诺补偿方式的公告》，亏损转让子公司杰之行50.01%股权，业绩的下滑和2018年一系列的转让行为是贵人鸟对其多元化战略的自我否定,同时也证明贵人鸟在战略转型后面临经营困境。

总而言之,随着我国经济的快速发展,更多企业涌入资本市场,给企业带来机遇的同时也使得竞争愈加激烈,一旦企业的经营管理决策出现失误,则会面临较大的经营风险,并且极大增加了其陷入财务困境的可能性。企业面临财务困境可能会出现无法偿还债务、发生严重亏损或资产流动性不足等表现,其陷入财务困境并不是一日造成的,而是财务状况逐渐恶化的结果,如果继续恶化很可能导致企业最终破产。

六、建议课堂计划

表7-13是按照时间进度提供的课堂计划建议,仅供参考。整个案例课的课堂时间控制在90分钟左右。

表7-13 建议的案例教学计划

项目	课时	具体安排
案例导入	5~10分钟	(1) 展示贵人鸟的官方网站主页、所售卖的鞋服产品图片等,使学生初步了解贵人鸟所经营的业务及其所在行业等相关信息 (2) 展示贵人鸟"债务缠身"和"业绩巨亏"两"难"的新闻报道与媒体评论标题,引出案例主题
小组讨论	20~30分钟	(1) 分组情况阐述,老师讲解理论知识,请同学自行分组,对贵人鸟陷入债务危机的原因及其采取的措施如何等问题进行分析并讨论 (2) 完成初步的讨论结果,制作简略的讲解PPT
课堂演示	30~45分钟	(1) 随机选取3~4组进行讲解并演示PPT成果 (2) 其他小组对演示小组进行提问 (3) 教师针对关键问题进行引导性提问。例如:贵人鸟哪些行为导致其财务风险过高?融资方式的选择对债务危机有何影响?贵人鸟可以从哪几个方面去降低或者防范财务风险
教师总结及评估	15~30分钟	(1) 教师对课堂讨论全过程进行归纳评估,简要点评小组讨论、小组展示情况及集体讨论的过程 (2) 教师对案例本身进行总结,梳理案例中涉及的财务风险、债务危机等相关理论,并结合理论知识,梳理案例逻辑,升华企业扩张与债务危机、财务风险相结合的主题

案例八

得 PPP 者得天下吗

——玉禾田，扫街也"疯狂"

玉禾田环境发展集团股份有限公司（以下简称玉禾田）始创于1997年，专注于环境卫生领域，主营业务涵盖市政环卫和物业清洁两大板块。自2010年进入环卫市场以来，玉禾田便着力拓展市政环卫业务，承接多个采用PPP模式的环卫一体化服务项目，业务收入迅速增长，公司业绩提振明显。2020年1月23日，玉禾田在深圳证券交易所挂牌上市。2016—2018年，玉禾田不断加码于PPP业务，在提高业绩的同时，其债务、应收账款规模不断扩大，财务风险问题愈加突出，PPP似乎是把双刃剑，那么玉禾田将这把剑挥舞得如何呢？本案例通过对玉禾田借助于PPP模式发展市政环卫业务的历程进行回顾，详细描述并分析承接PPP项目对玉禾田所带来的正面及负面影响，使案例使用者以案例信息为背景，判断PPP业务对于玉禾田而言究竟是块"甜"蛋糕还是块"苦"蛋糕，并引发学生对PPP模式及企业扩展PPP业务的深入思考。

第一部分 案例介绍

引 言

自 2014 年来,我国大力推进 PPP 模式(Public-Private-Partnership)的发展,PPP 项目数量便呈井喷式增长,社会上众多不同行业的企业陆续踊跃加入各领域 PPP 项目中。PPP 模式即政府和社会资本合作,是公共基础设施中的一种项目运作模式。PPP 项目具有投资规模较大、合作期限较长、政府每年度支出责任较小、付费与绩效考核挂钩等特点。

由于政府服务外包项目中的资金投入不断增大,地方政府财政资金日益紧张,各地政府开始在市政环卫领域推行环卫 PPP 模式,如图 8-1 所示。政府借力于 PPP 模式引入社会资本,实施市场化的运作手段,将垃圾清运、道路清扫以及环卫设施建设等推向社会,不仅符合国家的政策导向要求,在减轻政府短期财政压力的基础上,提高资金利用效率,还对城市环卫管理体制和考核方式的转变有一定的促进作用。

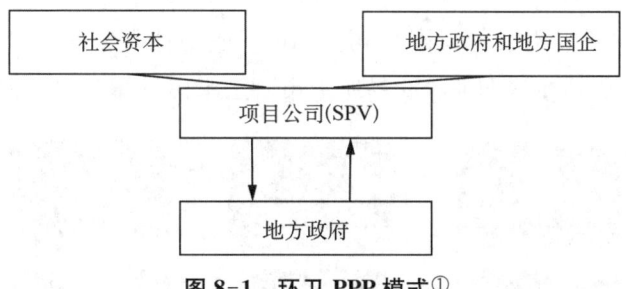

图 8-1 环卫 PPP 模式[①]

2015 年,伴随着政府大力推行市政环卫 PPP 模式的热潮,环卫市场化已由过去的以政府购买服务为主向以 PPP 模式为主转变,市政环卫领域的 PPP 项目逐渐成为众人眼里的一块大蛋糕,大家开始你争我夺,跑马圈地。

---

① 资料来源:东方财富网,http://data.eastmoney.com/。

处于环境清洁行业的玉禾田也是参与市政环卫领域PPP项目中的活跃一员。玉禾田紧跟着环卫市场化风向标,承揽了多个大型环卫一体化PPP项目,如参与了2008年北京奥运会和2010年广州亚运会等知名保洁项目。随着我国PPP模式的大力推进,在市政环卫领域多个PPP项目的建设中都能看到玉禾田的身影。承接多个PPP项目后,玉禾田的业绩可谓是一路狂奔,实现营业收入、净利润双增长。2019年11月21日,玉禾田首发申请获证监会通过,于2020年1月23日在深圳证券交易所敲钟上市。上市之后,玉禾田的股价走势十分明朗,业绩表现良好。似乎PPP项目对于玉禾田而言是给了其一个巨大的发展机会,让玉禾田飞得更高。

然而,机会的背后往往也暗藏着风险。PPP项目主要靠资金推动,具有利润有限且回报周期长的两大特点,通常情况下需要企业先垫资,而且垫得资金量大、回收期长。一旦遇到政府手头紧或负责领导换届需要重新审批等突发状况,资金链出现问题的概率将直线上升,资金成本也会吞噬项目利润。中国园林第一股——东方园林对此深有体会,它曾因过度发展PPP项目而陷入了债务泥潭中,当时东方园林的负债一度高达281.94亿元。那么,对于玉禾田而言,PPP项目带来的机会究竟是"甜"蛋糕还是"苦"蛋糕呢?

一、公司简介及现状

玉禾田是一家专注于环境卫生综合管理的服务运营商,其前身成立于1997年10月27日,是最早成立的一批环卫公司中的一员。2010年4月13日,玉禾田成立,全名为玉禾田环境发展集团股份有限公司;2016年成功挂牌新三板;2018年报送IPO;2020年1月23日成功在深圳证券交易所上市。玉禾田具体发展历程如图8-2所示。

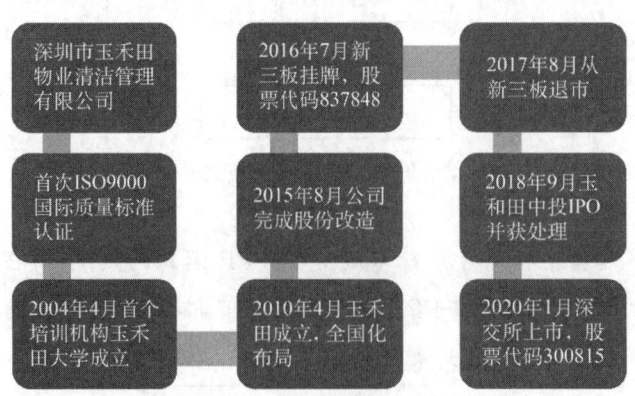

图8-2 玉禾田发展历程①

---

① 资料来源:玉禾田环境发展集团股份有限公司官网,http://www.eit-sz.com/。

在玉禾田成立初期,它主要聚焦深圳地区物业保洁业务,历经长达23年的发展,超过百余座城市都有着玉禾田走过的痕迹。玉禾田经营业务包括物业清洁和市政环卫,其中,市政环卫分为传统模式市政环卫业务和PPP模式市政环卫业务,在玉禾田的经营版图里,PPP模式市政环卫业务从2016年的"才露尖尖角"慢慢变成玉禾田目前主营业务的中流砥柱。PPP模式与传统模式的区别如图8-3所示。

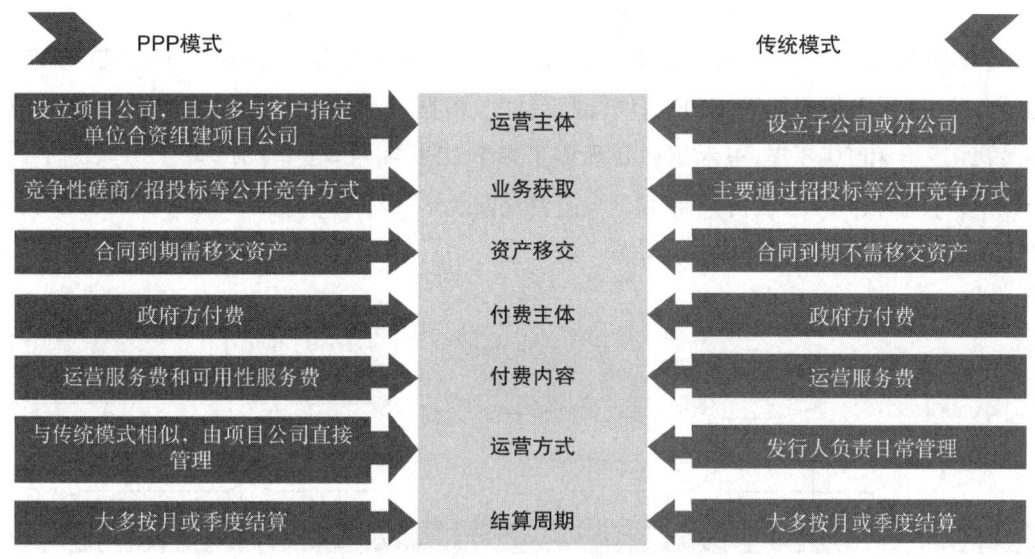

图8-3　PPP模式与传统模式的区别①

截至2020年年底,玉禾田已运营和管理了数百个环卫项目,涉及17个省40多个城市,拥有6万多名员工,为1200多个品牌客户和近200个政府客户提供服务,在环境卫生服务领域积累了大量客户。此外,2020年玉禾田首次入围中国环境企业50强,排名第35位,其中,在细分的环卫企业榜单中位列第13位。

作为一家以扫地为主营业务的公司,玉禾田看起来并不高大上,但是玉禾田却比市场上大多数高大上的企业扫出了更多的"金子"。这不禁让我们想起了玻璃大王曹德旺曾说过的一句话,"没有下等的职业,只有下等的人,我不会嫌我的舞台小"。让我们一起来看2016—2018年玉禾田究竟如何借助PPP模式疯狂扫街吧!

二、主打PPP模式,聚焦市政环卫

自2014年起,伴随着市政环卫市场化改革的逐步深入,在市政环卫业务上,越来越多的城市采取市场化管理和运作的方式,环境卫生管理领域中PPP运营模式则在不断

---

① 资料来源:东方财富网,http://data.eastmoney.com/。

地加速落地[①]。正是搭乘这一改革之风,2016年起玉禾田开始聚焦市政环卫业务发展,主打PPP模式。

(一) PPP熠熠生辉

最初只有6个人的小公司——深圳市玉禾田物业清洁管理有限公司发展至如今超60 000名员工的玉禾田环境发展集团股份有限公司,既是量也是质的飞跃。2016年海口市秀英区PPP项目进场后,使得玉禾田2016年净利润(12 406.13万元)同比于2015年净利润(6 451.32万元)增幅达92.30%,这让玉禾田品尝到了PPP带来的甜味,自此,玉禾田便紧握着PPP这块"甜蛋糕"。根据玉禾田公开发布的招股书,在接下来的2017年和2018年,玉禾田疯狂承接了多个PPP项目,截至2018年12月31日,玉禾田参与运营的PPP项目共有14个,运营期限为8~24年。玉禾田2016—2018年承接PPP项目具体情况如图8-4所示。

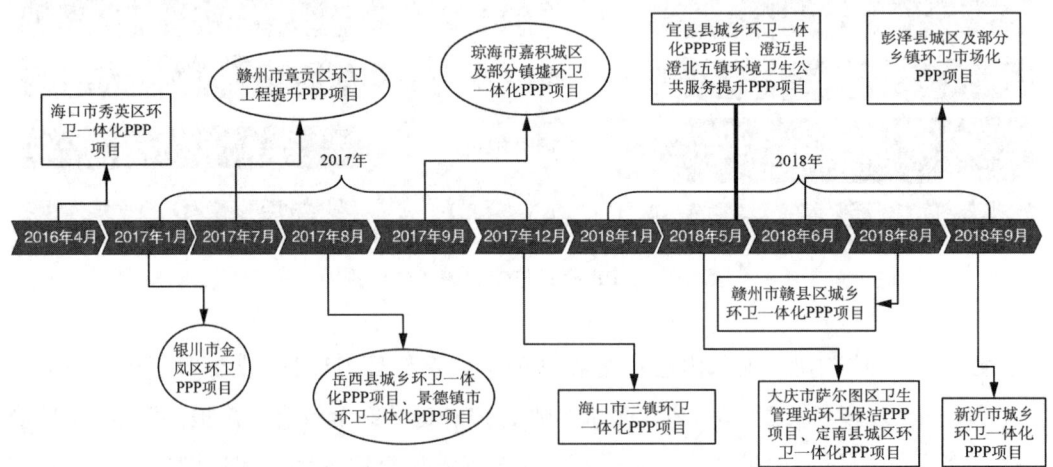

图8-4 玉禾田2016—2018年承接PPP项目概况[②]

可以发现,自2016年承接第一个PPP项目后,2017年玉禾田承接了6个PPP项目,2018年承接了7个PPP项目,PPP项目数量逐年递增。这说明,2016—2018年,玉禾田持续推进PPP模式市政环卫业务的发展。

(二) 业务结构风云变

玉禾田的营业收入结构主要分为物业清洁和市政环卫两种业务类型,其中,市政环卫又有两种不同的业务模式,分为传统模式和PPP模式。2016—2018年,玉禾田的总

---

① 资料来源:依赖PPP模式急速扩张的玉禾田隐患重重_财富号_东方财富网(eastmoney.com). http://caifuhao.eastmoney.com/news/20200107154848063323840,2020年1月7日。

② 资料来源:东方财富网,http://data.eastmoney.com/。

收入呈现持续高速增长的趋势,分别为 154 707.89 万元、215 197.57 万元和 281 636.76 万元;在物业清洁这一业务收入板块分别实现的收入为 79 966.94 万元、90 887.17 万元和 84 551.57 万元。表面上物业清洁的收入金额变动不大,然而这 3 年它在营业收入中的占比分别为 51.69%、42.23% 和 30.02%,占比逐年大幅降低。由此可见,曾在营业收入中"咳嗽"一声都使之一振的物业清洁业务,经过 2 年后,已从一名"大将"变为一名"小兵"。

那么,又是谁替代了它"大将"的位置呢?如表 8-1 所示,玉禾田物业清洁业务收入占比下滑时市政环卫业务收入占比却呈现大幅上升的态势。市政环卫这一业务收入板块分别实现的收入为 74 740.95 万元、124 310.40 万元和 197 085.19 万元,在总营收的占比分别为 48.31%、57.77% 和 69.98%。同时在市政环卫业务的收入中,传统市政业务在市政环卫收入中的占比也在不断下滑,由 76.88% 降至 56.04%,伴随着传统市政业务在市政环卫收入中的占比下滑的是 PPP 模式市政环卫业务占市政环卫收入比重的上涨,2016—2018 年,PPP 模式的市政环卫收入由 17 281.79 万元增至 86 643.74 万元,增幅达 401.36%,其占市政环卫收入比重也由 23.12% 上升至 43.96%。

表 8-1　2016—2018 年玉禾田各业务板块收入及其占比变动情况① 金额单位:万元

项目		2016 年		2017 年		2018 年	
		收入	比例	收入	比例	收入	比例
物业清洁		79 966.94	51.69%	90 887.17	42.23%	84 551.57	30.02%
市政环卫		74 740.95	48.31%	124 310.40	57.77%	197 085.19	69.98%
市政环卫	传统市政	57 459.16	76.88%	83 183.79	66.92%	110 441.45	56.04%
	PPP 模式	17 281.79	23.12%	41 126.61	33.08%	86 643.74	43.96%
合计		154 707.89	100.00%	215 197.57	100.00%	281 636.76	100.00%

同时,如图 8-5 所示,自 2017 年后,在玉禾田的主营业务中,市政环卫板块业务已占主导地位,是玉禾田营业收入的主要来源。换一句话说,PPP 项目已逐渐成为玉禾田主营业务的重要角色,这名新的"大将"是谁似乎就不言而喻了。那么 PPP 项目业务对于玉禾田而言,究竟是块"甜"蛋糕还是"苦"蛋糕呢?

---

① 资料来源:玉禾田各年年报整理。

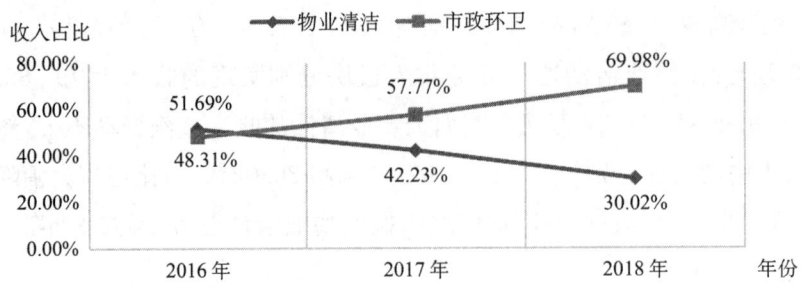

图 8-5　2016—2018 年玉禾田各业务板块收入占比变动趋势①

三、尝 PPP 之甜，品 PPP 之苦

(一) 舌尖上的甜味

1. 营业收入和净利润双增长

PPP 模式发力后，效果立竿见影，营业收入和净利润表现极为出彩，为玉禾田业绩画下浓厚的一笔。2016—2018 年，玉禾田实现的营业收入分别为 154 707.89 万元、215 197.57 万元和 281 636.76 万元，呈现持续增长态势，且 3 年来增幅都高于 30%，归母公司扣除非经常性损益的净利润则由 11 246.54 万元增至 17 797.82 万元，如图 8-6 所示。

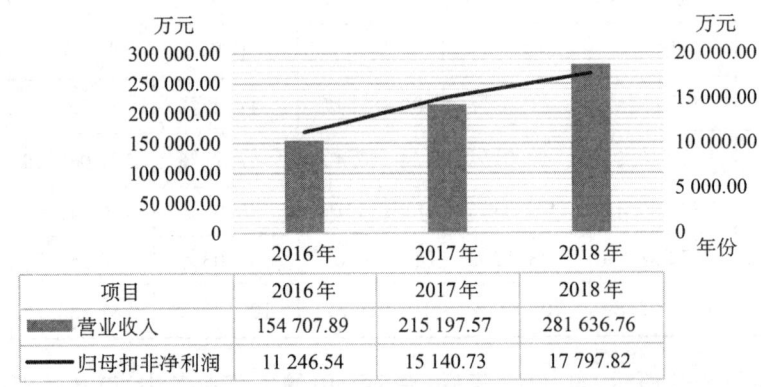

图 8-6　2016—2018 年玉禾田营业收入和净利润趋势图②

2. 现金流连年增加

在借力 PPP 项目增收的同时，玉禾田的经营活动现金流量和每股现金流也在大幅度地增加，如图 8-7 所示。2016—2018 年，玉禾田经营现金流量净额分别为 7 826.19 万元、15 755.89 万元和 19 908.20 万元，每股经营现金流则由 0.75 元增至 1.92 元，逐年增

---

① 资料来源：玉禾田各年年报整理。
② 资料来源：玉禾田各年年报整理。

加,2017 年增幅明显。

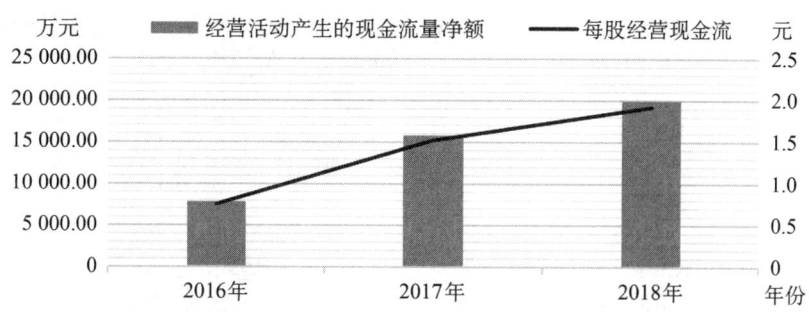

图 8-7　2016—2018 年玉禾田经营活动产生的现金流量净额①

从表面来看,PPP 这块蛋糕在舌尖上的时候口感是甜的,但是吃到肚子里是否依然很甜呢?

(二) 肚子里的苦涩

搭乘上 PPP 模式这一趟快车,的确让玉禾田尝到了许多的"甜头",PPP 模式的环卫项目使得市政环卫业务收入迅速增长,总收入也得到大幅的提升。然而在助力玉禾田规模上涨的同时,它也为玉禾田积聚了一定的风险。

1. 付真金,交白银

根据 PPP 模式投入资金量大的特点,PPP 模式下的市政环卫项目同样需要大量资金的投入,玉禾田 2016—2018 年承接的 PPP 项目所需投资金额规模巨大,2016 年承接的海口市秀英区 PPP 项目所需的投资规模为 11 007 万元,2017 年和 2018 年更是达到 30 985 万元和 30 815.27 万元的总资金规模,合同总投资额 72 806.98 万元。玉禾田 2016—2018 年各 PPP 项目的投资规模具体情况如图 8-8 所示。

PPP 项目的迅猛发展确实使玉禾田的业绩得到了高速增长,但是也使其需在短时间内付出大量的真金和白银。而为了获得更多的 PPP 项目,玉禾田只能通过大量举债维持其扩张。因此,在不断增长且仍在持续拓展 PPP 项目的同时,玉禾田资金方面的压力也在不断增加。

2. 债台高筑,由"甜"变"苦"

2016 年,玉禾田负债合计 43 664.71 万元,2017 年同比较 2016 年增长了 67.5%,上升至 73 187.88 万元,2018 年其负债相比于 2017 年更是将近翻了一番,直线上升至 137 890.80 万元。在此期间,玉禾田的资产负债率情况与负债金额的趋势基本一致,呈上涨趋势。其合并资产负债率从 54.67% 上升至 65.01%,母公司资产负债率似乎更上

---

① 资料来源:东方财富网,http://data.eastmoney.com/。

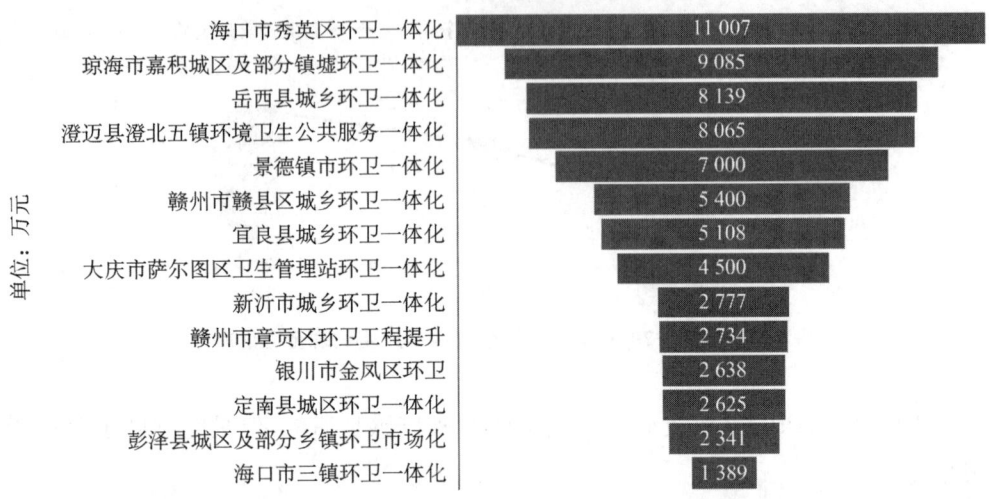

图 8-8　玉禾田 2016—2018 年各 PPP 项目投资规模具体情况①

一层楼,在这 3 年中不断高速攀升,从 60.61% 上升至 83.08%,2016—2018 年玉禾田资产负债率变动情况如表 8-2 所示。

表 8-2　2016—2018 年玉禾田资产负债率变动情况②

项目	2016 年	2017 年	2018 年
合并资产负债率	54.67%	56.86%	65.01%
母公司资产负债率	60.61%	71.75%	83.08%

同时,2016—2018 年玉禾田负债率与同行业上市公司对比情况,如表 8-3 所示。由此可以看出,玉禾田同行资产负债率的平均值分别为 42.98%、39.19%、46.91%,而玉禾田资产负债率远高于行业均值,这 3 年皆高于 50%,在 2018 年更是达到 65.01%。对于玉禾田而言,这并不是一个好兆头。

表 8-3　2016—2018 年玉禾田资产负债率与同行业上市公司情况对比③

公司名称	2016 年	2017 年	2018 年
启迪桑德	63.51%	54.77%	61.44%
新安洁	27.10%	25.44%	29.11%
龙马环卫	52.30%	41.53%	41.07%

---

① 资料来源:玉禾田各年年报整理。
② 资料来源:东方财富网,http://data.eastmoney.com/。
③ 资料来源:CSMAR 经济金融研究数据库。

（续表）

公司名称	2016年	2017年	2018年
侨银环保	28.99%	35.02%	56.02%
同行业平均值	42.98%	39.19%	46.91%
玉禾田	54.67%	56.86%	65.01%

2016—2018年玉禾田负债情况如表8-4所示。由此可以看出，玉禾田负债主要由流动负债构成，其2016—2018年流动负债分别为37 439.49万元、56 860.79万元和109 748.19万元，占总负债比为85.74%、77.69%和79.59%。其中，短期借款金额分别为9 300万元、8 000万元和51 400万元，2017年和2018年短期借款增幅为51.87%和93.01%。这说明，玉禾田的短期偿债压力不小。

表8-4 2016—2018年玉禾田负债情况① 金额单位：万元

项目	2016年		2017年		2018年	
	金额	占比	金额	占比	金额	占比
流动负债	37 439.49	85.74%	56 860.79	77.69%	109 748.19	79.59%
非流动负债	6 225.22	14.26%	16 327.09	22.31%	28 142.61	20.41%
负债总计	43 664.71		73 187.88		137 890.80	

将PPP这块蛋糕吃到肚子里，玉禾田感觉到似乎不再那么甜了。而这块入口是甜进胃里略苦的蛋糕，会让玉禾田有什么样反应呢？

四、品苦后胃中的酸水

这份苦涩在2017年逐渐从胃里散发至玉禾田的口腔，引起了玉禾田胃中一系列的不良反应，在2018年和2019年时的不良反应最为显著。

（一）一级酸：利息负担大

有因必有果——有借款就有利息。通过大量举债的方式不断承接PPP项目直接导致玉禾田财务费用水涨船高。当玉禾田2018年的营收比2017年增长30.86%时，净利润增长率却仅有16%，其中，因大量举债造成利息的支出就多出148.35%。如图8-9所示，2016—2019年玉禾田利息费用呈直线上升，分别为450.38万元、1 215.82万元、3 019.19万元和4 237.22万元，尤其是在2018年利息费用暴增，2019年较于2017年更是增幅巨大，一方面，玉禾田承接了多个PPP模式的环卫一体化服务项目，导致项目更新改造计提利息费用增加；另一方面，因PPP项目前期投入需求

---

① 资料来源：东方财富网，http://data.eastmoney.com/。

较大,玉禾田向银行借款增多,借款利息增加。

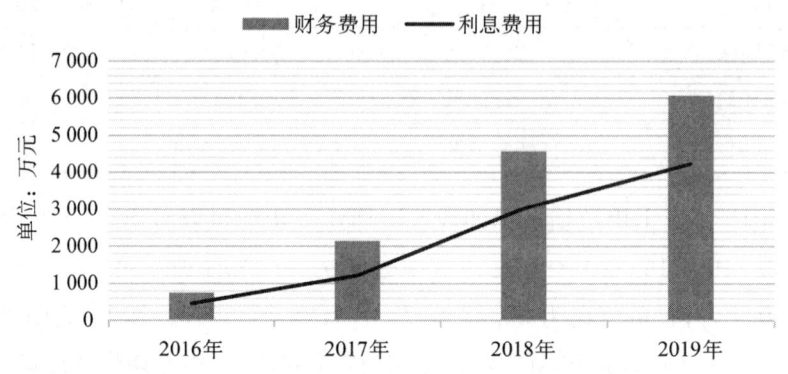

图 8-9 2016—2019 年玉禾田利息费用变动趋势①

同时,2016—2019 年,玉禾田财务费用由 740.76 万元增至 6 064.92 万元,增长逾 7 倍,可见,2019 年玉禾田胃中的"一级酸"从其面色中略有显现。

(二) 二级酸:毛利率不涨反跌

根据表 8-5 中 2016—2019 年玉禾田毛利率变动情况可知,玉禾田这 4 年综合毛利率分别为 20.34%、19.56%、18.84% 和 21.55%,可以发现,在不断承接 PPP 项目的 2016—2018 年,无论是物业清洁和市政环卫毛利率或是综合毛利率,均呈下降趋势。且与 2016 年相比,2018 年物业清洁业务的毛利率下降了 3.38 个百分点,下降幅度达 22.9%;市政环卫业务的毛利率下降了 4.28 个百分点,降低幅度为 16.3%。

表 8-5 2016—2019 年玉禾田毛利率变动情况②

项目	2016 年	2017 年	2018 年	2019 年
物业清洁	14.75%	12.84%	11.37%	11.95%
市政环卫	26.32%	24.48%	22.04%	24.58%
综合毛利率	20.34%	19.56%	18.84%	21.55%

为何与营业收入、净利润一路向上的态势不同,2018 年两大业务板块的毛利率却不如 2016 年呢?根据玉禾田招股书所述:物业清洁和市政环卫毛利率下降,主要是因为改善员工待遇导致单位人工成本有所上升③。然而,其中究竟是什么原因,我们无从得知。而在 2019 年,玉禾田的综合毛利率有所提升,其中主要是由于市政环卫板块的

---

① 资料来源:玉禾田各年年报整理。
② 资料来源:玉禾田各年年报整理。
③ 资料来源:玉禾田负债猛增关联担保近 12 亿 IPO 未披露 14 万行贿案_中国经济网——国家经济门户(ce.cn). http://finance.ce.cn/rolling/201911/20/t20191120_33649312.shtml,2019 年 11 月 20 日。

毛利率增长,这是停止承接PPP项目带来的吗? 我们也无从知晓。

(三) 三级酸:应收账款连年增长

由于2016—2018年玉禾田在各地陆续承接PPP市政项目,玉禾田应收账款连年递增。如表8-6所示,2016—2019年,玉禾田应收账款余额分别为27 179.81万元、41 772.85万元 64 243.79万元和78 669.73万元,逐年增加,且增幅巨大。同时,应收账款周转率呈逐年下降,分别为7.35、6.24、5.31和5.03。

表8-6 2016—2019年玉禾田应收账款及其周转率变动情况①

项目	2016年	2017年	2018年	2019年
应收账款余额(万元)	27 179.81	41 772.85	64 243.79	78 669.73
坏账准备(万元)	65.88	299.05	1 312.52	2 904.30
应收账款净额(万元)	27 113.94	41 473.80	62 931.27	75 765.43
当期营业收入(万元)	154 707.89	215 197.57	281 636.76	359 458.20
应收账款周转率 (=营业收入/应收账款平均余额)	7.35	6.24	5.31	5.03

另外,如表8-7所示,2016年年末至2019年年中,玉禾田信用期外的应收账款余额呈现不良现象,每年都在大幅增加,分别为6 783.99万元、14 244.79万元、24 485.00万元和46 912.28万元,所占应收账款中的比例分别为24.96%、34.10%、38.11%和57.44%。可以发现,玉禾田的现金流和回款存在明显的恶化趋势,玉禾田的客户绝大部分为政府单位所带来的"三级酸"似乎就此显现。

表8-7 2016—2018年玉禾田信用期外应收账款变动情况② 单位:万元

项目	2016年年末	2017年年末	2018年年末	2019年年中
超信用期余额	6 783.99	14 244.79	24 485.00	46 912.28
应收账款余额	27 179.81	41 772.85	64 243.79	81 671.97
超信用期比重	24.96%	34.10%	38.11%	57.44%

———————— 尾 声 ————————

或许是感受到了PPP项目的苦涩,玉禾田于2019年暂时停止新签PPP项目,在2019年暂停新签PPP模式市政环卫业务后,玉禾田2019年的负债压力有所缓

---

① 资料来源:玉禾田各年年报整理。
② 资料来源:玉禾田各年年报整理。

解,毛利率也有所回升。但是,2020年的玉禾田似乎又持续加码于PPP项目,拿起了PPP这块蛋糕。根据环境司统计数据显示,2020年度,全国共开标环卫PPP项目27个,其中,玉禾田中标三个:2020年8月10日中标总金额7.94亿元的江西省赣州市赣县区农村环卫一体化PPP采购项目,2020年8月26日中标总金额9.13亿元的安徽省安庆市太湖县城乡环卫一体化PPP项目,2020年11月25日中标总金额约1.15亿元的琼海市嘉积城区及部分镇墟环卫一体化PPP项目。

下一步玉禾田会扫出什么样的金子,如何化解PPP项目这块蛋糕带来的酸涩,就看玉禾田如何把控现金流和管理财务风险了。

此外,玉禾田在2020年1月23日首发上市时就已募集净额9.6亿元资金,而间隔不到7个月,8月18日,玉禾田董事会通过了向特定对象发行股票的方案,计划募集更多的资金。不断融资的背后究竟出于何种原因,恐怕只有玉禾田自己知道。

俗话说,成也萧何,败也萧何。有的环卫公司因PPP而华丽转身,有的环卫公司也因PPP跌入谷底,借助PPP模式疯狂扫街的玉禾田将会得到一片属于自己的天下,还是会落魄为下一个东方园林,时间会证明。

启发思考题

(1) 我国市政环卫领域PPP模式有什么特点?玉禾田不断承接PPP项目的原因是什么?

(2) 从财务报表分析的四个维度出发,对玉禾田在疯狂承接PPP项目后财务状况变化进行分析,探讨PPP项目给玉禾田带来了哪些具体的财务风险?

(3) 结合案例中玉禾田"品苦后胃中的酸水",分析PPP项目与利息、毛利率和应收账款存在怎样的因果关系?并分析是哪些因素影响了玉禾田的财务状况。

(4) 讨论针对PPP模式带来的财务风险,企业应该如何应对?

(5) 结合玉禾田选择发展PPP模式的战略表现,谈谈对市政环卫领域其他企业的启示。

第二部分　案例使用说明

一、教学目的与用途

1. 适用课程

本案例适用于"财务管理""项目管理""公司战略管理"等课程中有关PPP模式在市政环卫领域的应用以及财务风险相关领域的教学。

2. 适用对象

本案例适用于MBA、MPAcc学员以及经济类、管理类专业的本科生、研究生。

3. 教学目的

本案例的教学目的是让学生深入了解PPP模式及其在市政环卫领域的应用、承接PPP项目的原因以及PPP项目产生的财务效果。同时,作为国内积极采取PPP模式和参与PPP项目落地的环卫行业中的一员,玉禾田承接PPP项目后的效果对PPP模式在我国环卫企业的应用和改革具有较大的借鉴意义。

二、分析思路

本案例通过描述作为"环卫行业绝对老兵"的玉禾田疯狂承接PPP项目后业绩变化,使学生了解玉禾田业绩提振背后的一系列问题,进而帮助学生了解PPP模式以及其可能带来的财务风险。同时,本案例可以帮助学生了解财务报表分析的相关内容,进而展开PPP模式对玉禾田财务状况影响的讨论。分析思路如图8-10所示。

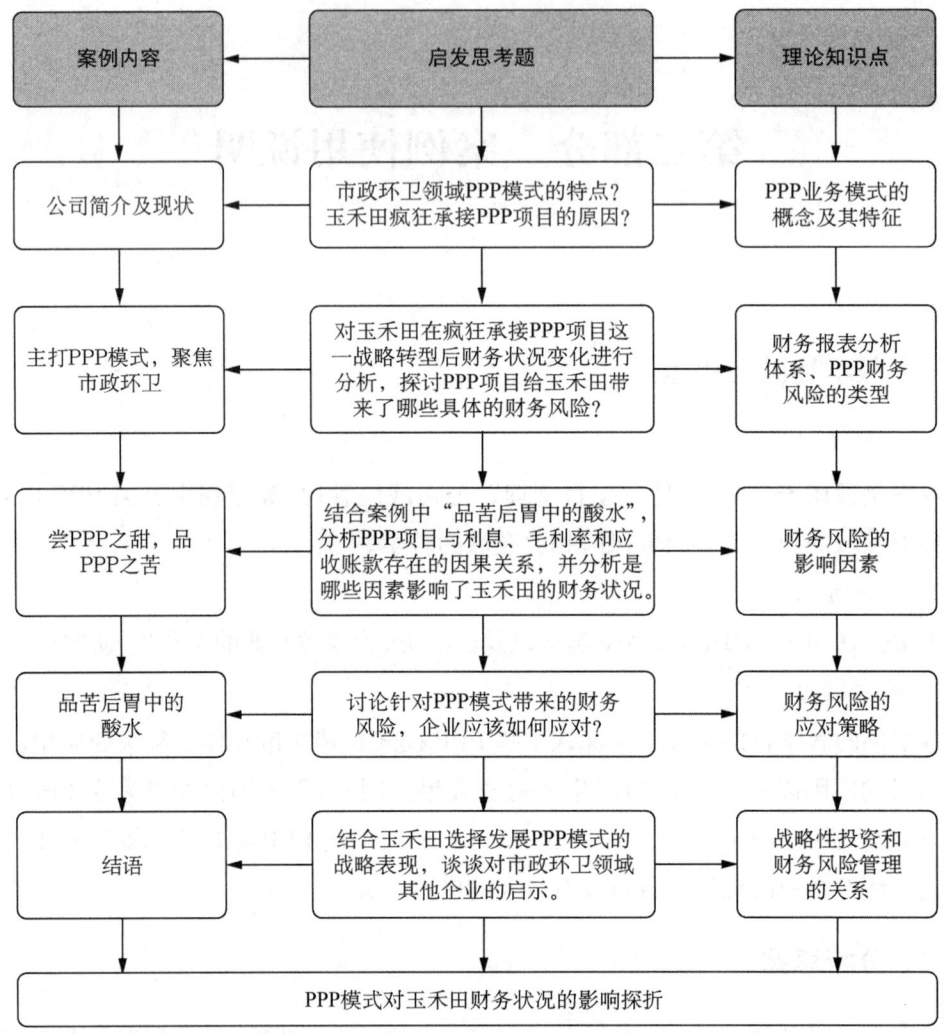

图 8-10　案例分析思路导图

三、理论依据及分析

思考题 1：我国市政环卫领域 PPP 模式有什么特点？玉禾田不断承接 PPP 项目的原因是什么？

【理论依据】

1. PPP 模式的概念

PPP 模式即政府和社会资本合作，是政府和私营部门共同运作公共基础设施项目的新兴项目融资模式。广义的 PPP 模式是指公私合作投融资，包括一些传统的融资模式例如 BT、BOT、TOT 等；而狭义的 PPP 模式则是指政府和私人部门合作共同组成项目公司,引入社会资本,共同运行项目的全过程。本案例主要讨论狭义的PPP模式。

2. PPP模式的特征

PPP模式的特征分为伙伴关系、利益共享、风险模式三个方面。伙伴关系是强调合作双方,无论是公共职能部门还是个人都是一种平等的合作关系,即是合作关系就应满足彼此的需求,同时履行各自的权利和义务。通过签订法律契约明确各自在合作过程中的平等地位,双方的权利义务均应受到法律的保护。利益共享具有两种特性:公益性和垄断性。PPP合作主要有两种模式,一种是政府出资,个人出力;另一种是政府和个人共同出资。无论哪一种合作模式,都将面临利益分配的问题,政府的主要职能是为公共服务,这就要求政府不能将城市垃圾处理的财政压力转嫁给公众,但在合作的同时也应保护个人的利益得到合理分配,规避因施工问题或政府违背契约造成个人损失的风险。因此,利益共享特征必须满足"风险分担、利益合理规划"的基本原则。通过PPP模式建立一套完善的分配机制,在个人利润得不到保证时,希望政府可以合理予以一定补贴。风险模式是指在PPP模式中,公共部门和私营部门需要共同面对和承担项目风险,这包括市场风险、财务风险、运营风险等,通过风险的合理配置,提高项目的抗风险能力和稳定性,同时确保双方都能在项目中实现利益的最大化。

【案例分析】

市政环卫PPP模式属于狭义公共服务PPP,是将PPP概念应用于公共服务中的环卫服务,即指政府以合同形式,通过引入市场竞争机制,将本应由自身承担的公共环卫服务职能转交给政府以外的其他市场部门来完成,以实现公共利益最大化和提高政府效率的环卫服务供给形式。

我国市政环卫PPP项目属于公共服务类PPP项目,普遍采用TOT模式,即政府部门通过招标确定提供环卫服务的私人部门,并与中标者签订特许经营协议,项目公司获得特许经营权后,负责项目运营,提供环卫服务,政府通过采购行为向项目公司支付费用。在市政环卫领域采取PPP模式,引入社会资本及其管理机制,与传统模式相比,有利于促进城市环卫管理体制和考核方式的转变,对于提升辖区内环境卫生、提供长期稳定的清洁清运服务有积极意义。

对于玉禾田而言,不断承接市政环卫领域的PPP项目既有内部原因,也有外部原因。内部原因是当时的玉禾田处于市政环卫行业中的中下游,业绩表现一般、规模不大以及承接业务量有限,承接PPP项目则给它带来巨大的转机,不但能够使其扩大规模,在2020年也使得其具备一定的上市资格成功上市。外部原因则在于政策支持,2014年起我国PPP模式的大力推广,使得全国各地的政府也在大力推行。在政策的支持之下,市政环卫领域给这些社会企业带来的业务量增多,社会企业的机遇来临。在这样的大背景之下,不仅是玉禾田,其他企业也在不断地承接 PPP 项目。

? 思考题 2:从财务报表分析的四个维度出发,对玉禾田在疯狂承接 PPP 项目这一战略转型后财务状况变化进行分析,探讨 PPP 项目给玉禾田带来了哪些具体的财务风险?

【理论依据】

1. 财务报表分析体系

财务报表分析体系是以企业的日常经营运作为对象,运用财务指标对其经营状态进行定量化的描述。随着现代企业竞争环境、经营状况日益复杂,引入财务报表分析能对其经营状况进行全面的反映,如图 8-11 所示。

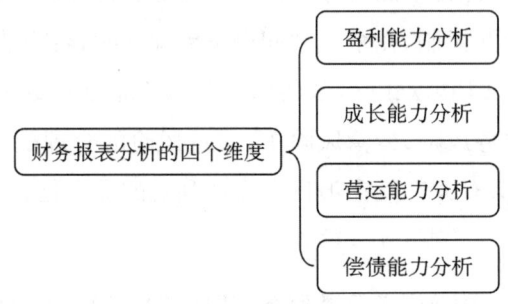

图 8-11 财务报表分析体系

财务报表分析是基于企业经营运转过程中所形成财务数据进行分析,多为借助于财务指标展开定量化的分析。通常包括以下几个方面。

(1) 盈利能力的分析,多采用毛利率、净利率、净资产收益率(ROE)等指标,主要反映企业经营过程中赚取利润的能力。

(2) 成长能力的分析,多采用营业收入、利润增长率等指标,主要反映企业长远的扩展能力,判断未来经营前景。

(3) 营运能力的分析,多采用总资产、存货、应收账款周转率等指标,主要反映企业经营运行的能力,与其他财务指标相配合,揭示资金运营周转、利用效率等情况。

(4) 偿债能力的分析,多采用资产负债率、速动比率、流动比率等指标,主要反映企业经营过程中偿还债务的能力。

2. PPP 模式财务风险的类型

1) 融资风险

PPP 模式集投资与融资的特点于一体,加之外部融资是项目投资的主要现金流来源,使得融资风险成为 PPP 项目投资面临的主要财务风险。我国地方政府很多的 PPP

投资项目最终没有取得预期收益,很大一部分原因可以归结为外部现金流量的供应不足。具体来说,PPP项目投资所面临的主要融资风险主要有以下几种表现形式:①投资项目的复杂性引发的融资风险;②项目资本结构引发的融资风险。PPP模式所投资的项目主要涉及公共服务领域,这些领域虽然可以合理引进社会资本,通过收益共享的方式完成股权融资,但这些领域仍然需要我国的政府掌握最终控制权,过度吸纳社会资本的股权融资很可能稀释国企或者政府的话语权,但吸纳不足却无法发挥社会资本的作用,在权衡融资结构方面的困境,也很容易引发PPP模式所面临的融资风险。

2) 成本管控风险

成本管控风险主要表现为在投资项目推进的过程中,受某些不利因素的影响,导致成本支出超出项目预期。PPP项目投资所面临的成本管控风险是其主要的财务风险表现形式之一,之所以出现比较严重的成本管控风险,一方面是与PPP项目投资的特点有关。具体来说,PPP项目投资通常都是涉及较长建设周期的公共服务以及基础设施建设,在如此长的投资周期内,成本管控所包含的风险点也在逐步增多。另一方面,PPP项目的成本管控风险也与参与PPP项目建设的人力资本素质有关。如果参与PPP项目建设的人力资本素质相对较低,很可能会增加相关物资与设备磨损、浪费的可能性,如果财务管理人员业务能力存在不足之处,很有可能对某些潜在的成本管理风险点的重视程度不足,导致没有及时识别并控制成本超支风险,最终会增加PPP项目的财务风险。

3) 投资收益回笼风险

PPP投资项目的一个突出特点就是投资回收周期长。除此之外,很多PPP投资项目都是涉及公共服务领域,其盈利能力往往偏弱。PPP项目的这些特点都无形中增加了项目投资收益回笼的风险,较高的收益回笼风险会影响货币资金周转率,进而推高了PPP项目的财务风险。就PPP项目而言,产生投资收益回笼风险主要与两个方面的原因有关,一是投资收益回笼的不确定性较高;二是投资收益回笼情况与市场波动密切相关。

【案例分析】

1. 盈利能力分析

如表8-8所示,从营业收入指标来看,2016—2018年,玉禾田的营业收入一直处于增长的状态。由于玉禾田本身就具有独特的技术优势和市场条件,加之政府大力支持和保护的背景下,其营业收入一直在逐年增长。

表 8-8 营业收入和营业成本① 单位:万元

项目	2016 年	2017 年	2018 年
营业收入	73 297.97	124 310.40	197 085.20
营业成本	55 066.84	93 879.11	153 641.72

净资产报酬率作为体现企业盈利水平的重要参数,不仅能够体现企业资本的升值水平,还会带动股东权益的变化。如表 8-9 所示,玉禾田资产报酬率自 2016 年起一直在下降,说明企业的盈利能力在逐步减弱。

表 8-9 盈利能力指标分析②

项目	2016 年	2017 年	2018 年
销售净利率	8.019 1%	8.150 3%	7.193%
总资产报酬率	15.532 0%	13.625 2%	9.551 3%
净资产报酬率	34.261 5%	31.580 3%	27.299 6%
营业利润率	9.668 9%	10.036 6%	8.683 3%

通常,总资产报酬率的高低与公司的经济效益和盈利水平呈正比例关系。从表中可以看出玉禾田净资产收益率和总资产报酬率是同步变化的,同时下降。

销售净利率的高低与公司竞争水平和盈利水平呈正相关关系。从表中可以看到这 3 年来销售净利率整体波动较小,2018 年与 2016 年相比略有下降。

从营业利润率的高低可以看出玉禾田主营业务的盈利水平。利润率低,则说明其主营业务获利低,在市场的地位处于劣势。从表中可以看出,公司从 2016 年开始主营业务利润率有升有降,2018 年比 2016 年降低近一个百分点。

简单总结玉禾田 2016—2018 年的获利能力,其各项指标大多数呈下降趋势,盈利能力总体来说不如以前。

2. 成长能力分析

如表 8-10 所示,玉禾田 2017 年的主营业务收入增长率(39.10%)略高于 2016 年(38.45%),2018 年增长率下降至 30.87%,2016—2018 年主营业务收入增长率均超过 30%,总资产增长率远远大于零,且逐渐降低。此外,可以发现玉禾田净资产增长率在不断下降。可以看出,玉禾田在 2016 年扩张速度较快,2017 年和 2018 年扩张速度逐步放缓。

---

① 资料来源:玉禾田各年年报整理。
② 资料来源:玉禾田各年年报整理。

表 8-10 成长能力指标分析①

项目	2016年	2017年	2018年
主营业务收入增长率	38.45%	39.10%	30.87%
总资产增长率	90.12%	61.16%	64.77%
净资产增长率	75.96%	53.38%	33.61%

3. 营运能力分析

应收账款周转率代表公司企业应收账款的收款速度。如表 8-11 所示，2016—2018 年玉禾田的应收账款周转率呈下降趋势，说明应收账款的占用相对于销售收入而言过高；其应收账款的管理效率下降，资产流动性变弱，企业变现能力在减弱，承担的风险在增大。这是因为 PPP 项目逐年增加，使得企业应收账款逐年递增。

表 8-11 营运能力指标分析② 单位：次

项目	2016年	2017年	2018年
应收账款周转率	7.35	6.24	5.31
存货周转率	788.17	1 079.62	502.05
总资产周转率	2.54	2.06	1.65
流动资产周转率	3.61	3.45	2.94

2016 年以前，玉禾田主要的收入来源是物业清洁板块的业务，其面对的客户主要是一些公司，所以回款的速度比较快。2016 年起公司开始将业务扩展到市政环卫领域，其面对的客户变为政府，政府的议价能力远远高于公司，由此而造成应收账款的账期变长。

存货周转率是衡量企业存货规模是否合适的指标。玉禾田存货周转率波动较大，且其存货周转率远高于同行业平均水平，主要是因为玉禾田为服务型行业，存货主要为少量低值易耗品，金额较小，导致存货周转率较高。

从表中可以看出总资产周转率的下降主要是受流动资产周转率和应收账款周转率的影响，而玉禾田流动资产的"流动性"略有下降，可以看出玉禾田非流动资产的管理效率较为稳定。

4. 偿债能力分析

1) 短期偿债能力

如表 8-12 所示，玉禾田流动比率近几年波动不大，呈逐年下降的趋势。2016—2018 年玉禾田的流动比率均小于 1.5，主要是由于随着公司 PPP 项目的增多，应收账

---

① 资料来源：玉禾田各年年报整理。
② 资料来源：玉禾田各年年报整理。

款也在逐年增加。另外由于业务增长的需要,其流动负债也大幅度增加,截至2018年已经降到1.11,流动资产勉强能够覆盖其短期债务。再观察其现金比率,已经降到36.58%,虽然高于20%,但可以看出其短期偿债能力降低。

表8-12 短期偿债能力指标①

项目	2016年	2017年	2018年
流动比率	1.46	1.23	1.11
速动比率	1.45	1.23	1.10
现金比率	52.23%	25.36%	36.58%

2) 长期偿债能力

如表8-13所示,玉禾田的资产负债率从整体上看一直在上升。通常来说,当企业的资产负债率大于50%时,其财务风险就会随资产负债率的提升而明显上升。这是由于大部分的资产在破产拍卖时的售价不到账面价值的50%。从表中可以看出2018年年末资产负债率已经达到65%以上,高于50%,也就是其已经较为充分地运用了财务杠杆,但是同时也表明其财务风险明显上升。另外,可以看出利息保障倍数下降幅度明显,说明玉禾田的长期债务还款能力不如以前。

表8-13 长期偿债能力指标②

项目	2016年	2017年	2018年
资产负债率	54.67%	56.86%	65.01%
利息保障倍数	2 127.10	1 103.66	626.65
产权比率	103.4%	102.38%	148.55%

从总体来看,由于玉禾田存在大量的PPP项目,公司的债务风险近几年有较大波动,偿债能力有所减弱,财务风险较大。

5. 现金流分析

如表8-14所示,玉禾田经营活动产生的现金流量净额在这3年期间处于上升趋势,尤其是在2017年,增幅巨大,几近翻倍。而投资活动产生的现金流量净额则呈下降趋势,主要是因为BOT/PPP项目较多,新设公司增加,对子公司投资增加,且BOT及PPP项目建设投资增加。筹资活动现金流量净额有所波动,有降有升。2018年较2017年增加3.65亿元,主要是2017年和2018年PPP项目增加,2018年资金缺口大,由2018年新增银行贷款所致。

---

① 资料来源:玉禾田各年年报整理。
② 资料来源:玉禾田各年年报整理。

通过对玉禾田采用PPP模式效果的原因进行分析,得出以下两点:一是玉禾田的PPP项目中的地方政府履约能力较弱,回款速度下降,大量应收账款未收回,导致其应收账款周转率逐年降低,其营运能力有所下降;二是玉禾田所承接的PPP项目投资周期长,收益回收期长,一般在8~24年之间,2016—2018年的投资活动导致玉禾田不得不通过借款的方式维持现金流,其筹资活动现金流入猛增,致使其偿债压力越来越大,偿债能力越来越弱。

表8-14 现金流分析① 单位:亿元

项目	2016年	2017年	2018年
经营活动现金流入小计	15.76	22.99	30.01
经营活动现金流出小计	14.98	21.42	28.02
经营活动现金流量净额	0.78	1.58	1.99
投资活动现金流入小计	2.18	0.73	0.13
投资活动现金流出小计	3.27	2.85	3.55
投资活动现金流量净额	−1.09	−2.12	−3.43
筹资活动现金流入小计	2.14	3.23	14.63
筹资活动现金流出小计	1.04	3.20	10.96
筹资活动现金流量净额	1.10	0.02	3.67
现金及现金等价物净增加额	0.79	−0.53	2.24

综合以上的数据分析结果,可以发现,玉禾田在大力推进PPP模式的发展战略时,主要面临融资风险和投资收益回笼风险。融资风险表现为该期间玉禾田短期债务连年递增,利息负担大等方面,可能在未来会面临融资难资金周转难的双"难"困境;投资收益回笼风险则表现为应收账款连年增长,信用期外应收账款也在增加,且玉禾田现金及现金等价物净增加额在2017年为负值,其现金流可能在应对突发性资金危机时存在问题。

思考题3:结合案例中玉禾田"品苦后胃中的酸水",分析PPP项目与利息、毛利率和应收账款存在怎样的因果关系?并分析是哪些因素影响了玉禾田的财务状况。

【理论依据】

1. 财务风险外部因素

财务风险产生的外部原因是企业外部环境具有复杂性。财务管理的宏观环境复杂

---

① 资料来源:玉禾田各年年报整理。

多变,作用于企业财务管理的宏观环境错综复杂,这是企业产生财务风险的外部原因。企业财务管理活动的外部影响因素包括自然因素、市场因素和社会因素等。虽然这些因素存在于企业之外,但对企业财务风险的预测和防范同样产生重大的影响。由于财务管理的环境有多变性和复杂性,外部环境的变化既可能为企业带来发展机遇,又可能使企业面临一定的威胁。外部因素所带来的威胁,势必会给企业带来财务风险。

2. 财务风险内部因素

1) 财务人员对风险认识具有滞后性

企业的财务活动贯穿于企业活动的全过程,随着经济全球化进程的加快,企业的跨国贸易日益频繁,我国企业的财务活动变得越来越复杂,由此所面临的财务风险也随之增大。同时,在财务工作中,财务管理人员风险意识仍然相对淡薄,没有把握风险的本质,没有清醒地认识风险,使得对风险的认识滞后于风险的存在。这是造成我国企业财务风险的重要因素。

2) 财务决策缺乏科学性

财务决策失误是产生财务风险的又一重要原因。目前,我国企业在财务决策过程中普遍存在着经验决策或主观决策现象,并没有采用科学的决策和分析方法,由此而导致的决策失误经常发生,从而产生财务风险。

3) 企业的资金结构不合理,负债资金的比例过高

在我国资金结构主要是指企业全部资金来源中权益资金与负债资金的比例关系。目前,我们国家企业资金结构不合理的现象普遍存在,具体表现在负债资金占全部资金的比例过高。

4) 企业内部财务监控机制不健全

企业内部财务关系混乱是我国企业产生财务风险的另一重要原因。我国的企业大多没有建立内部财务监控机制,企业内部各部门之间及企业与上级企业之间,资金管理及使用、利益分配等方面存在权责不明、管理混乱,资金使用效率低下,资金流失严重,资金的安全性、完整性无法得到保障。

【案例分析】

首先,玉禾田的利息负担大的主要原因是大量参与了PPP项目。根据案例正文的描述,可以发现玉禾田利息负担大,由2016年400多万元的利息支出增至2018年3000多万利息支付。这主要是因为玉禾田大量参与PPP项目,导致资金短缺,且其采用了负债筹资的手段——短期借款,从而致使其利息偿付压力不断增加。企业在筹资方式选择上主要有负债筹资和权益筹资两类筹资方式。负债筹资的优点是资金成本较低、手续简便,但负债经营的企业面临较大的财务风险。由于利息费用的存在,负债筹

资会产生财务杠杆效应。财务杠杆效应是一把双刃剑,它会让企业在经营好的年份赚得更多,而在经营不好的年份赔得更惨。因而,玉禾田的利息负担逐年增加。其次,玉禾田的毛利率不涨反跌主要原因是竞争压力大,多个竞争对手进入环卫行业,导致物业清洁业务和市政环卫业务的毛利率均有所下降。最后,玉禾田的应收账款连年增长的主要原因是其PPP项目回款存在问题。观察玉禾田连年上涨的应收账款发现其信用期外的应收账款在2017年承接多个PPP项目后,金额猛增,由6 783.99万元增至14 277.79万元,增速高达2倍以上。这说明PPP项目的承接对于玉禾田而言,使得它的回款变慢并且整体应收账款质量有所降低。

在对玉禾田进行综合分析后,发现玉禾田的财务风险主要来源于两方面。一方面是企业的资金结构不合理,负债资金的比例过高,导致玉禾田所面临的财务风险日益剧增;另一方面则是因为内部财务监控机制不健全,从而致使玉禾田在承接PPP项目出现利息负担大、毛利率不涨反跌和应收账款连年增长的不良反应,却并未得到及时的注意并加以改善。

思考题4:讨论针对PPP模式带来的财务风险,企业应该如何应对?

【理论依据】

财务风险可以通过有效的风险管控措施减少、分散或者转移。Loosemore和Ng认为在PPP基础设施建设项目中,受技术、法律、经济环境的复杂性影响,风险管理工作开展十分困难。并且PPP项目受投资总额大,运营周期长,在项目的建设、运营过程中,各种不确定因素给项目公司带来的不可预测的影响,由于不确定因素众多,不同社会投资人面临的财务风险类型也不尽相同。林振标提出:"施工企业应该注重资金成本意识,加强资金管理制度和绩效考评体系、重视工程结算,加快资金回笼等措施保障企业的偿债能力,推进企业稳健有序发展。需要企业树立风险防范意识,规避财务风险;建立财务风险管控机制,积极面对,加以克服;加强企业自身的整体实力,提高企业财务风险承受能力。"

【案例分析】

对于面临PPP项目带来的财务风险,结合上述对玉禾田的详细分析,给予企业如下建议。

1. 完善风险识别和预警防控机制

PPP项目模式运行过程中会产生由于政策因素、不可抗力因素和法律法规因素等造成的财务风险,要提高项目建设的质量,先要完善风险识别和预警防控机制,建立健全财务风险管理体系。公私单位要紧密团结合作,根据项目建设的实际情况分析可能导致财务风险的环节,并对各个环节实行精细化的管理,规范项目环节实施的流程,保证项目各个环节的有序开展。同时,要重视财务风险预警红线的设定,要科学制定风险预警红线,提前做好财务风险紧急防控方案和计划,对财务各个流程的项目资金情况实行动态化的监督管理,可以通过现代化的信息技术及时识别财务异常值和异常事项,全面把控项目建设过程中的财务风险。

2. 预算和资金管理,严格落实风险防控制度

在PPP项目运行过程中,公私单位都要重视预算和资金管理工作的重要性,借鉴以往PPP项目的情况,并充分结合当前项目的性质开展预算管理工作,严格预算管理制度,提高预算管理制度的执行效率。要以预算管理工作为基础,积极开展融资和资金管理工作,科学评估项目建设所需资金数额,明确融资活动中存在的风险,多层次考虑市场经济和政治环境对项目建设运营的影响。公私单位要将预算管理责任落实到具体的部门,可以将预算管理纳入相应部门的绩效考核体系,完善绩效考核指标,以便充分调动预算管理工作的积极性和效率。同时,公私单位要将预算管理与资金管理结合起来,重视资金链对项目建设的作用,并要基于成本效益原则对资金的使用效率进行评价,优化资金的配置方式,提高资金的使用效率。在预算和资金管理工作中,要严格落实风险防控制度,将不相容的岗位分离,积极完善监督机制,保证预算和资金管理工作的规范性,进而确保PPP项目模式的正常高效运行。

3. 完善法律法规,重视人才队伍

建设PPP项目模式的健康顺利运行需要有完善的法律法规作为保障。政府相关部门要重视法律法规制度建设,以现行法律规范作为基础,结合PPP项目性质特点完善法律体系,可以通过制定负面清单明确法律法规禁止行为,同时又可以充分保障PPP项目的自主性和创造性。在完善法律法规的过程中,要充分考虑PPP项目模式的性质和具体的实施过程,明确政府的权力和职责范围,合理分配项目经济收益共享和风险分担比例,并要明确监督部门的工作内容,预先制定冲突解决方案,进而提高PPP项目运行的质量。同时,PPP项目运行过程中要重视人才队伍建设,可以通过培训和交流等方式提高人才队伍的专业性和财务风险防控的意识,加大财务风险防控知识的普及力度,提高其风险识别能力和风控能力。要合理制定人才晋升考核方法,提高考核工作透明化和公平性,并为员工提供多样化的学习渠道和培训平台,进而提高员工的工作积极性和学习兴趣,为PPP项目的顺利开展提供必要的人才保障。

> **思考题 5**：结合玉禾田选择发展 PPP 模式的战略表现，谈谈对市政环卫领域其他企业的启示。

【理论依据】

良好的战略性投资可以为企业注入新的企业发展活力，让企业在已经发展成熟的状况之下，成功地规避单一业务模式造成的劣势，与现在正在发展的产业相辅相成，齐头并进，赢得多面的利益，形成利益互补，从而降低由于市场竞争所带来的波动风险影响，同时还可以增加更多的就业机会，并为企业创造更多的新思想。

【案例分析】

自 2016 年初启动 PPP 模式，2019 年暂停 PPP 项目的承接，度过财务风险大危机后的玉禾田在 2020 年再次开启了承接 PPP 项目的战略按钮。在这段时间玉禾田的表现可以说是极为丰富多彩，对于想要采取 PPP 模式的市政环卫领域其他企业而言，有许多的经验值得借鉴。

1. 在实现资金流动的稳定性方面采取周期性回报业务和收购业务

采取周期性回报业务和收购业务是为了降低业务流动之间的相关性，将外界风险带来的打击降到最低。周期性回报的业务具有不同长度的业务回报周期，可以在时间上和市场敏感度上占领优势，确保资金的流通在每一个业务周期都能实现回流，使得现金流稳定。

2. 在实现企业盈利的稳定性方面采取回报较为稳定的业务

企业在发展业务的时候都是寻求一个较为稳定的状态，对企业的盈利状况也是如此，采用回报较为稳定的 PPP 业务就可以使得企业的盈利状况较为稳定。在此基础上，与其相关的资金回流次数也将变得平滑稳定，不会像玉禾田前期那样出现大幅的资金断流和财务危机风险。

3. 市场投资要宏观把控时机从而占领市场先机，降低财务风险

在宏观的角度上，战略性投资 PPP 项目时要把控时机抢占先机。这里所说的占领市场先机，并不是指第一个抢占市场份额，而是第一个抢占最佳市场时机。要知道，第一个抢占市场份额的企业未必是发展最好的企业，新兴市场存在大量的不确定因素和市场风险，这种做法是鲁莽的，企业很有可能因此而造成大量的投资损耗，东方园林就是吃了这样的亏。因此，企业在投资之前，要进行长期而谨慎的市场调研，宏观把握市场发展和变化的具体情况，通过对比企业内外状况来进行合理的战略投资决策，是否要进场 PPP 项目；另外，等待未必是坏事，市场风险较多，在市场不景气和不适合投资的时候暂时不要进行大量投资，当市场状况的发展适合本企业大量投资的时候，找准时机进行投资，只有这样才能避免财务风险。

四、背景信息

2019年玉禾田并未承接任何PPP项目,于2020年下半场开始陆续中标三个PPP项目。2020年8月10日收到江西省赣州市赣县区农村环卫一体化PPP采购项目的《中标通知书》,中标总金额7.94亿元。紧接着,2020年8月26日收到安徽省安庆市太湖县城乡环卫一体化PPP项目(重新采购)的《中标通知书》,中标总金额9.13亿元。2020年11月25日玉禾田全资子公司琼海玉禾田环境服务有限公司近日收到琼海市嘉积城区及部分镇墟环卫一体化PPP新增面积项目的《中标通知书》,中标总金额约1.15亿元。

2020年1月23日,玉禾田刚刚登陆创业板,便募资了9.6亿元,其中计划投入"环卫服务运营中心项目"6.8亿元、"智慧环卫建设项目"0.8亿元、补充流动资金2亿元。玉禾田10月末披露的三季报显示,今年前三季度公司营收31.5亿元,同比增长20%;归属于上市公司股东的净利润5.3亿元,增长121%;应收账款10.9亿元,增长31%;负债18亿元,增长21%,负债率为41%。2020年8月19日,玉禾田连抛多份定增公告,表示公司计划通过非公开发行募资30亿元,发行价不低于定价基准日前20个交易日股票均价的80%。所募30亿元拟投入"环卫装备集中配置中心项目"20亿元、"环卫信息化及总部运营管理中心项目"4亿元、补充流动资金及偿还银行贷款6亿元。紧接着,9月30日,玉禾田收到来自深圳证券交易所的相关问询函。问询函显示,玉禾田从首次募资9.6亿元至此次定增30亿元间隔不足7个月,且前次募资仅使用33%。同时,深圳证券交易所还对玉禾田两次募投项目是否存在重复建设、共用厂房及设备,近期是否持有较大金额财务性投资等进行问询,并要求公司说明该次募资的必要性和合理性。面对深圳证券交易所的问询,玉禾田方面10月12日表示,将会同中介机构及时进行回复。不过,一个月后的11月13日,玉禾田方面态度反转,表示因对问询函的回复尚未完成,决定终止30亿元定增计划。如此大张旗鼓地募投,可以发现,2020年的玉禾田似乎在资金上仍存在短缺问题,这是否与其在2020年承接多个PPP项目存在关联有待考察。

五、关键要点

1. 关键知识点

(1) PPP业务模式的概念及其特征。

(2) PPP财务风险的类型。

(3) 财务风险的影响因素。

(4) 财务风险的应对策略。

(5) 战略性投资与财务风险管理的关系。

2. 能力提升点

根据案例与相关的参考文献,引导学生对环卫领域 PPP 模式的应用和效果、PPP 项目带来的财务风险以及企业战略选择的影响等做进一步研究。

六、建议课堂计划

本案例可以作为专门的案例讨论课来进行。整个案例课的课堂时间控制在 90 分钟。

1. 课前准备

提前给学生发放案例进行阅读以节约课堂时间,并将启发思考题提给学生进行初步思考与分析。

2. 课中计划

(1) 引出本课案例分析的主题——市政环卫领域 PPP 模式(10 分钟)。教师在引出案例主题之前对相关背景进行简要的介绍,可适当展示玉禾田的官方网站主页、所提供服务的内容图片等,使学生初步了解玉禾田环境发展集团所经营的业务及其所在行业等相关信息,并对 PPP 模式进行讲解说明,展示玉禾田 PPP 项目的新闻报道与媒体评论标题,逐步引出案例主题。

(2) 小组讨论解决问题(30 分钟)。将启发思考问题板书或投放投影仪,学生以 5~6 人为小组讨论分析问题,最终形成小组统一观点。

(3) 小组成果展示,教师点评(30 分钟)。每个小组派代表阐释本小组观点,教师进行点评并引导学生进行深入思考,穿插讲解知识点。重点在于 PPP 业务模式、财务报表分析体系和 PPP 财务风险的类型及其影响因素、战略性投资和财务风险之间的关系等相关理论,以及如何应对 PPP 项目带来的财务风险。

(4) 案例回顾,归纳总结(20 分钟)。通过提问互动等形式引导学生进行案例关键点回顾,在此过程中梳理知识点,随后进行总结,并对学生提出掌握要求与课后任务。

3. 课后计划

要求学生深入思考本篇案例的关键点和对市政环卫行业运用 PPP 项目模式的启示,并自行查找其他相关案例进行独立思考与分析,旨在通过进一步的分析思考提高学生的融会贯通能力。

案例九

扬汤止沸不如釜底抽薪

——KL公司应收账款管理之路

本案例通过分析KL矿业公司(以下简称KL公司)在应收账款管理方面遇到的困境以及解决的途径,探讨矿业企业在竞争激烈的市场环境中如何控制应收账款水平,预测未来风险,优化应收账款管理措施。

第一部分 案例介绍

引 言

2022年3月18日,KL公司的董事长坐在办公室内,翻阅着财务总监刚送来的2021年年度报告。"2021年我们公司的应收账款是15.89亿元,仅占流动资产的10%,比2020年应收账款高达17.78亿元,占流动资产的12.8%。纵观公司这两年的盈利,2021年税后利润有20.71亿元,但2020年税后利润只有12.28亿元。这样看2021年公司赚到的钱大多都收回到自己手上了。我们不仅维系了跟客户的关系还赚到了钱,再好不过了。不仅如此,应收账款的另外一个指标——应收账款周转天数,同样很乐观。随着应收账款规模的减小,应收账款结算的时间也在缩短,周转效率得到提升。从2020年的87天到2021年的78天,虽还未达到疫情前的效率,但是已经很好了,至少表明公司的经营周转状况在逐渐好转,回到之前也是指日可待",财务总监在旁边兴奋地解释道。"不过……"不知怎的,财务总监说话突然支支吾吾起来,"现在还有一个令人头疼的问题,就是有些资金体量大、涉及单位多、跨度时间长的款项还是不能顺利收回来。"等财务总监汇报完工作离开之后,董事长靠在椅背上,心里盘算着是时候进一步优化公司应收账款管理制度了。想到这几年来公司在应收账款管理方面付出的努力,董事长不免有些头痛。作为高层管理人员,他深知一个公司要想正常运转有多不易,这几年公司与欠款客户之间可以说是斗智斗勇,那些场景还历历在目。思绪随着咖啡杯上的热气飘散开来,过往的一幕幕如长卷般铺散开来,一切仿佛就发生在昨天。

一、发展背景

(一) 公司简介

2010年,KL公司正式成立,现为KL集团公司的分支机构。依托京津冀地区的煤炭资源优势,以及国家能源结构调整的历史机遇,着力于产业结构调整和企业战略转型,坚持"以煤为基,以焦为辅、以化为主"的煤化工产业发展战略,走大型化、基地化、园区化、绿色循环的科学发展路径。目前,KL公司已构建形成8个煤化工子公司、2个煤化工研发中心、6大煤化工产业园区的产业布局,形成了煤炭、煤化工、新材料和新能源三大产业链条。KL公司目前的主要业务包括煤炭开采和炼焦等,主要产品包括洗精煤等化工产品,是全国主要肥煤基地,可采储量约占全国肥煤经济可开发剩余储量的10%左右。KL公司生产技术和装备水平也处于行业内前列,采掘机械化程度可达到100%。

(二) 行业背景

煤炭行业是从事煤炭资源勘探、开发、生产、储运、加工转换和环境保护的行业,长期以来在世界经济发展中作为传统行业和基础产业发挥着重要作用。我国煤炭产业经历了波澜壮阔的40年,基本实现了十大历史性转变和三大科技革命,尤其是2002—2012年煤炭行业黄金10年期间,煤炭价格节节攀升,煤炭产量快速增长。但自2012年下半年之后,煤炭市场供需形势发生迅速逆转,出现"量价齐跌"的现象,企业亏损不断蔓延,中国煤炭行业挥手告别黄金10年。近10年来,随着结构调整加快,清洁能源快速发展,煤炭需求减弱,煤炭供需失衡矛盾日益突出,生产和利用环境约束加剧,煤炭发展空间受到压缩。2021年,国内宏观经济运行态势不断向好,经济运行质量稳步提升,加之供需格局延续偏紧平衡的有利因素,煤炭产品价格上涨,焦炭产品价格保持了高位震荡运行。

二、危机初显,展开调查

2020年年底,疫情稍稍有所缓解,KL公司就出现了应收账款问题,董事长心中很是疑惑,明明很多企业都会为了扩大销售而进行赊销或者只收部分货款,为什么只有我们陷入如此窘境?为了解开心中谜团,他特地派新来的秘书小白去走访调查。小白接到任务之后,连续几天早出晚归,加班更是家常便饭,他暗下决心,这次一定要把董事长交代的任务圆满完成。

(一) 追本溯源,一探究竟

小白先来到财务部,查看了近几年的财务报表,他发现近几年公司的经营状况一直不太好,具体情况如表9-1所示。从2017年开始,KL公司营业收入增长率一直在下降,甚至2020年的营业收入增速为-9.44%,在增速为负的情况下应收账款增速却能达到24.04%,出现应收账款和营业收入增速不匹配的情况。

表 9-1　2017—2020 年经营状况①

项目	2017年	2018年	2019年	2020年
营业收入(亿元)	185.60	204.60	200.70	181.80
营业收入增长率	58.26%	10.23%	-1.90%	-9.44%
应收账款规模(亿元)	45.75	42.92	39.48	48.98
应收账款增长率	45.74%	-6.19%	-8.01%	24.06%
应收账款周转天数(天)	75.11	78.01	73.90	87.60
应收账款周转率(次)	4.79	4.61	4.87	4.11

"2020年是疫情第一年,KL公司经营状况不好也情有可原,那前几年又是怎么回事呢?"财务总监的一席话解开了小白的疑惑——原来前几年的产品市场环境需求大,上下游资金充沛,只要产品自身实力过硬、竞争力强,就不必过于担心应收账款的回款问题,以产品的核心竞争力为基础建立的销售关系会自动转换为销售回款关系,在上下游的默契配合中,资金将得到高效运转,最终形成一种自平衡机制。可惜现在时过境迁,由于煤炭及焦化行业景气度持续低迷,行业产能过剩,KL公司开始出现亏损。KL公司当初乘着国家经济发展的东风不断扩大规模,但遗憾的是,前进的道路不总是一帆风顺的。

可是小白心中仍有疑惑,既然是行业不景气所致,那同行业公司的经营收入应该都会或多或少地下降,那是不是同样也都会出现应收账款的问题呢?毕竟赊销是公司最常见的销售方式了。为了尽可能详细地调查清楚这件事,小白马上去翻阅了同行业几家公司的财务报表,却发现跟他想象得不太一样,具体情况如表9-2所示。虽然其他几家公司的经营收入都有不同幅度的下降,但是应收账款问题却不是很明显,甚至有的公司不仅没有问题,应收账款周转效率还有小幅度提升。

表 9-2　同行业公司应收账款情况②

年份	晋控煤业		山煤国际		陕西煤业	
	周转天数(天)	周转率	周转天数(天)	周转率	周转天数(天)	周转率
2017	82.74	4.35	56.27	6.39	87.18	4.12
2018	42.17	8.53	46.20	7.79	88.16	4.08
2019	35.32	10.19	32.86	10.95	51.70	6.96
2020	32.81	10.97	24.13	14.92	28.26	12.74

---

① 数据来源:东方财富网。
② 数据来源:东方财富网。

小白心里犯了嘀咕：别家公司虽然也存在一定规模的应收账款，但是他们的周转速度却很快，对公司的现金流几乎不产生什么影响，既然产生应收账款是必然的，那就应该是自己公司的应收账款管理方式出现了问题，到底是什么问题呢？

带着这个疑惑，小白仔细翻阅了公司的资料。原来针对应收账款管理问题，KL公司早就有应对方式，还为此成立了专门的应收账款管理小组，形成以营销部为中心，其他部门进行配合的管理模式。在这一管理模式中，大部分应收账款是由营销中心、供应管理部以及企业管理部管理，而财务科主要起到核算、清查、对账、分析预警、催收等辅助作用，各部门具体职责如表9-3所示。

小白发现：公司目前的管理模式是比较传统简单的。虽然成立了专门的应收账款领导小组和销售回款领导小组，但小组主要负责人是公司领导以及各分管部门，并不是专业人员。而且公司也没有成立专门的信用管理部门对应收账款进行综合管理。一旦出现客户选择不规范、客户信用额度设置不合理或者部门人员与客户舞弊等现象，很难及时处理。同时，公司也没有建立不相容岗位分离制度，明确各管理部门的责任，以达到可以互相制约的状态。

表9-3 KL公司应收账款管理制度[①]

部门	职责	部门	职责
营销中心	销售合同的签订、履行；账款催收	综合管理部	合同审核、维权
财务部	核算、清查、对账	监察部	监督
人力资源部	考核、兑现		

（二）引而申之，坚持不懈

既然已经发现了问题，小白通宵加班将搜集到的信息整理成报告，准备第二天一早就上交给董事长。可是事情的发展却不像他想象得这么顺利，第二天早上正当他信心满满去交资料的时候，却在电梯间里听到同事的电话，语气很是着急，挂了电话，同事向小白抱怨道"马上月底了，我这个月的业绩还没完成好，看来工资又没多少了。你说现在这些客户怎么回事，当初签合同的时候说得好好的，还款的时候就有各种理由，我这天天催也没用啊，哎……"听完同事的吐槽，小白忽然又想到一点，应收账款存在问题，除了公司本身制度不完善，是不是也应该从客户身上找找原因。小白决定暂缓上交调查报告，他一定要调查得尽可能详细才行。

带着新的想法，小白又着手调查。果然，经过多次翻阅公司资料，小白发现公司并没有专门的针对客户管理的详细规定，公司各部门只是在选择客户时对其进行简单的

---

① 数据来源：根据KL公司内部资料整理所得。

信用评价,而并没有对客户的还款能力等做详细评判,包括签约客户之后未对风险进行科学管理,加大客户履约风险的监测力度等。现有的信用评价并不是由专门的客户信用调查人员进行的,而是由各部门人员负责。在实地走访调查中,另一个问题也显现出来,那就是销售人员多倾向于根据订单额度大小以及利润大小选择客户,只注重完成公司下达的利润指标,而忽视了对客户的诚信和偿债能力等的调查;此外,在初期对客户等级进行划分后,后续没有根据客户实际情况的变化做出相应的调整。小白想,如果公司不加强对客户的管理,后期产生坏账的风险就会越来越多,如果再遇上有欠款金额比较大的客户无法按时偿还货款,那么整个现金流都会受到影响,公司也可能遭受重大损失。

(三) 孜孜不倦,追根究底

查明了客户的问题,小白又想到一个关键问题,那就是公司是如何进行催款的呢?一番调查后发现,KL公司为了加紧货款回收,提高资金使用率,成立了专门的销售货款回收工作领导小组,这个小组由财务科负责牵头工作,负责制定销售货款回收方案,指导各部门进行应收账款回收工作,以货款回收率为标准制定奖惩办法。各部门具体考核职责如表9-4所示。

表9-4 KL公司销售回款考核部门及其职责[①]

部门	职责
财务部	负责牵头工作,做好销售回款上报、汇总,掌握销售回款情况
企管部、人力资源部	考核、薪酬管理
监察部	监督检查
营销中心	清收

就回款方式而言,目前公司对应收款项的收缴只是采用电话、邮件或者上门催收等简单的方式,针对已经变为坏账的应收账款考虑到成本收益原则也很少采用诉讼等法律方式进行收回,并且催收工作也只是由公司内部人员执行,并没有专门的催收部门或者交给第三方,这些做法并不足以对欠款客户造成还款压力。此外,公司内部催收人员也缺乏催收积极性,往往只是以完成销售任务为目标,上级下达催收命令之后才去执行催收,公司没有建立应收账款催收催缴办法。催收能力不足、催账手段单一,看来也是公司应收账款数额连年增加的重要原因之一吧。

三、山重水复疑无路,柳暗花明又一村

第二天一早,小白信心满满地带着这份调查报告走进董事长办公室,董事长看完之

---

① 数据来源:根据KL公司内部资料整理所得。

后很是满意,决定立即召集管理层开会讨论,并让小白负责做会议记录。

(一)未雨绸缪,源头把控

会议开始之前,小白先将搜集到的资料简单汇报给各部门负责人,随后,董事长说道:"目前公司应收账款出现较大问题,原因不外乎是我们自身没有做好应对措施,既然知道原因,那就要对症下药,小白的调查报告我也看了,写得很详细,就他提到的三个问题,希望大家踊跃发言,尽早拿出一个决策出来。"

"没错,既然目前我们公司没有专门的信用部门,那就增设一个,我或多或少也了解过,就国内外企业信用管理经验来说,增设信用管理部门很有效,能够降低应收账款发生坏账的可能性,保障我们企业资金安全。但在实施过程当中还存在许多问题需要解决:第一,建立信用管理体系的前提是要有足够数量的人员;第二,制定的信用管理评价方法应该是合理可行的。"财务部负责人率先发言。

"我觉得职责认定方面也应该重新划分,要由财务部门担负起主要的应收账款管理工作,包括确认应收账款的原始凭证真实有效、对已有的应收账款进行账龄分析,及时反馈给其他相关部门;销售部主要的工作就是在和客户签订合同之前对客户的背景资料进行详细全面的调查,在合同实施过程中对客户的背景资料做到实时更新;我们各部门之间也应该树立合作意识,加强内部沟通和交流,最好以后定期开专项会议,汇报近期工作成效和遇到的实际困难,一起解决嘛。"销售部负责人紧随其后。

……

为此,KL公司管理层经过几天奋战,出台了全新的应收账款管理制度。一方面增设了信用部,用以制定信用政策,并能根据客户的经营信息做到随时更新,从而对客户的信用做到一个动态的管理;另一方面,将各部门的职责进行重新划分,加强了各部门的合作紧密度,形成了由财务牵头,各部门密切配合的应收账款管理模式,具体部门分工如表9-5所示。

表9-5 应收账款管理新制度[①]

部门	职责
财务部	第一,保证应收账款原始凭证的全面、真实有效 第二,定期对应收账款账龄进行分析并出具报告,对有问题的欠款提出具体措施 第三,持续关注客户回款情况与剩余欠款情况并进行整理 第四,如果客户欠款,要对应收账款催款情况进行实行追踪管理 第五,与其他业务部门定期对账,要辅助其他部门进行应收账款的管理,帮助解决有关应收账款问题

---

① 数据来源:根据KL公司内部资料整理所得。

(续表)

部门	职责
销售部	第一,合同正式签订之前,销售部要对客户的背景资料进行详细全面的调查,要将应收账款额度控制在公司可接受的范围内;要将调查到的客户信息交由公司法务部门进行核实 第二,合同签订之后,要对客户的背景信息实行追踪管理,情况变动要报告给其他部门。针对不同账龄的应收款项,要出具不同的解决办法
信用部	第一,制定信用管理政策,并根据实际经营情况进行变更 第二,对客户信息进行动态管理,根据客户还款情况和经营情况及时调整信用级别,并出具保障措施 第三,对应收账款进行全面监控,对催收工作、法律事务全面管理

(二)运筹帷幄,心中有数

为了进一步规范客户信用评级标准,管理层决定根据"5C"信用分析法,先通过对企业的道德品质、还款能力、资本实力、资产抵押和经营环境条件五个方面进行全面的评估考核;再从整体上得到一个公司的信贷实力,以此来对客户的信用等级做出合理的判定。具体评价标准如表9-6所示。

表9-6 客户信用标准评价得分表[①]

指标名称	得分依据
道德品质(满分20分)	企业成立年限、企业文化、技术结构、组织管理能力、遵纪守法情况
还款能力(满分20分)	流动资产的数量和质量、流动负债比例、生产经营能力、财务状况、管理制度
资本实力(满分20分)	负债比例、流动比例、速动比例、有形资产净值
资产抵押(满分20分)	担保抵押手续是否齐全、抵押品的估值和出售有无条件、担保人信誉是否可靠
经营环境条件(满分20分)	企业发展前景、行业发展趋势、市场需求变化

在新的信用评分标准下,适当的信用限额能有效地吸引资金短缺但信誉优良的顾客,从而增加公司应收账款的回收,公司对客户的信用额度标准并非一成不变,在客户业务发展良好的情况下,将根据客户的需求调整信贷额度;当客户公司出现了严重的经济问题,无法偿还债务时,公司将按照信用额度进行相应的调节。完善的客户信用政策可以将企业的信用风险降到最低,同时也可以更好地保证企业应收账款的品质,具体评分等级如表9-7所示。

---

① 数据来源:根据KL公司内部资料整理所得。

表 9-7 客户信用等级评分表①

客户等级	分数	解释说明	授信期限(天)
A	80～100	重要客户,宽松的信用政策	180
B	66～80	优质客户,适度的信用政策	120
C	46～65	良好客户,适度的赊销金额	90
D	21～45	较差客户,必须按时跟进赊销进度	45
E	0～20	非授信客户,不给予赊销条件	0

(三) 能收尽收,不留余力

与此同时,针对公司收款方式单一问题,销售部负责人提议公司应加强对业务员收付款的管理,使其在日常工作中尽可能养成良好的行为习惯。经过一番商议,KL 公司决定制定新的应收账款回款措施:业务员须在规定收款时限的前一个星期之内通过电话及时告知或走访客户,并预测与客户的结算时间,于规定收款时限前 3 天内与客户预约结算时间,并于结算日及时告知或走访客户。企业的营销管理人员也必须落实定期对账制度,以加大应收账款的催收力度,就未清应收账款而言,应审查欠款的账龄和数额,以确定追讨的优先事项。同时,有必要区分债务人的违约行为是否为故意拖欠。故意不履行义务的客户应通过法律手段追回欠款。具体的催收方式如表 9-8 所示。

表 9-8 应收账款回款方式②

催款方式	催款流程
发对账函	销售部每周一核对货款催收情况,通知相对应业务人员把对账函发送给客户进行提醒
邮件催收	业务员在对客户发送对账函之后也会抄送一份对账函发送到客户单位邮箱
电话催收	与客户通过电话交流
登门拜访	每周对重点欠款客户进行登门拜访催收,对客户的联系方式进行及时记录和更新
律师函警告	当遇到客户无理由恶意拖欠,通过发送律师函对客户进行施压

为了解决业务员在收债方面不那么积极的问题,公司应补充和完善销售部绩效考核体系,把应收账款的收取列入营销员工的主要考评项目之一,将应收账款的经营管理与员工工资相结合,以此增加企业销售员对账款催收问题的关注程度,并增加企业对应收账款的有效管理和公司账款的回收率。此外,公司应把催收工作纳入绩效考核流程,把营销业务和个人账款回收相结合,以增强风险意识和企业主体意识,把收款和个人收

---

① 数据来源:根据 KL 公司内部资料整理所得。
② 数据来源:根据 KL 公司内部资料整理所得。

入挂钩,按照定人、定事、定时限、定办法的"四定"原则确保回款速度和效率,要求管理部门对员工追债效果进行评估,在实际评估过程中,必须充分考虑应收账款比率和坏账损失率。具体惩戒措施如表9-9所示。

表 9-9 应收账款回款情况惩戒表①

回款情况	惩罚措施
截止日期后2个月内未能将货款回收	扣除员工5%的业绩提成
超过6个月仍未收回货款	应扣除全部业绩提成
超过1年未成功收取货款	扣除销售员底薪的10%

(四) 有志者,事竟成—清收效果初显

2022年,财务经理像往常一样来给董事长送年度报告,这才有了开头那一幕。KL公司新的应收账款管理条例和奖惩机制推行已有2年,应收账款规模得到控制,应收账款事前审批、事中监督、事后催收的全过程管理初见成效。在销售收入持续增长的情况下,应收账款增速放缓了许多,一改几年前的情形,具体情况如图9-1所示。

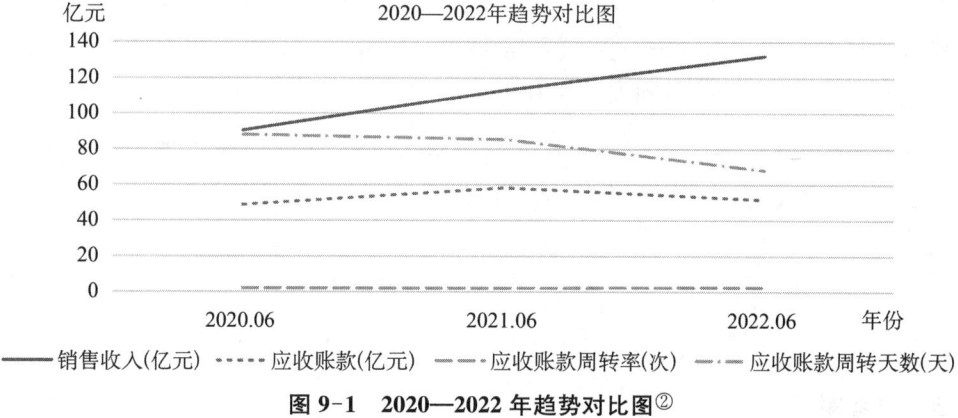

图 9-1 2020—2022 年趋势对比图②

不仅如此,2020—2022年公司未逾期或1年内的应收账款比例接近100%,具体情况如表9-10所示。KL公司的应收账款回收能力提升,这也证明了之前对客户信用评价是足够有效的。除此之外,KL公司每年的坏账实际核销金额整体呈现下降趋势,在5%左右,可喜的是目前仍在下降,发生坏账的比例不足以对财务发生实质性影响。由此可见,KL公司的管理模式有效地提高了应收账款的管理效率。

---

① 数据来源:根据KL公司内部资料整理所得。
② 数据来源:东方财富网。

表 9-10　KL 应收账款账龄相关数据①

时间	应收账款总额(亿元)	不同账龄占应收账款比率	
		1 年以内	1～3 年
2020.06	48.85	99.54%	0.46%
2021.06	58.24	99.97%	0.03%
2022.06	51.76	99.97%	0.03%

---| 尾　声 |---

随着时间的推移,KL 公司的应收账款情况又有了新的变化,急需解决的新问题出现了。回想过去历次危机,董事长端起桌上的咖啡,起身走到窗前眺望,疫情的冲击与国际格局的变动带来的影响席卷全球,波及国内大大小小的企业,在经济发展放缓的大环境压力下,矿业企业要想平稳高效运行势必会产生一定数量的应收账款。KL 公司一路走来,历经沧桑,屡屡出现的应收账款问题不过是公司经历的种种考验罢了,KL 公司总是能在最艰难的时刻绝处逢生、扭转局势,化绊脚石为垫脚石,再上一个阶梯,这一切并非运气使然,而是由于 KL 公司自创始之初就在经营理念中注入坚韧不拔、紧跟时代的精神。

KL 公司董事长相信,在未来,只要及时跟进时代的节奏,敏锐地觉察市场的变动,适时改变公司的政策与方针,那么无论遇到什么样的危机,KL 公司都可以从容应对。

启发思考题

(1) 结合案例分析,赊销信用政策对公司的发展有什么好处?同时带来了哪些隐患?

(2) 通过阅读材料,分析导致 KL 公司应收账款管理不善的内因和外因各有哪些?

(3) KL 公司是如何通过事前、事中、事后的控制提高应收账款回款效率的?

(4) 在全球能源绿色低碳转型大背景下,其他矿业企业应该如何更好地进行应收款项的管理?

---

① 数据来源:东方财富网。

第二部分 案例使用说明

一、教学目的与用途

1. 适用课程

本案例主要适用于"财务管理"课程中"营运资金管理"等相关章节的教学,也可作为"财务管理"课程相关章节的延伸阅读案例。

2. 适用对象

本案例适用于 MBA、MPACC 学生,也适用于工商管理、财务管理、会计学专业的研究生、本科生,还可用于具有一定工作经验的财务人员。

3. 案例教学目的

通过案例学习,理解健全的应收账款管理体系对实现应收账款的流动性与效益性的统一起到的关键作用,同时积极思考改进措施,从而提高诊断问题、运用相关理论分析解决实际问题的能力,使学生学会用长期眼光看待企业发展,培养其战略思维。希望学生能够学习有关应收账款的全过程管理,重点掌握应收账款一体化管理流程,根据企业特点,从事前、事中和事后三个方面制定出提高应收账款的回款效率的方案,帮助学员搭建应收账款全程管理体系,并能够结合案例情形,掌握有关理论在具体企业管理中的实际应用。

二、分析思路

教师可以根据自己的教学目标来灵活使用本案例。案例主要以 KL 公司"发现问题——分析问题——解决问题"为主线,围绕应收账款相关知识点,旨在解决公司应收账款管理问题。教师在使用本案例时,可以参考以下思路进行讨论和分析,案例分析思路如图 9-2 所示。

首先,阐述什么是应收账款管理以及赊销信用政策;其次,介绍 KL 公司所处的矿业行业的发展背景与 KL 公司的基本情况,引导学生讨论分析 KL 公司的应收账款管理状况,引导学生找出 KL 公司应收账款管理中的问题,让学生理解应收账款管理对企业发展的重要性;再次,根据出现的问题引导学生分析如何对症下药进行应收账款的优

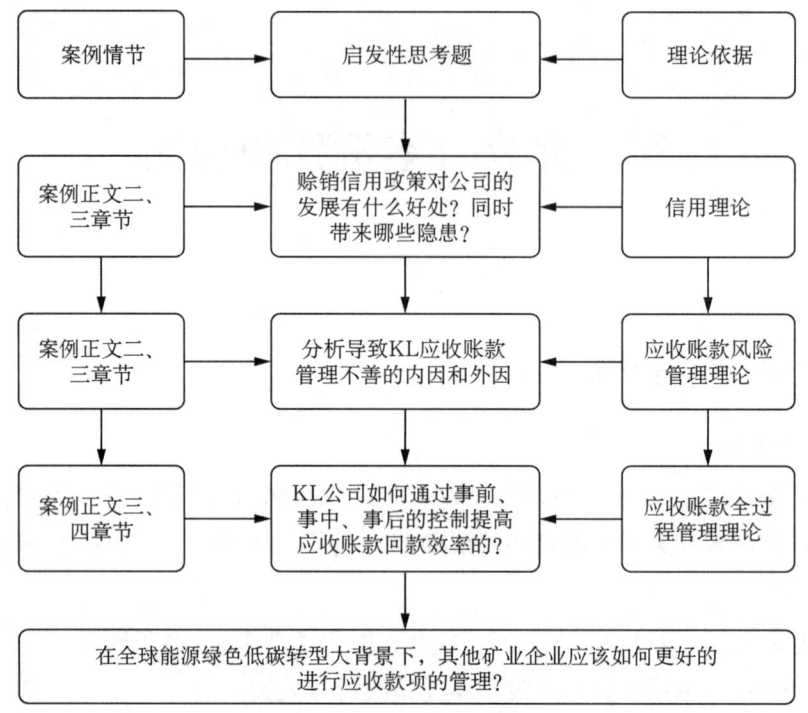

图 9-2　案例分析思路图

化管理;最后,探索如何进一步完善其应收账款管理路径。在上述分析思路过程中,通过提出并回答问题,达到详细分析本案例和掌握本案例关键知识点的目的。

三、启发思考题理论依据及分析

思考题 1:结合案例分析,赊销信用政策对公司的发展有什么好处? 同时带来哪些隐患?

【理论依据】

　　赊销是指企业在产品销售或提供劳务中以信用为依托,以协议的方式,实行的延期付款的销售手段。信用从根本上来说就是某种程度的短期融资,虽然承诺的延期付款设有一定的期限,但多数不需要担保和抵押。所以说,以信用为基础的交易,总会具有某种风险,如到了付款期限有可能客户不会进行还款。这种风险一般称为信用风险。赊销风险是信用风险中的一种,如果进行赊购企业不能按期全额还款,授信企业就会因应收账款不能回收而形成坏账,产生重大的违约风险。

　　1. 赊销的优点

　　首先,赊销能够刺激购买力。对于那些资金暂时有困难的买方,赊销无疑具有强大的诱惑力。其次,赊销能够提高卖方的竞争力。一家有能力赊销的企业显然比没有能力赊销的企业具有更强的市场竞争力。如果企业有雄厚的资金做后盾,那么就有条件对客户进行赊销,经受得起由赊销带来的资金周转的负担。再次,赊销能够起到稳定客户的作用。对信誉好、实力强的客户提供赊销作为优惠条件,为保持长期稳定的客户关系提供了保障。对相互了解而又暂时没钱的老客户进行赊销,帮助其缓解资金周转困难,客户会因此加深与企业的"感情",今后将更倾向于双方合作交易。最后,赊销能够减少企业的库存。目前,很多企业的产品积压严重,资金大量占用,无法变现,在很大程度上阻碍了企业的发展,有些企业甚至面临破产倒闭的危险。赊销虽然不能使企业的资金马上回笼,但是起码使其成为可能。

2. 赊销的缺点

对企业的生存造成直接的威胁,表现形式就是货款要不回,利息等费用增加,资金周转困难,被欠账客户牵制,精力、时间为账款所耗费。首先,赊销货款极容易造成呆、死账,而一分钱的死账却要以10倍甚至更高的销售等额来填补漏洞,前提还是这些等额货款没有任何风险。其次,赊销造成客户的惯性拖欠。一些企业在缺少明确的信用营销机制下,单纯地依赖销售业绩或激励方式销售产品,造成销售人员主观上放松对客户的信用审判,为了争取订单,或者在客户的要求下一味被动地赊销,形成了客户的惯性拖欠。再次,应收账款占用资金造成系列费用的增加。有的企业为了追求销售额,向客户盲目、被动地赊销,结果赊销的合理回报率没有保证,大量应收账款的利息成本和坏账损失吞噬了企业的最终利润,增加企业的融资成本。所以一些企业出现应收账款长期居高不下,甚至亏损现象。最后,赊销容易让销售人员丧失战斗力和进取心。因为赊销让市场开发和推广、与客户的维护等变得相对容易,销售人员的综合素质和业务能力相对来说提升较慢。

【案例分析】

随着市场经济的飞跃发展,企业之间的竞争越发激烈。在这种大环境下,企业为扩大销售,或是吸引、稳定客户群,不得不采取以信用为基础的赊销手段。但是,由于企业信用管理的滞后性、社会信用体系不完善等,企业往往会因此而造成很大损失,给企业的持续发展带来严重影响。对于KL公司来说,赊销信用政策使其在竞争对手众多的市场中占有一席之地,获得稳定的客源,在建立起长期稳定的客户关系的同时也提高了销售收入。但是这种授权管理方式缺乏科学系统的授信依据,依据历史经验的判断,主观意识和随机性相对较强,潜藏很多意识不到的危险。再者,应收账款的跟踪、控制不到位。由于销售提成和工资挂钩,销售人员一味地追求销售额的增长,忽视了后续的更重要的应收账款的回收。由于这种长期存在的现象,公司应收账款账龄越长,催收账款的工作也就越难,这些赊销也就越可能成为坏账损失,加之公司对赊销债款的监控缺失,无法形成动态追踪分析,最终导致坏账准备成为坏账损失。

❓思考题2:通过阅读材料,分析导致KL公司应收账款管理不善的内因和外因各有哪些?

【理论依据】

1. 外因

(1) 宏观经济环境因素。在经济不景气时期,整个市场需求萎缩,企业的客户销售情况不佳,资金回笼缓慢。例如,在全球金融危机期间,许多企业的销售额大幅下降,资金紧张。此时,客户可能会延迟支付应收账款,甚至出现无力支付的情况,导致企业应收账款回收困难。经济衰退还可能导致通货膨胀或通货紧缩。在通货膨胀环境下,虽然产品价格上升,但企业的成本也在增加,客户可能会因为资金用于购买更昂贵的原材料等而延迟付款。在通货紧缩时,市场价格下降,客户预期价格还会降低,可能会减少采购量或者拖延付款,等待更合适的价格,这些都会影响应收账款的回收。

(2) 市场与行业因素。当行业竞争激烈时,为了争夺市场份额,企业往往会采用赊销等较为宽松的销售政策来吸引客户。例如,在智能手机行业,众多品牌竞争激烈,一些新进入市场的品牌为了打开销路,会给经销商提供更长的账期来销售产品。这种过度依赖赊销的方式会使应收账款规模迅速扩大,同时也增加了回收风险。竞争对手的信用政策也会对企业产生影响。如果竞争对手提供更宽松的信用期限和条件,企业可能会被迫跟进,以避免失去市场份额。但是这样一来,企业的应收账款管理就会面临更大的压力,如信用评估不够细致、催收难度增大等问题。

(3) 金融环境因素。如果银行信贷政策收紧,企业的融资难度增加,资金周转困难,那么客户企业可能难以获得足够的资金来支付应收账款。这会导致应收账款的回收周期延长,坏账风险增加。利率的波动也会影响企业的融资成本和资金使用成本。如果利率上升,客户企业的融资成本增加,资金压力加大,可能会影响支付货款。同时,企业自身的融资成本也可能上升,影响其资金的流动性和应收账款的管理能力。

矿业公司要想立足市场,就必须转变管理模式,鉴于国内矿产业发展缓慢,竞争激烈,各大煤矿企业纷纷采取赊销的方式抢占市场份额,导致企业应收账款过多。社会经济越发达,信用的维系作用越明显。而我国信用环境存在问题较多,主要表现在:金融机构贷款逾期率过高;企业间互相拖欠债务现象普遍;以劣充优、以次充好和欺诈失信严重冲击商业信用关系和消费信用关系;居民的信用观念淡化,相互之间的商业行为产生了许多经济纠纷,失信于人屡见不鲜;整个社会的守信与失信,履约与违约出现极大的失衡。

2. 内因

(1) 企业风险意识低,风险防范意识不强。部分企业在事先未对资信作深入调查、未对应收账款风险进行正确评估的情况下,采取和客户签订一定赊销额度的销售合同来吸引客户,争夺市场,有的企业只重视账面的高额利润,而忽视了被客户拖欠所占用的大量流动资金难以收回给企业带来风险等一系列的问题;有的企业应收账款的账龄越来越长,增加了坏账风险和收账成本。此外,面对合同违约时企业缺乏自我保护意识,宁愿坐视应收账款变为呆账、死账,也不愿低声下气催要欠款及至诉诸法律来维护自身的合法权益,致使企业间相互拖欠问题不断上升。

(2) 应收账款日常管理不力,造成大量逾期账款。主要表现在:一是企业对应收账款的管理滞后,导致应收账款越积越多,最终影响企业正常的生产经营;二是企业在对应收账款管理过程中长期不对账或对账不清,有的即便对了账,但没有形成合法有效的对账依据;三是没有对应收账款进行辅助管理或仅按账龄进行辅助管理,从而导致企业存在大量的逾期未收回货款,不利于企业生产。

(3) 企业内部控制机制过于分散。企业内部控制在企业发展的过程中起到重要作用,是企业可持续发展的核心因素。企业在快速发展的过程中,企业的利润高速增长的过程中,企业没有形成科学有效的内部控制制度,管理层的岗位职责区分不清,对企业的快速发展起到阻碍作用,没有形成有效的监督制度。有的企业认为内部控制就是财务部门的职责,忽视其他部门的作用,内部控制是企业的整体,渗透企业各个领域,涉及各个环节,内部控制对调动员工的积极性起到重要作用。

【案例分析】

1. KL公司应收账款管理不善的外因

(1) 进入21世纪以来,随着科技和生产力的飞跃发展,企业间的市场竞争越来越激烈,加之各种环境的变化,致使市场竞争具有更大的不确定性,在这一环境下,市场逐步由卖方向买方转变。为抢占市场占有率,KL公司多采用赊销作为最常用的销售模式。由此也带来了应收账款风险。

(2) 在西方发达国家,赊销是企业经常运用的销售方式,并为之建立了相关的内部管理机制以控制和防范赊销风险。但是在我国,社会信用体系尚未形成覆盖全社会的体系网,已有社会信用信息未能完全实现互联网共享,信用约束能力较弱,难以发挥信用体系对经济发展的促进作用。我国社会信用体系建设是政府以市场为中心进行把控,并且其发展现状与我国高速发展的经济水平和社会发展阶段存在着矛盾,还没有形成健全的社会信用监督机制和信用管理体系,缺乏适应市场经济发展的信用道德观念的培养与教育,导致整个社会诚信意识不足。我国在信用制度方面的法律法规还很少,惩罚机制也不完善,形成了违约者没有法律制度可管、能管、任意背约、不计后果的混乱局面。在我国当前的信用大环境下,势必会对 KL 公司的应收账款造成影响。

(3) 客户的财务状况直接影响到其偿债能力,债务方在经营过程中自身状况出现问题,便会降低甚至丧失偿债能力。另外,债务方恶意拖欠账款,为了自身利益蓄意占用供货方资金投资赚钱、侵害供货方合法权益等也是导致 KL 公司应收账款迟迟难以收回的原因之一。

2. KL 公司应收账款管理不善的内因

(1) KL 公司领导层对应收账款风险没有充分的认识,工作中缺乏预见性。虽然成立了应收账款管理领导小组,但是是在单位负责人的领导下展开工作,单位负责人对公司的管理主要放在生产经营上面,以获得利润为目标。当应收账款产生问题之后,领导层认为在合同的约束下欠款客户必定还款,只是可能拖欠一段时间,进而忽视了应收账款的收回,也就忽视了对应收账款管理制度的制定或更新。

(2) 缺少独立的信用管理部门。信用的管理工作分担给了财务部,但是财务部往往缺乏对信用数据的正确认识,信用管理涉及的合同、法律等方面的知识超出了财务人员的知识范围,不能根据信用数据对风险进行及时预警,导致工作效率低,无法展开有效的信用管理工作。同时,公司只是按照以往的市场惯例采取相应的信用政策,政策制定不科学,这些都会对客户管理以及应收账款的管理造成影响。这些都是缺少专业的信用管理部门的弊端。

(3) KL 公司虽然采取了电话、传真等方式进行催收,但是这些举措都是在客户发生欠款行为之后进行的,并不是在应收账款事中进行的,很可能会错失收回应收款项。而且该公司催款人员对欠款客户往往采取柔和的催收态度,认为强硬态度会造成欠款客户不适,害怕影响以后的交易,但是殊不知这样的态度对要回应收款项并无益,客户欠款越来越多,支付就会越困难,很可能会转向其他的交易公司进行购买,所以加紧催收才是对公司最有利的。

思考题 3:KL 公司是如何通过事前、事中、事后的控制提高应收账款回款效率的?

【理论依据】

应收账款管理过程分为事前、事中和事后三个部分,全面管理理论认为在每一个环节都应该对应收账款进行严格把控,以最大限度达到降低和规避风险的目的。

1. 事前控制

(1) 确定合理的信用政策。信用政策影响着公司对客户信用额度的制定。信用政策可以分为保守型、中庸型和激进型三种,对不同的客户应采用不同的政策,做到"对症下药"。

（2）大量收集客户资料，尽量选择信用状况良好的客户。通过收集整理客户档案、交易前对客户进行风险评级，对不同信用等级的客户授予不同的赊销额度。客户信息收集应注意全面性，对重要信息进行重点关注和收集。

（3）不断完善内部控制制度。对公司内部各部门职责进行明确，合理设置工作岗位，做到职责分离，各部门之间互相监督与制约，任何一个部门都无法单独完成一整条资金链的工作，有效防止财务舞弊现象。

2. 事中管理

（1）对赊销建立审批备案制度，赊销额度进行严格把控。并应该配备专人定期审查赊销额度的批复文件，杜绝或及时发现并遏制未经审批的赊销活动发生。

（2）关注客户风险状况及相关评级的变化。对客户经营风险的调查应涵盖交易活动的各个环节中，不应只局限于事前调查。发货后仍然需要对客户和账款进行追踪分析，及时发现账款回收可能存在的风险。除此之外，公司还应设置合理的时间点，安排相应人员定期询问账款回收状况，适当催款，必要时候给予一定优惠和奖励。

（3）借助账龄分析表等工具对应收账款跟踪管理。借助相应的分析工具制定应收账款管理的重点，同时可以考核销售人员的占用资金的情况，使得考核制度进一步完善，有利于公司日后的良性发展。

（4）强化合同管理。合同作为公司之间经纪业务的重要凭证及法律保障之一，合同的管理应获得公司的重视。

（5）采用多种渠道分散应收账款风险。公司可以借助商业银行或保理公司将应收账款转变为可使用的资金。这一方法在一定程度上也将有效改善一个公司的资金结构。

3. 事后控制

（1）公司应当重视并完善坏账准备金制度。要求财务人员在每年年末计提一定比例的坏账准备，应对可能发生的坏账风险。

（2）根据实际情况制定合适的应收账款催收方式。信用管理部门在催收逾期账款时应注意区别对待，客户欠款的原因大致可以分为以下两种：一种是确实无力偿付，另一种情况是客户濒临破产清算、无力偿付或恶意拖欠。无论是其中哪一种，面对这种情况，公司都应当强硬采取法律手段，必要时可以委托代理机构帮助催款，尽最大努力追回欠款。

（3）定期筛选客户，更新修订信用政策。公司应不定期对客户的风险等级重新评价，及时更新客户经营状况信息，以便及时调整相应的信用额度。

【案例分析】

在事前管理中，KL公司完善了应收账款信用管理政策，建立了专门的信用管理部门;明确了每一位销售人员的职责所在,销售人员必须对从售出商品到归还款项之间的全部流程负责,并确保全部应收账款都能够及时清偿,以减少坏账风险与损失,对逾期未收的相关人员实施惩戒,并鼓励销售部门员工增强工作责任心。此外,设立独立的信用管控部门,一方面,能够监管信用工作的开展,包括开发客户资信信息、信用政策制定、临期和逾期账款的催收等内容;另一方面,可以明确各部门职责,信用管理部、销售部和财务部在各自的工作中可以发挥相互协调和监督的作用,三个部门之间密切监控,为应收账款管理的工作顺利开展提供保障。

在事中管理中,KL公司建立了客户信用动态管理体系,制定了多样化的催收方式。销售部相关人员将顾客变化的情况及时通知到信用管理部门,以便信用管理部门及时登记管理客户信息。客户信息在持续发生着变化,所以客户档案也必须持续补充与更新,政府诚信监督管理机关也必须对客户信息实施持续性的动态监管,对客户档案的整理也应当实施动态管理机制。与此同时,信用部门相关人员在签署销售合同后,应及时了解客户还款计划,监督货款顺利回收。在对客户信息进行考查时信用经理必须掌握客户的真实信息。除此之外,公司加强了对业务员收付款的管理,使其在日常工作中尽可能养成良好的行为习惯。业务员须在规定收款时限的前1个星期之内通过电话及时告知或走访客户,并预测与客户的结算时间,于规定收款时限前3天内与客户预约结算时间,并于结算日及时告知或走访客户。企业的营销管理人员也必须落实定期对账制度,以加大应收账款的催收力度,要求销售员每3个月或6个月检查一次客户账户,并逐一核实因产品型号、回收期、退款等原因造成的单据和金额错误。

在事后管理中,KL公司加强客户动态信息跟进,并将应收账款回收与绩效考核挂钩。客户跟踪的原则要求销售员主动出击,任何时候,销售员都被要求主动联系客户,这样可以表达我们真诚的态度,尊重和重视客户;此外更有利于销售员及时了解到客户的实际需求,把握业务合作进展情况。销售员必须掌握客户的动态信息并及时作出更新和调整,把收集到的信息登记在册,收集客户信息相对来说是一个耗时且烦琐的工作,有时还很难获得相关的信息,我们可以利用尽可能多的渠道来获取客户信息,如客户介绍、中介机构的介绍、网站搜索、历史交易信息、银行提供的资料、征信公司的调查报告、国家系统提供企业信用信息、企业调查等服务方式进行信息收集。此外,公司还补充和完善了销售部绩效考核体系,把应收账款的收取作为营销员工的主要考评项目,其个人利益不但与营销人员相关,还与对应收账款的经营管理有关。将其与员工工资相结合,以此增加企业销售员对账款催收问题的关注程度,并增加企业对应收账款的有效管理,也增加了公司账款的回收率。在绩效考核的指标体系中,可增加应收账款的天数、回款数等关键指标,而针对长期、逾期或出现坏账问题的应收账款可考虑由相应的销售部门担负相应的责任,从而引发了大家对应收账款催收管理工作的广泛关注。

> **思考题 4**：在全球能源绿色低碳转型大背景下，其他矿业企业应该如何更好地进行应收款项的管理？

随着重工业经济的高速发展，一级原材料市场供求关系和商业竞争的愈演愈烈，采矿企业与冶炼企业因矿产品水分损耗及矿产品金属含量等影响导致应收账款核算的问题随即产生。矿业属于基础产业，它的发展可以使一个国家或地区的资源优势变为产业优势，进而形成经济优势。应收账款核算如果管理恰当，可以提高企业的经济效益和经营成果；如果管理不当，会使企业利润减少，财务陷入危机，最终将影响矿业企业可持续性发展，甚至导致关门停产。

（1）对于应收款项的管理，各矿业企业应适时转变现实理念，不断提高应收款项管理的水平，借助先进的管理软件，实现对客户信息、信誉、资质的动态分类管理，运用各种营销手段逐步降低应收账款比例，提高现金回收力度，改善矿业企业资金流不足的状况。同时，针对一些长期应收款项，企业可以尝试其他债权理财方式，如出售债权、债权转股、债权保理等都是行之有效的解决方式。例如，企业可采取战略性投资的方式，将现有债权转换为股权，从而加强对下游企业或供应链企业的控制。

（2）分门别类地建立客户档案，并进行有效的信用评估和跟踪记录。首先，在决定是否采取赊销策略前应慎重地对客户的诚信程度等进行调查了解，根据信用等级的不同分别采取销售策略；其次，签订符合《中华人民共和国民法典》合同编要求的购销合同，因为购销合同是解决债权债务纠纷的根本依据。

（3）在资金的运营中，企业需要保持动态的平衡，确保不出现生态环境问题，则为绿色运营。为了做到动态平衡，既要对现金流入量进行合理的估算，也要对现金流出量进行合理估算，特别是绿色流量。比如，矿山企业必须考虑到树立环保形象与增加现金流量之间的关系，考虑到绿色宣传费用、绿色设备购置与运行费用等环保成本，实现从采购到生产，再到销售的绿色管理理念。

四、关键要点

通过本案例的学习，希望学生掌握应收账款管理的相关内容，关键要点如下。

1. 关键知识点

（1）赊销信用政策对企业发展的作用以及可能带来的风险。

（2）企业应收账款难回收的成因，包括外部成因和内部成因。

（3）应收账款全过程管理的效果，以及结合公司实际情况建立适合的管理制度。

（4）KL 公司实行新的应收账款管理的模式的实际意义。

2. 关键能力点

（1）分析企业应收账款回收难的成因，培养学生主动思考、自主学习的能力。

（2）从案例中提取关键信息，结合有关知识点对问题进行解答，培养学生将理论运用于实践的能力。

（3）通过学习应收账款全过程管理这种模式，了解企业营运资金管理等重要环节，培养学生的创新能力。

3. 关键思政元素

（1）通过了解赊销信用政策以及按时回款的重要性，培养学生的诚信品质。

（2）从内部、外部不同角度分析应收账款管理难的成因，破解企业应收账款难题，培养学生严谨细致的工作作风。

（3）通过全过程管理来加强企业的应收账款管理，以提高企业资金的利用率，培养学生勤俭节约的传统美德。

五、课堂计划

课堂计划表如表 9-11 所示。

表 9-11 课堂计划表

课前计划		
内容	教学活动	时间
课前准备	（1）提前发放案例教学，提出启发性思考题 （2）班内自行组队，查阅相关资料和相关文献进行案例讨论和分析 （3）形成小组分析成果并制作 PPT	提前 1 周
课题讨论		
小组成果展示	根据已分好的小组，小组代表在讲台上做关于此案例的 PPT 演示，并针对思考题给出相关建议	50 分钟
小组内部讨论	对比其他小组成果，进一步修改完善本小组的内容	15 分钟
小组之间讨论	引导全班进一步讨论（讨论内容为各组演示报告中没有提及的内容，以及存在分歧的内容）	30 分钟
案例总结	归纳总结各小组发言的内容，梳理案例中涉及的理论思想，并结合理论知识，梳理案例逻辑	15 分钟
案例延伸	还可以运用哪些应收账款管理知识分析 KL 公司的案例	10 分钟
课后计划		
提交报告	学生以小组为单位，采用 Word 报告的形式提交更为具体的案例分析总结	课后 1 周
课后作业	应用相关知识点分析其他公司的应收账款管理情况	

案例十

504亿元的大手笔分红

——中国神华是投资者的"神"吗

股利政策作为财务管理三大决策之一,对公司经营发展和投资者至关重要。小王和小李最近想投资股票,发现中国神华能源股份有限公司(以下简称中国神华)刚公布了高额派现股利政策的公告。两人面对中国神华的巨额分红政策,心动的同时又担心巨额分红政策不利于公司长远发展,担心未来是否能持续高分红,于是开始研究起了中国神华的股利政策。她们先了解了公司的基本情况以及公司历年来的分红政策,并与行业同类型公司进行比较。从公司股权结构、产业布局、财务状况、证监会政策等方面了解了其高分红的动因,以及其未来的发展机遇与潜在的风险,考虑中国神华股利分配政策是否具有合理性,是否值得投资。

第一部分 案例介绍

> **引　言**
>
> 2022年7月15日傍晚，正准备下班的小王接到闺蜜小李打来的电话。"喂，小王，你最近有关注股市吗？我今天刚发工资，想投资股票，你能给我推荐吗？""你也要投资股票了吗？我最近正在关注中国神华的股票，前几天刚宣布分红504亿元现金呢，你要考虑一下吗？"小李听完心动不已，但又不免心生疑虑，有点担心地说"分红这么高吗？他的财务状况怎么样啊？持续发展能力强吗？这个行业分红都这么高吗？未来还能持续高分红吗？"听完小李一连串的疑问，小王笑着说："中国神华已经持续好几年的大手笔分红了。这样吧，反正你也下班了，你来我家，我给你查找资料，了解一下这个公司的基本信息和历年的分红状况，或许你心中就会有答案了。"

一、背景介绍

小李随即打车来到了小王家，两人一起打开网页开始查找相关资料。

（一）中国神华的前世今生

中国神华于2004年11月8日在北京注册成立，2005年6月和2007年10月分别在香港联合交易所及上海证券交易所上市。中国神华主营业务包括煤炭、电力的生产与销售，以及铁路、港口和船队运输等。中国神华是中国上市公司中最大的煤炭销售商，拥有最大规模的煤炭储量，其煤炭业务已经成为中国煤炭行业大规模、高效率和安全生产模式的典范，同时中国神华也成为世界领先的以煤炭为基础的一体化能源公司。中国神华自成立以来，一直重视科研工作，不断加强自主创新能力建设，在多年的发展中，中国神华探索并实施了基于资源整合的神华技术创新工程，使企业综合研发能力得到显著提升，通过产学研用相结合，推动开展了一批具有国际先进乃至领先水平的重大科技攻关项目，实现了企业超常规、跨越式发展，成为我国以煤炭为基础的一流能源企业集团，跻身国际具有一定影响力的综合能源企业行列。中国神华发展简史如

图 10-1 所示。

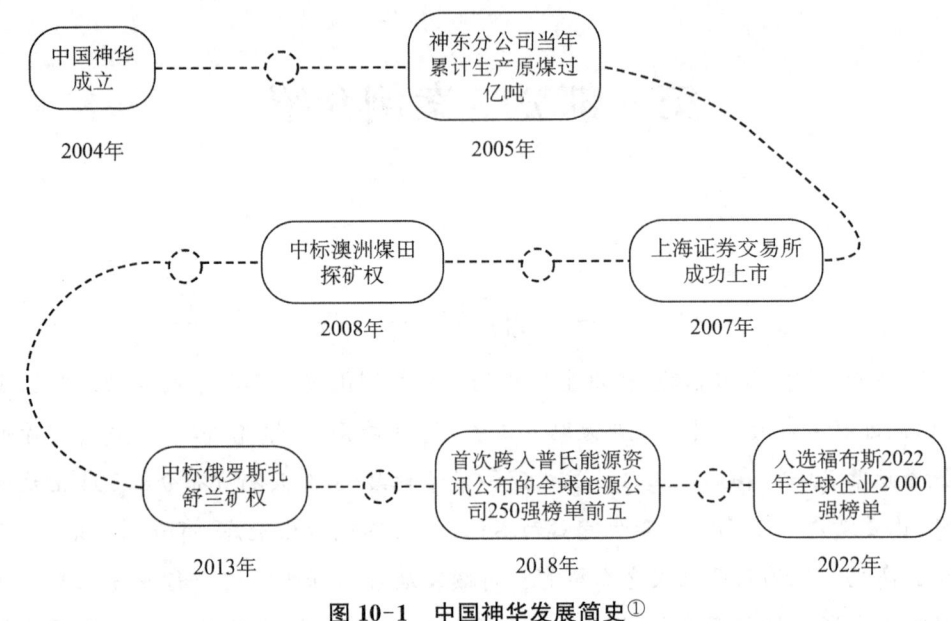

图 10-1　中国神华发展简史①

(二) 中国神华巨额分红始末

了解完中国神华的基本情况,小王和小李打开了中国神华历年分红方案公告和年度报告,并将数据进行整理(表 10-1),她们发现该公司自 2007 年在上海证券交易所上市以来,一直给股东高现金分红。2007 年公司刚在上海证券交易所上市,中国神华便发放 35.80 亿元的现金股利,2008 年分红 91.49 亿元,在随后的年份中,除了 2015 年分红金额为 63.65 亿元外,其他年份金额均高于 100 亿元。同时,她们发现中国神华的股利支付率并非固定值,而是处于动态变化的,总体呈现上升趋势:2007 年股利支付率为 15.7%,2008—2015 年在 30% 左右,但 2016 年突增至 200%,而 2017 年—2018 年从 33.49% 提升至 85.02%。除此之外,她们还发现中国神华自 A 股上市以来一直都是现金分红,不存在其他形式的利润分配,并且在个别利润下滑的年份,公司也没有停止分红,且分红金额还有所上涨,如 2019 年和 2020 年。看到这,小王和小李不禁感叹,中国神华对股东真是大方啊,不仅年年分红,而且每年的分红金额还这么高。有着股票投资经验的小王惊叹之余又不禁深思:是只有中国神华的分红比较高,还是整个煤炭行业的分红都比较高呢? 中国神华的大手笔分红是否有行业的因素影响呢? 小王把自己的疑惑和小李讲述之后,两人决定找一些同行业的公司对比分析以解疑惑。

---

① 数据来源:中国神华官网。

表 10-1 中国神华历年分红政策①

分红年度	分红方案（每10股税前:元）	分红总额(亿元)	净利润(亿元)	股利支付率
2021	25.40	504.66	593.59	85.02%
2020	18.10	359.62	472.65	76.09%
2019	12.60	250.61	515.40	48.62%
2018	8.80	175.03	540.41	32.39%
2017	9.10	181.00	540.50	33.49%
2016	29.70	590.72	295.36	200.00%
2015	3.20	63.65	232.64	27.36%
2014	7.40	147.18	463.73	31.74%
2013	9.10	180.99	557.07	32.49%
2012	9.60	190.94	557.07	34.28%
2011	9.00	179.01	515.07	34.75%
2010	7.50	149.17	425.06	35.09%
2009	5.30	105.41	347.45	30.34%
2008	4.60	91.49	298.15	30.69%
2007	1.80	35.80	231.48	15.47%

(三) 同行业公司现金股利分配情况

煤矿业作为传统第二产业,在我国发展比较成熟,同时由于矿产物质需要大型机器勘探和挖掘且对国民经济发展有重要影响,我国煤矿公司一般为大型企业,且多数为国有控股企业。小王和小李在巨潮资讯网整理了部分矿业上市公司股利分配情况,并进行了深入了解。

根据资料统计(表 10-2),小王和小李发现大部分煤矿业上市公司都有连续分红的习惯,且以现金分红为主。但仔细观察不难发现,在同行业公司中,中国神华分红金额名列前茅,属于大手笔分红的企业。中国神华自 A 股上市以来,每 10 股派息数大多在10 元以上。陕西煤业自 2014 年上市以来也一直实施现金股利政策,但每股派息数远远低于中国神华,除了 2021 年度每 10 股派息数超过 10 元外,其他年度每 10 股派息数均低于 10 元。电投能源和盘江股份 2007—2021 年,每 10 股派息数均不高于 10 元;而紫金矿业在这期间,每 10 股派息数在 1 元左右。

---

① 数据来源:根据中国神华历年分红公告及年报整理所得。

表 10-2 矿业行业部分上市公司股利分配情况①

每 10 股派息数(税前) 单位:元

分红年度	中国神华	陕西煤业	电投能源	盘江股份	紫金矿业
2021	25.4	13.5	5.0	4.0	2.0
2020	18.1	8.0	4.0	4.0	1.2
2019	12.6	3.6	4.0	4.0	1.0
2018	8.8	3.3	4.0	4.0	1.0
2017	9.1	4.2	3.0	3.5	0.9
2016	29.7	1.1	3.0	2.4	0.6
2015	3.2	0.3	1.0	0.1	0.6
2014	7.4	1.2	1.0	1.6	0.8
2013	9.1	—	1.0	3.0	0.8
2012	9.6	—	2.0	4.5	1.0
2011	9.0	—	5.0	8.5	1.0
2010	7.5	—	5.0	8.5	1.0
2009	5.3	—	3.0	4.5	1.0
2008	4.6	—	2.0	5.8	1.0
2007	1.8	—	3.2	1.4	0.9

与同行业公司历年分红情况进行比较发现,虽然整个煤矿业有着连续现金分红的情况,但其他公司的每股派息数基本低于中国神华。一般来说,公司通过上市来获得融资促进自身的发展,而投资者通过购买股票来给公司提供资金帮助,公司通过经营获得净利润后,留存公司后续发展需要的资金,将剩余的资金用来分红反馈给投资者,这是大多数股东特别是中小股东期许的,也是证监会所鼓励的。小王和小李也偏好于分红较高的公司,对比完中国神华和同行业其他公司的分红政策后,她们发现中国神华派现水平远超同行业其他公司,属于高分红公司,这对她们诱惑很大。

(四)高分红成就大股东

在前期查看中国神华基本资料时,小李和小王发现中国神华股权相对集中。中国神华第一大股东为国家能源投资集团有限责任公司,持股 69.52%,拥有绝对控股权。国家能源投资集团有限责任公司前身为神华集团,2017 年 8 月 28 日,经国务院批准神华集团更名为国家能源投资集团有限责任公司作为重组后的母公司,吸收合并国电集

---

① 数据来源:根据各公司分红公告整理。

团。神华集团在合并前由国务院控股,合并后实际控制人为国务院。国家能源投资集团有限责任公司作为第一大股东,截至2021年年末,持有中国神华1 381 270.92万股股票,而中国神华2021年度的分红政策为每股2.54元(含税),所以第一大股东国家能源投资集团有限责任公司在2021年度便获得350.84亿元的分红,自中国神华2004年成立起,国家能源投资集团有限责任公司及其前身神华集团就是中国神华的大股东,而中国神华自2007年上市以来一直实施高额现金股利政策,所以作为中国神华大股东,国家能源投资集团有限责任公司及其前身神华集团获得巨额分红。前十大股东中,除了第一大股东获得巨额分红外,其他股东也收获不少。第二大股东HKSCCNOMINEESLIMITED在2021年年末,持有中国神华336 947.85万股股票,获得85.58亿元的分红。第三至第十大股东在2021年末共持股104 050.18万股,获得26.43亿元分红。除去前十大股东外,其他中小股东共持股164 583.05万股,共计分红41.8亿元。

小王和小李同时注意到,在前十大股东中,除了国家能源投资集团外,其他股东均为证券、基金投资机构者,而机构投资者一般倾向于高分红。自2007年上市以来,中国神华已累计向股东分红3 205.28亿元,看着如此高分红的金额,小李不禁疑问:为何中国神华的派现金额如此之高?它分红的动力又从何而来?未来还能否持续高分红呢?

二、穷根究底——大手笔分红的动力

小王和小李又打开中国神华公司的网站,想深入了解该公司的发展,以便探究其大手笔分红的动力。

(一)"一股独大"的股权结构

截至2021年12月31日,中国神华总股本为19 868 519 955股,全部为无限售条件股份。前十大股东持股情况如表10-3所示。

表10-3 中国神华前十大股东持股情况①

股东名称	期末持股数量(万股)	持股比例	股东性质
国家能源投资集团有限责任公司	1 381 270.92	69.52%	国有法人
HKSCCNOMINEESLIMITED	336 947.85	16.96%	境外法人
中国证券金融股份有限公司	59 471.80	2.99%	其他
香港中央结算有限公司	21 866.98	1.10%	境外法人
中央汇金资产管理有限责任公司	10 607.74	0.53%	国有法人

① 数据来源:中国神华2021年年度报告。

(续表)

股东名称	期末持股数量(万股)	持股比例	股东性质
中国工商银行-上证50交易型开放式指数证券投资基金	2 782.59	0.14%	其他
中国人寿保险股份有限公司-万能-国寿瑞安	2 770.35	0.14%	其他
珠海市瑞丰汇邦资产管理有限公司-瑞丰汇邦三号私募证券投资基金	2 223.38	0.11%	其他
易方达基金管理有限公司-社保基金1104组合	2 176.83	0.11%	其他
招商银行股份有限公司-上证红利交易型开放式指数证券投资基金	2 150.51	0.11%	其他

小王和小李查询中国神华 2021 年的年度报告发现：中国神华最大的股东为国家能源投资集团有限责任公司，持股 1 381 270.92 万股，持股比例为 69.52%，远高于其他股东持股比例，是公司实际控制人。并且在中国神华前十大股东中均为法人和基金投资，没有自然人投资者。中国神华的控制关系如图 10-2 所示。

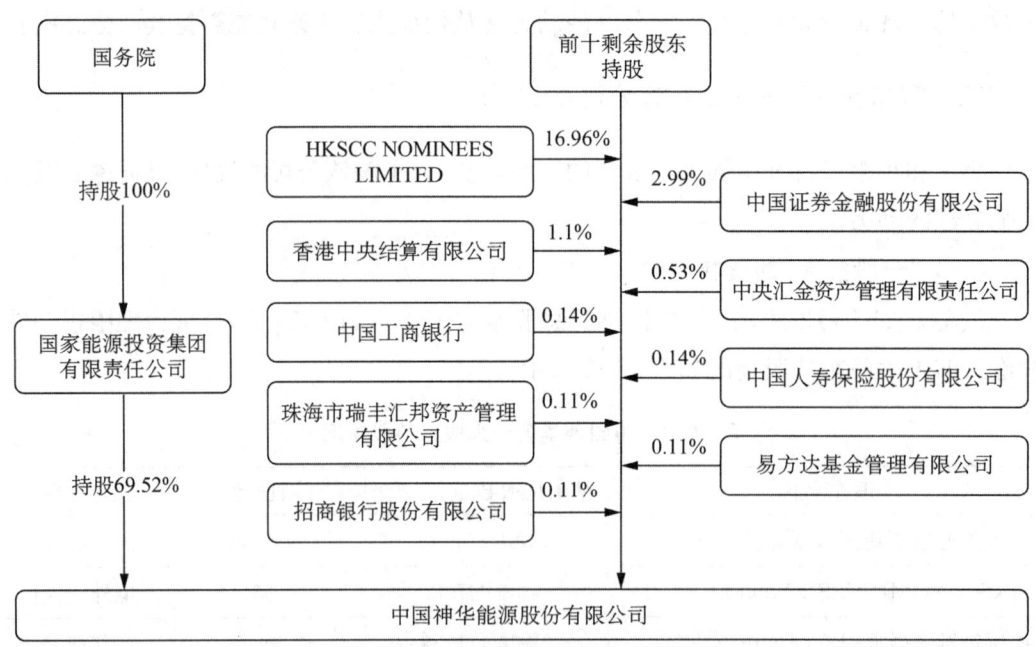

图 10-2 中国神华控制关系图[①]

---

① 数据来源：巨潮资讯网。

（二）一体化的产业布局

了解中国神华的产业布局时，小王和小李发现中国神华涉及的产业较广，包括煤炭的生产销售、电力的生产与销售，以及铁路、航运、港口运输等。总结起来其主营业务就是煤、电、运输，如图10-3所示。中国神华的煤炭业务是其产业布局中的重点业务，其煤炭的生产和销售占据了较高的市场份额，2021年中国神华煤产量3.07亿吨，占全国产量的7.5%。目前，中国神华在全国有多个矿区，神东矿区、准格尔矿区、胜利矿区等，先后获得了澳大利亚、俄罗斯等国家的采矿权，有丰富的煤炭资源。同时中国神华拥有规模可观、高效运营、增长迅速的清洁发电业务，公司三分之一的煤炭产量用于发电业务，发电与煤炭业务优势互补，协调发展。为了煤炭等矿产品的销售，中国神华构建了由铁路和港口组成的大规模一体化运输网络，在核心矿区周边建立了独立运营的铁路运输通道，中国一共有四条西煤东运的铁路线，分别是张塘线、大秦线、朔黄线、瓦日线，而其中朔黄线由中国神华独立运营，其年运煤能力超过3亿吨。中国神华已经打造成"煤"和"电"产运销一体化的产业布局，成为我国规模最大、现代化程度最高的煤炭企业，也是世界上最大的煤炭经销商。

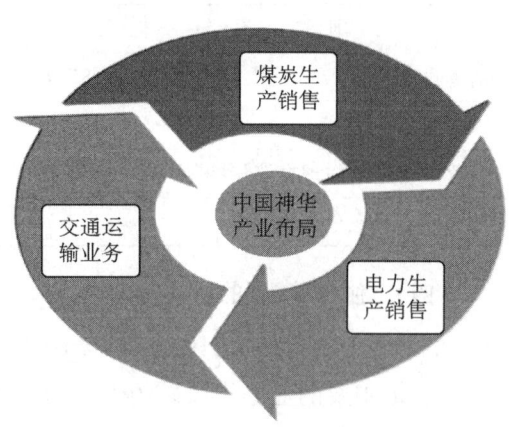

图10-3 中国神华产业布局

（三）持续"造血"的财务状况

了解完中国神华的产业布局，小王和小李想要进一步了解该公司的财务状况，因为公司分红政策与公司财务状况密不可分，根据公司的财务状况可以进一步判断股利政策是否具有合理性。小王和小李查看了中国神华近年来的财务报表。她们发现中国神华造血能力非常强。2017—2019年，中国神华的营业收入由2 487.46亿元上升到3 352.16亿元，增长了34.76%，净利润由450.37亿元上升到502.69亿元，2019年、2020年营业收入与净利润虽略有下降，但总体呈上升趋势。中国神华的经营活动现金流状况良好，2017年、2018年、2020年、2021年，其经营活动现金流量净额均超过800亿元，2019年经营活动流量净额虽有所下降，但也达到631.06亿元。同时，中国神华创造现金的能力也很强，截至2021年年末，中国神华现金及现金等价物达到1 567.06亿元，如表10-4所示。

表 10-4　中国神华 2017—2021 重要财务指标[①]　　　　　单位：亿元

项目	2017 年	2018 年	2019 年	2020 年	2021 年
销售收入	2 487.46	2 641.01	2 418.71	2 332.63	3 352.16
净利润	450.37	438.67	432.50	391.70	502.69
经营活动产生的现金流量净额	951.52	882.48	631.06	812.89	945.75
期末现金及现金等价物	718.72	618.63	418.27	1 128.80	1 567.06

（四）"独占鳌头"的市场竞争力

小王和小李查询资料时发现，中国神华在市场竞争上首屈一指。中国神华涉及多个产业，最主要的业务为煤矿的生产和销售。我国煤炭行业在计划经济时期才开始有序发展。随着改革开放的深入以及市场经济的转型，我国煤炭行业逐渐实现市场化。近年来，我国煤炭行业进入高质量发展阶段。我国作为能源消费大国，煤炭需求量巨大，随着经济的发展，煤炭需求量在不断上升，整体来看，我国近几年煤炭消费量稳定在 40 亿吨左右，煤炭行业仍具有巨大市场。在煤炭行业中，中国神华具有规模优势，中国神华的煤产量在煤矿行业中位列第一，2021 年中国神华煤产量 3.07 亿吨，占全国产量的 7.5%，陕西煤业紧随其后，占比 3.3%，和兖矿能源占比 2.5%。截至 2021 年 12 月 31 日，在 A 股上市公司中，煤炭行业一共有 38 家上市公司，总市值达到 12 308.85 亿元。有 2 家上市公司市值超千亿。其中，中国神华市值最高达 4 218.57 亿元，位列第一名，陕西煤业和兖矿能源排名第二和第三，市值分别为 1 182.79 亿元、940.61 亿元。中国神华在煤矿行业不论是煤产量还是市值均为第一，在煤矿行业中有巨大的竞争力。

（五）证监会政策的支持

在查看公司章程时，小王和小李发现中国神华的大手笔分红动力或许还来源于证监会的支持。我国证监会没有出台政策强制企业分红，到目前为止，A 股仍有很多"铁公鸡"式上市公司存在，有不少上市公司多年未支付股利，甚至从未支付过股利。为了活跃资本市场，鼓励企业分红，证监会出台了一系列政策促进企业分红。2008 年证监会发布《关于修改上市公司现金分红若干规定的决定》，鼓励企业分红。2012 年证监会出台《关于进一步落实上市公司现金分红有关事项的通知》（以下简称《通知》），进一步明确要求上市公司要披露分红信息。作为大型上市公司，中国神华在上市初就实施了较高的现金股利政策，随后股利支付率在不断提升，2010 年股份支付率达到 35.09%，但此时中国神华未在公司章程中明确高分红。但小王和小李发现，在 2012 年证监会出台《关于进一步落实上市公司现金分红有关事项的通知》后，2013 年 6 月，中国神华经

---

① 数据来源：中国神华财务报表。

股东大会通过修改的公司章程中明确要求,除对公司的持续正常经营造成重大不利影响的特殊情况外,公司在当年盈利且累计未分配润为正的情况下,每年以现金方式分配的利润不少于归属于本公司股东的净利润的35%。公司章程修改后,为了保障较高的现金分红比例,不久后中国神华调整了2013年度经营目标及资本开支计划,主动缩减了约130亿元的资本开支。

三、极往知来——中国神华能否持续高分红

小王和小李想了解中国神华未来还能否持续高分红,于是研究起了中国神华外部、内部资料。

(一)煤炭、电力市场仍有利可图

她们发现2020年以来,为了改善生态环境,促进可持续发展,我国开始调整能源结构,构建清洁低碳、安全高效的能源体系。煤炭行业的发展也受到一定的影响,将面临一系列新的问题和挑战。但同时,我国经济仍将中高速发展,对能源需求量巨大,煤炭虽然碳排放量高,污染较大,但由于新能源的不稳定性和转换率低,煤炭在相当长的时间内依然是我国的支柱能源,煤炭作为我国兜底保障能源的地位难以撼动。随着煤炭清洁转化以及非煤转型等绿色技术的快速发展,我国煤炭行业发展仍有着良好的发展机遇。从电力行业来看,随着中国经济发展,我国的用电需求在不断上升。据国家能源局统计,2021年,全社会用电量83 128亿千瓦时,同比增长10.3%,较2019年同期增长14.7%,2年平均增长7.1%。新能源发电与生俱来的波动性和不稳定性,无法替代火力发电,中国神华的主要业务煤、电仍有巨大市场。为推动煤炭工业高质量发展,2021年国家层面出台了一系列政策,主要包括《煤矿智能化建设指南(2021年版)》《"十四五"全国清洁生产推行方案》等,这些政策的发布将进一步推动我国煤炭行业的发展。

(二)海外煤炭需求上涨

俄罗斯是天然气第一出口国,但由于俄罗斯和乌克兰发生军事冲突,局势动荡,欧洲许多国家也联合制裁俄罗斯,俄罗斯的天然气出口受到限制,天然气价格上涨,对欧洲民众日常生活造成巨大影响。在此情况下,欧洲部分国家考虑重新启用煤电,煤炭的需求量将在国际范围内快速上升,国际煤价也将高位动荡。如图10-4所示,2022年3月4日,ARA港动力煤195.00美元/吨,理查德RB动力煤284.38美元/吨,纽卡斯尔NEWC动力煤347.90美元/吨,分别较上周上涨0美元/吨、上涨76.88美元/吨(37.05%)、上涨103.61美元/吨(42.41%)。中国神华作为世界上最大的煤炭经销商,海外市场也是其重要市场之一。2020年中国神华煤炭境外销售量为1.4百万吨,占其对外部客户总销售量的8%,2021年境外销售量为5.4百万吨,占其对外部客户总销售量的17%。中国神华拥有独立的煤炭渠道,有铁路、港口、航运等煤炭运输通道,便于

其国际市场的开发,海外煤炭需求的上涨对中国神华的未来发展有巨大促进作用。

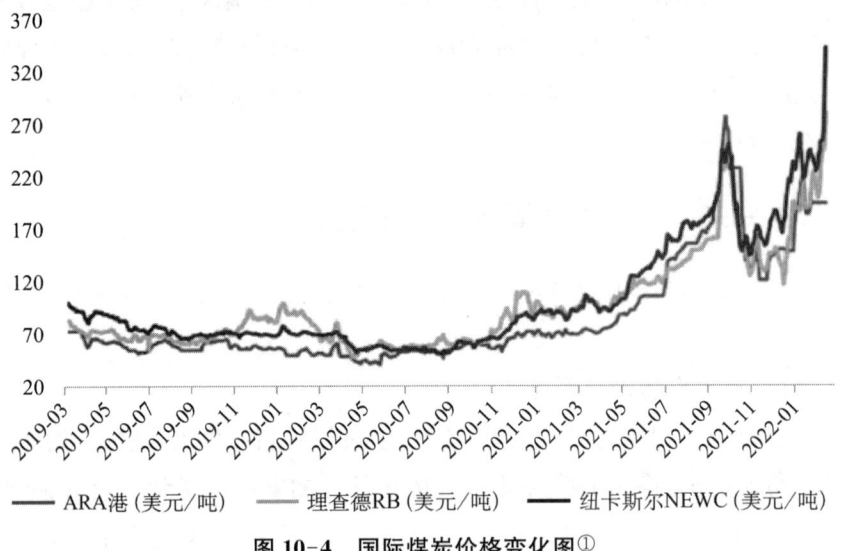

图 10-4 国际煤炭价格变化图①

(三) 中国神华暗藏风险

目前的中国神华尽管财务表现亮眼、大手笔分红,但也暗藏风险,其年度报告中明确提示了潜在风险,如图 10-5 所示。

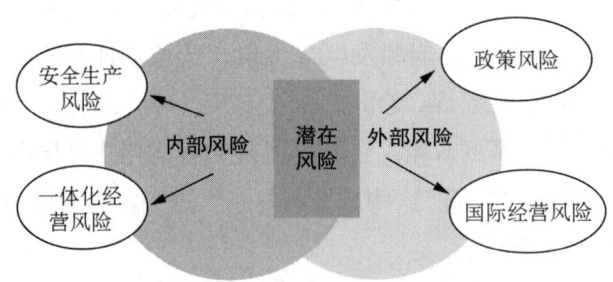

图 10-5 中国神华潜在风险图

1. 生产安全风险

中国神华最大业务是煤矿开采业务,煤矿的开采存在一定的安全隐患,安全责任落实不到位、施工人员安全意识薄弱等容易造成安全事故发生的风险。安全事故的发生不仅要向家属赔偿大量资金,也会使公司本身形象受损,给公司带来不好影响。

2. 一体化经营风险

中国神华建立了煤炭、发电、运输、煤化工一体化的运营模式,该运营模式能降低企

---

① 数据来源:WIND、国泰君安证券研究所。

业内部原材料成本和运输成本,但如果一体化的组织协调不当或者某个环节出现问题会影响一体化的高效运营,给公司发展带来不利影响。

3. 政策风险

煤炭作为我国的支柱能源,对我国的经济发展有重要作用,其经营活动也受到国家产业调控政策的影响。国家提出碳中和目标,对煤炭行业的发展提出了更高的要求,国家也推出一系列政策促进煤炭行业改革。这些政策的提出可能会影响中国神华的生产、运营与管理模式的改革,而改革具有一定的风险性。

4. 国际经营风险

当前全球政治格局日益复杂,不同国家政治、经济、社会环境复杂多样,汇率波动、环保要求日趋严格,部分国家间贸易摩擦加剧,未来国际贸易秩序和经济形势可能存在起伏和波动。世界能源市场竞争激烈,中国神华的国际化经营活动存在一定的不确定性。

尾 声

在分析完相关资料后,小李再次感叹中国神华大手笔分红,同时她也意识到煤矿行业正值转型之际,公司未来或许会存在一些困难。看见好闺蜜小李还在犹豫不决,小王也不好直接帮小李做决定,便说道"我了解的就只有这么多了,中国神华未来还能不能高质量发展、持续的大手笔分红还需要你自己再琢磨琢磨,要不要投资还得靠你自己决定。""谢谢姐妹,看完这些资料我大概了解了,但股票投资有风险,我再考虑考虑。"小李认真地答道。"投资这种事当然需谨慎,你自己再好好考虑一下吧,不知不觉都过了饭点了,不如先吃饭,吃完再慢慢考虑",小王笑着说道。小李点头道"好啊,你陪我分析了那么久的中国神华资料,今天我请客吧"。说完,两人一起向饭店走去。

❓ 启发思考题

(1) 如何判定是异常高派现还是正常派现行为?中国神华属于哪种派现?

(2) 一般企业进行现金分红的动因有哪些?分析中国神华上市后持续高分红可能存在的动因。

(3) 根据外部环境及公司状况等因素,分析中国神华未来是否会持续高分红?

(4) 结合案例资料,你认为讨论公司利润分配应考虑哪些因素并提出相关建议。

第二部分 案例使用说明

一、教学目的与用途

1. 适用课程

本案例主要适用于"资本运营""高级财务管理""会计学案例分析"等有关课程。

2. 适用对象

本案例适用于会计专业本科生、会计专业硕士(MPAcc)及工商管理硕士(MBA)等相关专业学生学习,同样适用于一些有一定工作经验、会计工作经历的学员和股票市场的投资者。

3. 教学目的

本案例通过回顾中国神华多次高派现股利政策始末,设置思考题来引导学生结合相关理论知识达到以下效果:

(1) 了解正常高派现和异常高派现的区别。

(2) 引导学生思考高派现股利政策的影响因素,并对其带来的影响进行深入研究。

(3) 能够运用相关分析方法,从企业经营战略、发展阶段与投资需求以及财务状况等多个角度分析公司高派现是否具有合理性。

二、分析思路

本案例从中国神华2022年再次实现高派现事件入手,首先,对中国神华的公司状况做了简单的梳理,以便学生对中国神华有一个充分的了解;其次,对中国神华上市以来的现金分红情况进行梳理,并将其现金分红政策与同行业公司进行比较,让学生对中国神华分红有深入了解;再次,通过对中国神华的产业布局、股权结构、财务状况描述,使学生更加深入思考中国神华实施巨额现金分红政策的影响因素,并分析其分红的合理性;最后,通过描述中国神华巨额分红给企业和投资者都带来的影响,引导学生思考高额现金分红的可行性。

教师可根据自己的教学目的灵活使用本案例,这里提出本案例的分析框架如图10-6所示,仅供参考。

案例十 504亿元的大手笔分红——中国神华是投资者的"神"吗

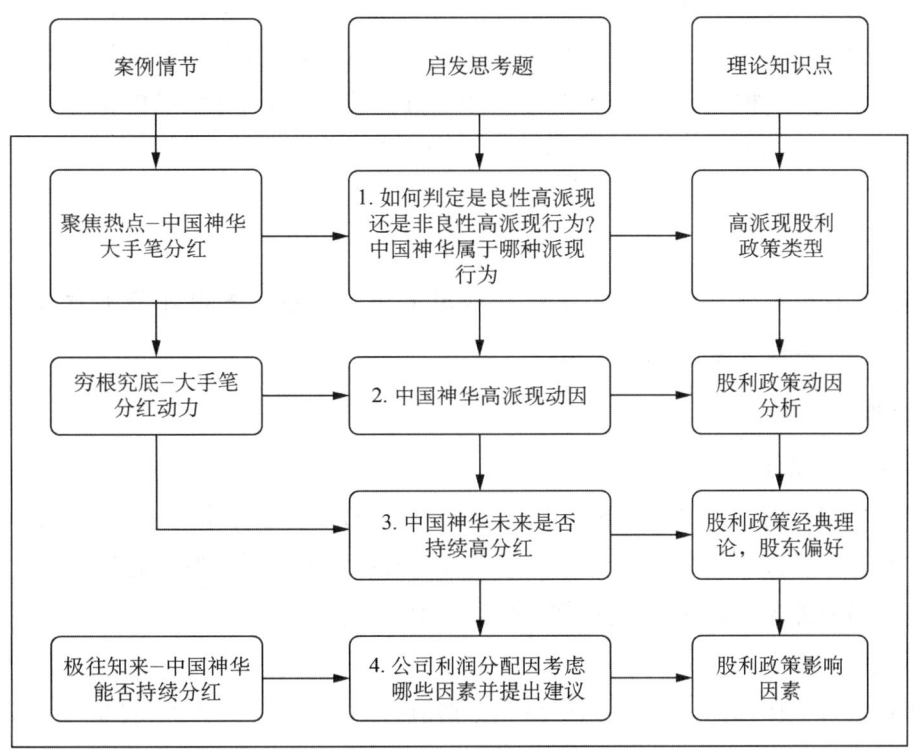

图 10-6 案例逻辑分析框架图

三、启发思考题理论依据及分析

思考题 1：如何判定是良性高派现还是非良性高派现行为？中国神华属于哪种派现行为？

【理论依据】

高派现是适用于公司资金充沛且短期内没有好的投资计划的一种股利分配方式，其实施对中小股东和大股东、上市公司未来发展能力、上市公司市场价值会带来正面或者负面的影响，根据其影响性质将高派现分为异常高派现与正常高派现。

【案例分析】

正常高派现是一种正常、合理的股利政策。上市公司在业绩良好的情况下通常拥有大量的留存收益和充足的现金流。基于信号传递理论，上市公司在综合考虑偿债能力和投资项目后，为了回报股东，会采用高派现股利政策。这种方式不仅可以保障股东利益，也能使公司平稳发展。一些上市公司控制人基于某些私人目的，不顾公司未来发展能力，牺牲中小股东的利益，采取高分红。然而派现水平并不适用公司的实际资金状况和经营情况。这种派现行为是非良性高派现,不利于企业的可持续发展,因此并不值得提倡。根据已有文献梳理,异常高派现主要有超能力派现、大股东套现和融资派现。在本案例中,中国神华拥有丰富的资源,一体化的产业布局,财务状况良好,有大量的未分配利润和现金流,对公司经营发展不会带来不利影响,因此中国神华属于正常高派现。

思考题2:一般企业进行现金分红的动因有哪些?分析中国神华上市后持续高分红可能存在的动因。

【理论依据】

1. 控股股东利益输送

高派现很可能是大股东变现资金的一种手段。许多企业上市的时候基本上都达到了这个行业的阶段性的高峰,上市后一些创业者选择激流勇退。但根据现行的规定,发起人的股份不能流通,所以会通过现金分红从中收回投资。

2. 信息传递

根据信号传递理论,企业的高层所制定股利政策,是对外公开的,投资者包括股东很容易从企业采用的股利政策中来判断企业的状况。这意味着,企业的股利政策能够向潜在的投资者传递一些企业的内部信息。高派现可以向市场传递积极的信号,以提升公司形象、传递公司价值。

3. 调整资本结构

部分企业政策限制、企业发展阶段等限制,无法大规模进行投资,或者账面存在大量闲置资金,因此选择通过派现减少闲置资金,提高净资产收益率、利用财务杠杆优势。

4. 降低代理成本

根据代理成本理论,股东有可能为了避免管理者谋取私利,选择不利于股东的公司资源配置行为,降低代理成本,采取派发高额现金股利的方式,降低管理者所控制的现金流量。

【案例分析】

中国神华股权集中度高,高额分红大股东可以获得巨额利益。中国神华在行业中属于发展良好的企业,不管是市场占有量还是市场价值都位居第一,实施高额派现股利政策也可以反映出公司利润经营良好的信号。中国神华有充足的现金流,通过派现大额现金股利,能够大幅减少自有资金,提高企业财务杠杆优势,中国神华作为典型的一股独大的企业,其大股东持股比例为69.52%,控制权较大。根据代理成本理论,如果上市公司股权越集中,股东对公司的控制权越大,因而有可能为了达到监督管理层及降低代理成本的目的更倾向于通过现金分红的形式向所有股东发放股利。

思考题 3：根据外部环境以及公司状况等因素，试分析中国神华未来是否会持续高分红？

【理论依据】

股利政策是指企业管理者在考量公司未来发展和利益相关者的基础上，出于对是否使用或者使用多少盈余来分配股利所采取的政策。股利政策一般包括：①剩余股利政策，即企业以拥有投资计划为前提条件，依据事先已经确定的目标资本结构，从盈余资金中提取出企业进行投资活动所需要的资金，如果盈余还有剩余，按照各股东所享有的份额来按比例分配给各股东；如果没有剩余，就不派发股利。②固定或连续增长的股利政策，指公司在较长的时间内每年所发放的股利金额基本维持在某一特定的水平上，只有当公司认为未来收益将会明显提高时，才会提高股利的发放金额。③固定股利支付率政策，指公司确定一个固定的股利发放率并长期按照此比率发放股利。这种政策将股利与公司的收益紧密联系在一起，股利发放额随公司经营的好坏而变动。④固定数额股利加额外股利的分配政策，指一般情况下公司每年只支付一个数额低于正常水平、金额固定的股利，只有当企业的盈余较多时，企业才根据实际情况多发放额外股利。

【案例分析】

从外部环境及企业状况来看，中国神华面临的机遇有：①政策支持煤炭行业的发展。2021年国家层面出台了一系列政策，主要包括《煤矿智能化建设指南（2021年版）》《"十四五"全国清洁生产推行方案》等，这些政策的发布将进一步推动我国煤炭行业的发展。同时，我国经济仍将中高速发展，对能源需求量巨大，煤炭虽然碳排放量高，污染较大，但由于新能源的不稳定性和转换率低，煤炭在相当长的时间内依然是我国的支柱能源，煤炭作为我国兜底保障能源的地位难以撼动。随着煤炭清洁转化以及非煤转型等绿色技术的快速发展，我国煤炭行业发展仍面临着良好的发展机遇。②海外煤炭需求上涨。俄罗斯是天然气第一出口国，但由于俄罗斯和乌克兰发生军事冲突，局势动荡，欧洲许多国家也联合制裁俄罗斯，俄罗斯的天然气出口受到限制，天然气价格上涨，对欧洲民众日常生活造成巨大影响。在此情况下，欧洲部分国家考虑重新启用煤电，煤炭的需求量将在国际范围内快速上升。中国神华拥有独立的煤炭渠道，有铁路、港口、航运等煤炭运输通道，便于其国际市场的开发，海外煤炭需求的上涨对中国神华的未来发展有巨大促进作用。

中国神华潜在的风险有：①安全生产风险。中国神华最大业务是煤矿开采业务，煤矿的开采存在一定的安全隐患，安全责任落实不到位、施工人员安全意识薄弱等容易造成安全事故发生的风险。安全事故的发生不仅要向家属赔偿大量资金,也会使公司本身形象受损,给公司带来不好影响。②一体化经营风险。中国神华建立了煤炭、发电、运输、煤化工一体化的运营模式,该运营模式能降低企业内部原材料成本和运输成本,但如果一体化的组织协调不当或者某个环节出现问题会影响一体化的高效运营,给公司发展带来影响。③政策风险。煤炭作为我国的支柱能源,对我国的经济发展有重要作用,其经营活动也受到国家产业调控政策的影响。国家提出碳中和目标,对煤炭行业的发展提出了更高的要求,国家也推出一系列政策促进煤炭行业改革。这些政策的提出可能会影响中国神华的生产、运营与管理模式的改革,而改革具有一定的风险性。④国际经营风险。当前俄乌冲突还未完全结束,全球政治格局日益复杂,不同国家政治、经济、社会环境复杂多样,汇率波动、环保要求日趋严格,部分国家间贸易摩擦加剧,未来国际贸易秩序和经济形势可能存在起伏和波动。世界能源市场竞争激烈,中国神华的国际化经营活动存在一定的不确定性。因此,中国神华未来存在机遇也存在潜在的风险,未来能否持续实现高派现,还需要根据公司的经营状况进一步具体分析。

思考题4:结合案例资料,你认为讨论公司利润分配应考虑哪些因素并提出相关建议。

1. 法律法规因素

公司在进行利润分配时,应坚持法定利润分配程序,遵循相关要求。比如资本保全约束,公司不能用资本(包括实收资本或股本和资本公积)发放股利,目的在于维持企业资本的完整性,保护企业完整的产权基础,保障债权人的权益。证监会也从法律角度规范分红问题,出台了众多规范性文件来规范公司的股利分配行为。迄今为止,我国已经颁布了《公司法》《企业所得税法》《企业会计准则》《证券法》及其他相关法律文件均对股利分配作了具体规定。

2. 财务状况因素

公司若想以现金的形式分配利润,就必须考虑现金的支付能力。公司盈利不等于一定有相应的现金。实践中,公司往往出现会计账面利润很多,但现金十分拮据的情况。这是由于公司在创利的过程中,同时进行实物资产的购置,从而使以往的盈利和当期的利润固定化为非现金资产,影响了资产的流动性。

3. 行业因素

每个产业都要经历一个由成长到衰退的发展演变过程(分为幼稚期、成长期、成熟期和衰退期四个阶段)。根据四个阶段不同的特点,经研究发现处于成长期和成熟期两个阶段的产业的企业更容易实施高派现鼓励政策,处于幼稚期产业的企业因产品生产能力低,产品市场需求少,产品开发费用较高,企业的盈利能力较低,并不具有充足的资金来支持派现股利政策的实施。而当处于成长期与成熟期产业的企业,其盈利能力较强,有充足的现金流量以及资产价值,有足够的能力实施现金分红,向市场传递企业利好信息,赢得投资者的支持。当迈进衰退期的产业,市场逐渐萎缩,有新的产品和替代品的出现,导致销售额下降,利润降低,此时企业已无能力为股东或投资者提供较高的现金股利。由此可见,行业周期也直接影响到股利政策实施。

4. 未来发展资金需要

当企业处于发展上升阶段,具备广泛的投资机会时,需要大量的发展资金。这时企业可以考虑减少股利支出,将大部分盈利用于扩大再生产,在将来给股东更加满意的回报,这很可能会被多数股东所接受。当企业处于盈利充裕、稳定,并无良好的拓展机会时,可考虑采用较高的股利以回报投资者。在通货膨胀时期,企业的购买力下降,原计划以折旧基金为来源购置固定资产则难以实现,为了弥补资金来源的不足,企业购置长期资产,往往会使用企业的盈利,因此股利支付会较低。

四、背景信息

(一) 理论背景

股利政策作为财务管理三大决策之一,对公司经营发展有重要影响。如果企业能够制定恰当的股利分配政策,则不仅可以利用企业资金来满足企业经营发展的需要,还可以树立公司形象,向投资者传递公司发展良好的信息,吸引投资者投资,提升公司价值。股利政策是平衡公司发展与股东利益的重要方式,也是调节大小股东利益的重要手段。

(二) 制度背景

2004年,证监会将上市公司的现金分红作为上市公司再融资的条件之一;2008年,提升了上市公司再融资的门槛,将"以现金或股票方式累计分配利润"改为"以现金方式累计分配利润",并将利润分配比例从20%的门槛提高到了30%;2012年的《通知》扩大了监管范围,将首次公开发行股票的公司也纳入现金分红政策监管的范围内;2013年,证监会要求进一步增强现金分红的透明度并且提出了差异化的现金分红政策;2017年,证监会发布了《发行监管问答——关于引导规范上市公司融资行为的监管要求》收紧再融资;2020年,证监会新闻发言人介绍,A股上市公司现金分红(含股份回购)1.43万亿元,较10年前增长4倍,分红率稳定在30%以上,平均股息率为2%。在此基础上,证监会将会继续完善制度,引导上市公司结合自身经营状况,通过现金分红、股份回购等方式提升分红力度,让投资者更好地分享经济增长的红利。

(三) 行业背景

在当前环境下，我国能源行业面临的产业升级转型、清洁生产压力较大，而且该行业受国家调控力度的影响非常大。按照《煤炭工业发展"十三五"规划》确定的"清洁、低碳、高效、集中"原则，预计到"十三五"末，煤炭行业产能过剩将进一步得到化解，市场供需趋于平衡，产业结构明显优化，煤炭行业清洁高效转型取得实质性进展。同时，根据《电力发展"十三五"规划》来看，预计"十三五"期间火电装机容量快速增长的情况将有所改变，率先完成清洁转型的燃煤电厂将在市场竞争中赢得生存和发展空间。因此，可以看出目前进入这个行业的门槛比较高，而且竞争激烈，盈利难以保证。另外，除了政策因素，该行业经过多年的发展和调整，已经形成了较高的规模经济壁垒和技术壁垒，需要巨大的资本投入和研发投入。所以，在这样一个成熟的行业中，在国家去产能、调结构的背景下，需要公司投入资金提升产能、投资新项目的机会可能比较少，可以采用较高的股利支付政策。

五、关键要点

(一) 关键知识点

(1) 股利政策分类。
(2) 股利政策影响因素。
(3) 股利政策合理性。
(4) 股利政策持续性。

(二) 关键能力点

(1) 通过案例正文提供的相关资料，结合上市公司股利分配的形式，灵活识别资本市场中的异常派现行为和正常派现行为。
(2) 结合案例归纳，分析影响中国神华公司股利分配模式的因素。
(3) 结合案例提供的资料，分析股利政策合理性、持续性。

(三) 关键思政元素

(1) 让学生了解我国企业分红的动因及目的，帮助学生树立正确的投资观。
(2) 让学生了解目前我国上市公司的分红状况、证监会出台的相关政策，培养学生政治敏感度。

六、建议课堂计划

本案例可以作为专门的案例研讨来进行，表 10-5 是按照时间进度提供的教学计划建议，仅供参考。整个案例课的课堂时间控制在 90 分钟以内。

案例十 504亿元的大手笔分红——中国神华是投资者的"神"吗

表 10-5 课堂时间计划安排

实施计划	内容	教学活动	时间
课前计划	发放案例资料	向学生发放案例正文、相关补充资料和启发思考题,请学生在课前以小组为组织形式完成案例阅读,提前查阅与启发思考题相关的资料,形成初步思考与分析	课前1周
课中计划	案例导入	由教师简要介绍案例背景作为导入,对案例核心内容进行回顾。强调启发思考题,明确告知发言权,注意时间控制	5~10分钟
	分组讨论	按照事先分好的小组,要求各小组围绕启发思考题并结合课前收集的资料进行小组讨论。学生讨论过程中教师应注意旁听与观察学生对各个思考题形成的小组一致意见,并鼓励各小组成员提出自己的疑问	30分钟
	小组发言	组织各小组派代表依次进行意见分享,阐述本组对启发思考题的思考过程和讨论结果,并提出本小组自己的疑问。小组发言时可以要求组员相互配合及时纠错,同时启发学生对逻辑思维案例的进一步思考	30分钟
	归纳总结	重新梳理案例课的分析思路,对关键要点进行归纳总结	15~20分钟
课后计划	提交报告	引导学生持续关注中国神华后续的表现及未来的发展方向,进一步收集最新资料,根据课程需要完成并提交案例分析报告	课后1周

参 考 文 献

[1] 徐攀,李玉双.政策性融资担保机构运行效率的测算及其影响因素:基于浙江省微观调研数据的分析[J].财经论丛,2022(05):56-65.

[2] 李丹青,吴虹,胡俊文.新冠肺炎疫情对武汉市中小微企业的影响研究:基于795份问卷调查的分析[J].上海市经济管理干部学院学报,2020,18(06):1-10.

[3] 朱晨秋.新冠疫情对我国中小微企业的融资影响及对策研究[J].现代商业,2020(27):124-126.

[4] 谢建时,孟晓宇.新冠疫情下中小企业现金流压力及财税金融政策研究[J].河北金融,2020(04):38-42.

[5] 王伟.政策性融资范畴界定与研究展望[J].地方财政研究,2019(05):83-87.

[6] 吕江林,叶金生.中小企业财园信贷通融资模式的经济学分析[J].武汉金融,2019(03):10-16.

[7] 许世建."财园信贷通"助中小微企业走出融资困境[J].中国财政,2015(11):63-64.

[8] 谢望津,刘章屿."财园信贷通"涌流融资活水:江西省中小微企业融资新模式调查[J].时事报告,2014(08):42-44.

[9] 帅晓林.中小企业筹资困境及破解对策探析[J].财会通讯,2014(20):12-14.

[10] 林海.对江西省"财园信贷通"融资模式的调查与思考[J].金融与经济,2014(06):89-91.

[11] 中国人民银行研究局课题组.完善中小微企业融资制度问题研究[EB/OL](2021-03-25)[2024-7-10].http://www.pbc.gov.cn/redianzhuanti/118742/4122386/4122510/4214277/2021032517230960126.pdf

[12] 苏辛格.影响企业估值的因素分析[J].现代商业,2022,647(22).

[13] 陈迪,张广义,刘涛等.基于资产评估技术的森林景观资产估值方法探究[J].山东林业科技,2022,52(05).

[14] 任晗晓.数字经济条件下大数据资产的估值研究[D].西安理工大学,2022.

[15] 廖东声.数字资产估值问题研究[J].会计之友,2022,685(13).

[16] 胡鹏飞.市盈率估值法在ZT证券公司估值中的应用研究[D].山东理工大学,2022.

[17] 张月梅,季璐璐.可转债估值方法浅析[J].新理财,2022,377(04):25-29.

[18] 徐博治,刘鹏扬,汪泽昕等.论企业成长性的市盈率、市净率和市售率股票(股权)估值方法[J].中国市场,2022,1110(11).

[19] 卫新,张炬.如何对公司进行估值?[J].上海市法学研究,2019,2(02):243-245.

[20] 曹建新,黄佳蕾.我国上市公司绝对估值法的模型研究[C]//厦门大学会计发展研究中心,厦门大学财务管理与会计研究院,厦门大学会计系.估值:前沿与挑战—第七届会计与财务问题国际研讨会论文集.

[21] 梁宇峰.金融市场投资研究方法探讨[C]//中国期货业协会(China Futures Association).2009年第三届中国期货分析师论坛论文集.

[22] 唐金荣,周平,施俊法,杨宗喜.2014年全球矿业形势分析与2015年展望[J].国土资源,2015(04):42-47.

[23] 王琼杰.矿业升级正当时[N].中国矿业报,2014-08-28(A06).

［24］柯德育.瞄准世界市场:论紫金矿业的发展战略[J].中国黄金经济,1998(06):6-8.

［25］施卫华,吕慈仙,郑寿.矿业类"新工科"改革的"紫金模式"研究与实践[J].高等工程教育研究,2021(01):103-107.

［26］周金瑾,李富兵.境外矿业并购风险分析[J].中国矿业,2009,18(10):43-44,47.

［27］王清华.矿山企业并购中用益物权的处置及相关的环保问题[J].中国矿业,2010,19(02):39-42.

［28］潘一嘉.江苏碳纤维全产业链布局初显成效[N].江苏经济报,2022-09-02(A01).

［29］王璐.全产业链创新驱动 国药集团锚定世界一流企业[N].经济参考报,2022-08-22(007).

［30］倪铭.海螺创业 布局锂电池全产业链[N].中国证券报,2022-05-16(A06).

［31］马辉.互联网平台纵向一体化的反垄断规制研究:基于需求侧视角的分析[J].南大法学,2022(02):36-53.

［32］罗娜,杨净茹.全产业链布局构筑锂电新秀竞争优势[N].中国有色金属报,2022-03-08(008).

［33］杨成琳.全产业链战略背景下赣锋锂业可持续增长研究[D].江西理工大学,2022.

［34］张斌.论PPP项目投资财务风险管控[J].财会学习,2020,(23):74-75.

［35］高景鑫,王鑫,宋金波.基于PPP模式的老旧小区加装电梯项目合作模式研究[J/OL].中国管理科学.https://kns.cnki.net/kcms/detail//11.2835.g3.20230207.1338.007.html

［36］周翠华.企业应收账款管理的现存问题及优化措施探讨[J].企业改革与管理,2023,442(05):96-98.

［37］柳志南,王玉红.数字经济背景下A公司资金管理数字化的应用[J].财务与会计,2021(17):29-32.

［38］刘遂月.基于业财融合模式的企业应收账款风险控制研究[J].企业改革与管理,2022(12):103-105.

［39］黄婷,李华.财务共享平台下企业财融合研究[J].经营管理者,2022(05):84-85.

［40］姚基伟.基于业财融合视角的应收账款管控策略[J].中国总会计师,2022(02):120-121.

［41］罗幸婷.浅谈应收账款的管理[J].质量与市场,2021(23):31-33.

［42］孙健.数字经济时代煤炭工程企业应收账款管理的创新模式研究[J].煤炭工程,2021,53(12):170-173.

［43］段妙蓉.关于国有企业应收账款的管理研究[J].中国集体经济,2020,649(29):152-153.

［44］刘建国.形势下企业应收账款管理的重要性及其优化措施[J].中国市场,2019(30):83-84.

［45］彭商.基于全过程管理的Y公司应收账款管理措施优化研究[D].江西财经大学,2022.